# UNIVERSITÉ DE FRANCE

ACADÉMIE DE DOUAI

FACULTÉ DE DROIT.

# THÈSE

## POUR LE DOCTORAT

Présentée par P. TRENTESAUX

avocat à la Cour d'appel.

1877

# UNIVERSITÉ DE FRANCE

ACADÉMIE DE DOUAI        FACULTÉ DE DROIT.

# THÈSE
## POUR LE DOCTORAT

L'acte public sur les matières ci-après sera soutenu le Samedi
17 mars, à trois heures du soir

## Par P. TRENTESAUX

avocat à la Cour d'appel.

PRÉSIDENT : M. BLONDEL, doyen.

SUFFRAGANTS :
MM. D. DE FOLLEVILLE, Professeur,
DANJON,
POISNEL-LAUTILLIÈRE
MAY,
JOBBÉ-DUVAL,
} Agrégés chargés de cours

## LILLE
IMPRIMERIE A. MASSART, RUE NATIONALE, 59.
## 1877

# DROIT ROMAIN

# DU MUTUUM

## INTRODUCTION

Le *Mutuum*, contrat assez fréquent chez les Romains, est traité au Digeste dans un titre placé sous la rubrique : *De rebus creditis* (Liv. XII. tit. 1). L'expression de cette rubrique est bien large et comprend tous les cas où l'on traite avec autrui, se fiant à sa foi pour recevoir plus tard quelque chose de lui. Celsus nous dit, en effet (Loi I, h. t.), que sous le titre *de rebus creditis*, le préteur, dans son édit, réglait à la fois les matières du *Mutuum* du commodat et du gage. A vrai dire, il y a bien dans ces trois cas *res credita*, mais dans le titre 1ᵉʳ du livre douzième, et en général en droit romain, les mots *res credita* désignent tout particulièrement le contrat de *Mutuum*. Les Institutes disent aussi quelques mots de ce contrat au *principium* du titre *Quibus modis re contrahitur obligatio*. (Inst. Livre III, titre 14).

Le *Mutuum* (ou prêt de consommation) est un contrat par lequel on reçoit une chose ou une quantité de choses, à charge de rendre la même quantité *in genere*. Notre Code civil (art. 1892) définit le prêt de consommation : « un contrat par lequel l'une des parties livre à l'autre une certaine quantité de choses qui se consomment par l'usage, à la charge par cette dernière de lui en rendre autant de même espèce et qualité ». Cette définition n'est autre que celle des Institutes : « Mutui datio in his rebus consistit, quæ pondere, numero mensurâve constant... quas res... in hoc damus, ut accipientium fiant, et quandoque nobis non eædem res, sed aliæ ejusdem naturæ et qualitatis reddantur. (Inst. L. III, tit. 14) ». On peut la compléter par celle de Cujas (1) : « Mutuum est creditum quantitatis datæ lege, ut eadem ipsa quantitas reddatur in genere non in specie eadem ». Et cette définition n'est qu'un souvenir de la sentence de Paul (Loi 2. dig. XII (1) : « Mutuum damus recepturi non eamdem speciem quam dedimus, sed idem genus ; nam si aliud genus, veluti, ut pro tritico vinum recipiamus ; non erit mutuum ». Dans toutes ces définitions on entend désigner par le mot *Mutuum* le contrat lui-même et non la chose prêtée.

Devons-nous nous arrêter sur l'étymologie du mot *Mutuum* ? Nous ne le pensons pas, car la question ne présente en elle-même, au point de vue juridique, qu'une faible importance, et, il faut l'avouer, les anciens, alors même qu'ils s'occupaient de l'étude philologique de leur propre langue, n'apportèrent jamais que des conjectures souvent puériles, et, à coup sûr, une érudition contestable. Contentons-nous de dire qu'Isidore de Sicile, dans les *Origines*, et Varron dans son traité de *linguâ latinâ* veulent que le mot *mutuum* vienne du grec *Moiton*. Nous pouvons aussi ajouter que, suivant certains auteurs, *mutuum* aurait la même racine que *mutare*, ce qui le rapprocherait de l'échange. Enfin nous dirons que Justinien, sur l'autorité de Gaïus, a renfermé son

(1) **Cujas. XI.** *observ.* 37.

opinion dans la phrase suivante : « Mutuum appellatum est quia ita a me tibi datur ut *ex meo tuum fiat* ».

Dans cette définition on peut remarquer la nécessité, pour l'existence du contrat, d'un transfert de propriété. Cette dénomination dériverait donc, d'après Justinien, de la réalité du contrat.

Le *Mutuum* est un contrat qui se forme *re*. Mais quelle est la valeur juridique de cette expression ? Qu'entend-on par un contrat *réel* ou qui se forme *re* ? Voilà ce qu'il importe de déterminer.

Le *Mutuum* est un contrat qui se forme *re* : on entend par là, qu'après l'accord des volontés, condition indispensable à l'existence de tout contrat, il faut en outre la tradition de la chose, objet du contrat. Cette tradition est pour ces contrats ce que les paroles solennelles sont pour les contrats qui se forment *verbis*, ce qu'est l'écrit pour les contrats qui se forment *litteris* : c'est la *causa obligationis*. Sans elle il n'y a pas d'obligation, il n'existe qu'un *nudum pactum*. Nous reviendrons plus tard sur cette tradition et ses effets.

Le prêt de consommation, le *mutuum* du droit romain, n'est-ce pas un de ces contrats de nature complexe, tel que l'hypothèque qui demandent pour se former et pour exister une civilisation déjà avancée ? Répondant à une idée très-simple « à des besoins qui reviennent toujours, véritable suite naturelle de la liaison que la société fait entre les hommes » (1), le prêt de consommation devait naturellement apparaître dans toutes les sociétés primitives à côté de l'échange, à côté du prêt à usage : aussi en retrouvons-nous la trace dans les premiers documents du droit romain.

Il ne faut pas croire que le *mutuum* ait eu, dès les premiers temps, la forme simple sous laquelle nous sommes habitués à le considérer et sous laquelle il a passé dans notre ancien droit et même dans nos lois modernes. « Historiquement on retrouve en

_______________

(1) Domat. *Lois civiles.* liv. 1 titre 5.

ce qui concerne la formation du *Mutuum*, comme en ce qui concerne les autres sources des obligations en général, toute la rudesse primitive du droit civil des Romains, puis son adoucissement graduel par le progrès de la civilisation et par l'intervention toujours plus grande du droit des gens » (1). Si dans le dernier état de la législation romaine, la simple tradition de la chose suffit à la formation du Contrat, et si une tradition spéciale n'était pas toujours nécessaire même aux temps antiques du droit civil ; à l'époque où l'on ne connaît encore que les obligations contractées *nexu*, par la pièce d'airain et par la balance, *per æs et libram*, la tradition seule ne suffit pas, elle doit être entourée des solennités symboliques en usage. Bien qu'il s'agisse d'une chose *nec mancipi*, la balance et l'airain interviennent, soit par un pesage réel, soit comme symbole des temps, où la monnaie n'existant pas, le métal se mesurait au poids. Ces formalités symboliques disparaissent peu à peu et en même temps que les contrats *verbis*, *litteries*, et *consensu* apparaissent ; les contrats formés *re*, auxquels appartient le *Mutuum*, prennent la forme simple sous laquelle nous allons maintenant étudier ce dernier contrat.

Nous avons donné plus haut la définition du *Mutuum* : rentrant dans l'hypothèse très-générale où il y a *res credita*, expression qui embrasse tous les contrats où on suit la foi d'autrui ; mais différant du *creditum* comme l'espèce du genre : « creditum a mutuo differt quâ genus a specie. » ; — contrat réel, c'est-à-dire ayant besoin pour se former qu'une tradition vienne se joindre à l'accord de volonté, condition nécessaire à tous les contrats ; — contrat de droit des gens, c'est-à-dire pouvant se former entre citoyens romains et étrangers ; — Contrat de droit strict et contrat de bienfaisance, ainsi que nous aurons à le constater dans le cours de cette étude ; — offrant quelques analogies avec un certain nombre d'opérations juridiques, telles que le commodat ou prêt à usage, le quasi-usufruit, le paiement de l'indû et le

(1) Ortolan — Inst. § 1190.

*nauticum fœnus* ou prêt à la grosse aventure, — le *Mutuum* peut s'analyser ainsi : une chose est donner pour être consommée, en échange de l'obligation d'en rendre une autre du même genre et de la même qualité. « Finis hic est mutui : res quæ usu consumuntur, hic utendæ dantur gratis, ut reddantur sinc dantis injuria » (1). La *datio* ou transfert de propriété et l'obligation de rendre dans le même genre, *in eodem genere restituere*, tels sont les éléments essentiels et distinctifs du *Mutuum*.

Ces quelques mots dits, hâtons-nous de diviser notre sujet. Dans un premier chapitre nous examinerons les conditions nécessaires à la formation du contrat de *Mutuum* ; dans un deuxième, les obligations qui en résultent ; dans un troisième, les actions sanctionnant ces obligations ; enfin dans le quatrième et dernier chapitre nous dirons quelques mots des contrats avec lesquels le *Mutuum* offre le plus d'analogie.

(3) Doneau, *œuvres complètes*, édition de 1763. vol X. col. 91. 3.

# CHAPITRE PREMIER

## Des conditions essentielles à la formation du Mutuum

Si aux éléments caractéristiques du *Mutuum* : la *datio*, ou transfert de propriété, et l'obligation de rendre dans le même genre, *in eodem genere restituere*, nous ajoutons les éléments essentiels à tout contrat en général, nous trouvons que cinq conditions sont nécessaires à sa formation, il faut : 1° qu'il y ait une chose qui soit l'objet du contrat et qui soit prêtée pour être consommée ; 2° Que la remise en soit faite à l'emprunteur ; 3° que la propriété lui en soit transférée ; 4° qu'il s'oblige à en rendre autant et dans le même genre ; 5° Enfin que le consentement des parties intervienne et que ce consentement émane des personnes capables de contracter en *Mutuum* : « In mutuo hæc spectantur : res quæ mutuo dantur ; finis dandi restituendique ; traditio rei ; dominii translatio ; consensus atque conventio (1). »

Notre chapitre se divise donc natnrellement en cinq paragraphes.

### § 1er. — Des choses qui peuvent faire l'objet d'un Mutuum

Pour qu'il y ait *Mutuum*, il faut avant tout une chose ou une certaine quantité de choses qui soient prêtées pour être consommées et qui forment la matière, l'objet du contrat.

(1) Doneau. vol X. col 95 et 96. Note 1.

Quelles choses peuvent former l'objet d'un *Mutuum*?

A ne considérer que le texte des Institutes de Justinien, il semble bien que toute chose indifféremment ne puisse faire l'objet du *Mutuum* et que les seules susceptibles de ce contrat soient celles dont la nature est de se consommer par l'usage qu'on en fait : « Mutui autem datio in his rebus consistit, quæ pondere, numero mensurâve constant, veluti vino, oleo, frumento, pecuniâ mumeratâ, ære, argento, auro ». (Inst. Liv. III, titre 14, *principium*). Le texte des Institutes de Gaïus et les textes insérés au Digeste semblent venir à l'appui de cette opinion, et l'un de nos plus illustres commentateurs (1), Doneau, n'a pas craint de s'y rallier et de décider que les choses qui ont une valeur propre et individuelle ne sont pas susceptibles d'être données en *Mutuum*.

Ce système ne saurait être admis et nous nous garderons bien de prendre à la lettre la proposition de Justinien. Nous admettons bien qu'elle soit exacte dans la plupart des cas ; mais d'un autre côté, il ne nous sera pas difficile de montrer que par sa forme exclusive, elle donne du *mutuum* une idée très incomplète. Le texte que nous critiquons semble dire qu'il n'y a qu'une seule catégorie de choses qui puissent faire l'objet du *mutuum*, les choses qui se consomment *primo usû* : or, il n'en est certainement pas ainsi. La distinction des Institutes ne revient en réalité qu'à celle des choses considérées dans leur leur genre ou dans leur individu, *in genere vel in specie*. L'énumération qui y est faite n'est qu'un exemple : les jurisconsultes romains se sont, avant tout, préoccupés de la nature des choses qui forment le plus ordinairement l'objet du *mutuum*, c'est-à-dire, des choses qui se consomment presque nécessairement *primo usû* et ils n'ont parlé que de celles-là. Il ne s'en suit pas nécessairement que les objets que l'on est le plus habitué à considérer au point de vue de leur individu, les animaux, les livres, ne puissent faire l'objet d'un *mutuum*, s'ils sont prêtés comme quantité et seulement en considérant la classe, l'espèce

(1) **Doneau loc. cit.**

à laquelle ils appartiennent. C'est donc en se préoccupant seulement de la nature des choses ordinairement données en *mutuum* que les rédacteurs des Institutes ont été conduits à cette définition vicieuse. Il faut abandonner ce point de vue et s'attacher uniquement à l'intention des parties contractantes. Partant de cette idée, nous sommes amenés à dire, en nous servant d'une formule bien plus générale, que toute chose qui est dans le commerce peut faire l'objet d'un *mutuum*, si telle est l'intention des parties et si d'ailleurs elles ont rempli les conditions requises pour la formation de ce contrat.

Un double exemple ne laissera aucun doute sur ce point. De même que le *mutuum* a ordinairement pour objet les choses qui se consomment *primo usû*, de même le commodat porte habituellement sur des corps certains. Mais l'hypothèse inverse est parfaitement possible. J'ai prêté à un changeur des pièces de monnaie pour qu'il les expose à sa vitrine, mais à la condition qu'au bout d'un certain temps il me rende les mêmes pièces : J'entends en rester propriétaire. A l'inverse j'ai prêté à un maquignon mon cheval pour qu'il en dispose à son gré ; seulement, il s'engage à m'en rendre un de même prix et de même qualité ; j'ai entendu transférer au maquignon la propriété de mon cheval. Malgré les apparences, dans le premier cas est intervenu un contrat de commodat ; dans le second, un contrat de *mutuum*. Ce commodat a porté sur des choses qui se consomment *primo usû*, le *mutuum* a porté sur une chose que l'on considère habituellement dans son individualité, sur un corps certain. Dans la première hypothèse j'aurai pour rentrer en possession de mes pièces de monnaie, l'action *commodati directa*, dans la seconde, j'aurai pour me faire livrer le cheval que me doit le maquignon, la *condictio ex mutuo*. C'est donc un point acquis, qu'il faut pour déterminer s'il y a *mutuum* laisser de côté la nature des choses et ne rechercher que l'intention des parties.

Ainsi entendu et complété, le texte des Institutes ne sera

pas d'ailleurs sans quelque utilité : il consacre en effet une présomption de l'intention des parties. Qu'en résultera-t-il? C'est qu'en cas de contestation et jusqu'à preuve suffisante d'une intention contraire, le juge mis en présence d'un prêt de choses qui se consomment *primo usû*, devra décider qu'il y a eu *mutuum*.

Nous venons de relever une erreur de Justinien, elle a donné naissance à une autre erreur où sont tombés certains commentateurs : erreur qui consiste à croire que les choses *fongibles* sont *res quæ primo usû consumuntur*. Il est impossible de confondre deux idées plus distinctes. Les choses qui se consomment par le premier usage sont telles par leur propre nature ; il ne dépend point des parties de leur donner ce caractère. Au contraire, pour savoir si une chose est fongible, ce n'est point sa nature qu'il faut consulter, mais bien l'intention des parties qui ont contracté à son occasion. Ainsi par leur nature, un cheval, un livre ne sont point choses qui se consomment par le premier usage et pourtant il ne dépendra que de la volonté des parties d'en faire des choses fongibles. Par exemple, nul doute qu'un marchand de chevaux ne puisse donner en *mutuum* un certain nombre de chevaux, à la charge par l'emprunteur de lui restituer non pas les mêmes bêtes, mais d'autres de même race et de même prix. De même, un libraire peut donner en *mutuum* à un autre libraire dix exemplaires d'un ouvrage, dans ce cas encore, quoiqu'on ne puisse pas qualifier ces exemplaires de choses qui se consomment par le premier usage, on sera forcé de reconnaître en eux des choses fongibles. En un mot, toute la distinction est dans la volonté et dans l'intention des parties. C'est aussi là qu'il faut puiser les éléments de discussion, lorsqu'il s'agit de savoir si dans telle ou telle hypothèse, il y *mutuum* ou *commodat*. C'est ainsi qu'une amphore de vin, des pièces de monnaie peuvent être l'objet d'un *mutuum* ou d'un *commodat*, suivant qu'on a considéré ces objets comme choses fongibles ou comme corps certains. Si les parties n'ont pas manifesté leur intention à cet égard, on suivra la règle des Institutes. (*pr.* Liv III titre 14), et au moyen de cette présomption on écartera tout doute.

Il est probable que les rédacteurs du Code civil ne s'étaient point formé une idée bien nette des principes que nous venons d'exposer et s'étaient laissé induire en erreur par la règle de Justinien : C'est la seule manière d'expliquer d'une façon plausible les deux méprises contenues dans les articles 1892 et 1894.

Le premier est ainsi conçu : « le prêt de consommation » (expression qui rend inexactement l'idée de *mutuum*) est un » contrat par lequel une des parties livre à l'autre une certaine » quantité de choses *qui se consomment par le premier usage* » à la charge pour cette dernière de lui en rendre autant de » même espèce et qualité. »

Ici encore confusion entre les choses fongibles et celles qui se consomment pour le premier usage. Il n'est pas vrai de dire que ces dernières soient les seules qui puissent être données en *mutuum*. Ainsi que nous l'avons déjà dit, un livre ne se consomme pas par le premier usage, et pourtant il n'est pas douteux qu'il puisse faire l'objet du contrat qui nous occupe.

L'article 1894 est pareillement inexact : « on ne peut pas » donner à titre de prêt de consommation, des choses, qui, » quoique de même espèce, diffèrent dans l'individu comme les » animaux : alors c'est un prêt à usage. »

Nouvelle inexactitude, car ici tout dépend de l'intention et de la volonté des parties. De ce que je vous ai donné un certain nombre de chevaux, par exemple, il ne s'en suit pas, comme le soutient l'article 1894, qu'ils ne pourront pas faire l'objet d'un contrat de *mutuum*, parce qu'*ils diffèrent dans l'individu*.

La seule distinction à faire est celle-ci : les parties ont-elles entendu, l'une rendre, l'autre recevoir les choses mêmes qui ont d'abord été livrées, il y a prêt à usage ; au contraire *l'accipiens* doit-il rendre d'autres choses de même espèce et qualité, il y a *mutuum*.

Les objets donnés en *mutuum* doivent être donnés pour être consommés. Cette condition est de l'essence du *mutuum*.

Si les objets qu'on est le plus habitué à considérer comme se consommant par l'usage, des sacs de blé, des vêtements, de l'argent, ont été prêtés simplement pour la montre, *ad ostentationem*, il n'y a plus prêt de consommation, mais il y a commodat.

Les objets sont dits consommés par l'usage, lorsqu'ils cessent d'être *in natura rerum* exemple : le vin, les choses comestibles, ou lorsqu'ils changent de forme, *specie*, par exemple les bijoux transformés en lingots, ou lorsque sans avoir subi de changement matériel, ils ont été mêlés avec d'autres de façon à ne pouvoir être reconnus, exemple : les pièces de monnaie lancées dans la circulation. C'est ce que Pothier appelle la consomption naturelle et la consomption civile. Cette distinction n'a, du reste, aucune importance.

### § II. — De la Remise de la chose.

La seconde condition nécessaire à la formation du *mutuum* est la délivrance, la tradition de la chose qui en fait l'objet.

La tradition est ici doublement nécessaire :

Elle est nécessaire parce que le *mutuum* est, comme nous l'avons déjà dit, un contrat réel, et qu'à ce titre il ne peut se former si le fait matériel de la remise de la chose ne vient se joindre à l'accord des parties. Comme dans tous les contrats réels, cette remise de la chose est la *causa obligationis*. A ce propos nous devons faire observer que cette délivrance ne conserve pas le même caractère, ne produit pas les mêmes effets dans tous les contrats qui se forment *re* : dans le commodat et dans le dépôt elle donne seulement la *nuda detentio* de la chose objet du contrat ; dans le gage elle en procure la *possessio ad interdicta* ; enfin dans le *mutuum* elle est translative de prospérité.

Elle est nécessaire pour que cette translation de propriété ait lieu ; car, en droit romain, le consentement des parties n'est pas translatif de propriété, s'il n'est accompagné de la tradition. Les parties conviennent-elles de former un *mutuum* et aucune tradition ne se joint-elle à cette convention? Il y a non plus *mutuum* mais simple promesse de *mutuum*, promesse qui n'a rien d'obligatoire en elle-même. Les *nuda pacta* sont, on le sait, dépourvus de la *causa obligationis* et n'ont en conséquence aucune sanction. Africain fait dans la phrase suivante, une simple application de cette règle au *mutuum* : « nuda pactione mutua pécunia fieri non potest ». (L. 34 pr. Dig. Liv. XVII. tit. 1.)

Il faut que la tradition de la chose restituable *in genere* ou *in quantitate*, soit faite par le prêteur ou son représentant à l'emprunteur ; si un autre avait fait cette tradition il n'y aurait pas de *mutuum*.

Lorsque l'objet du contrat se trouve en la possession du prêteur, aucune difficulté ne se présente. Il en opère la tradition à l'emprunteur et le *mutuum* devient de ce chef susceptible de se former. Mais il peut arriver que l'objet ne soit pas, pour une cause quelconque, en la possession du prêteur, soit qu'il se trouve déjà à un autre titre aux mains de l'emprunteur, soit qu'il se trouve aux mains d'un tiers. Faut-il exiger en pareil cas que la chose reviennent aux mains du prêteur afin qu'il en opère lui-même et directement la tradition à l'emprunteur ? Telle est la marche tracée par le droit civil romain. Longtemps après que les formalités symboliques ont disparu, la tradition doit tout au moins être effective et concomittante au contrat, elle ne peut avoir lieu *per extraneam personam*.

Mais, sous ce rapport, des modifications, des exceptions ne tardèrent pas à être apportées à l'idée originaire du *Mutuum*. Les jurisconsultes s'inspirèrent de ce principe qu'il faut éviter les circuits inutiles et qu'il est superflu de recourir à un grand nombre d'opérations lorsqu'une seule suffit : ils considérèrent que tout le vœu de la loi se réduit à ce que le futur propriétaire soit nanti de la chose prêtée et qu'il importe peu qu'il en soit nanti par le prêteur lui-même ou par un tiers, au moment du contrat ou auparavant ; et ils admirent d'abord sans difficulté la conversion du dépôt en *mutuum* par la simple convention ; puis ils étendirent successivement cette décision aux différentes espèces énumérées par le Livre XII titre 1 au Digeste : au cas où l'emprunteur détient comme mandataire l'argent qu'il désire emprunter (loi. 15. h. t.); au cas où la tradition porte sur un objet que l'emprunteur est chargé de vendre et dont il ne doit garder que le prix (loi. 11 h. t.) ; au cas où la tradition est faite par un tiers sur l'ordre du prêteur (loi. 15. h. t.). Ces diverses hypothèses sont toutes résolues au moyen d'une même fiction : « Videtur mihi (creditori) data pecunia et a me ad te profecta. » La chose qui fait l'objet du *mutuum* est censée avoir été remise au prêteur et par lui rendue à l'emprunteur. Cette fiction introduite successivement par les jurisconsultes dans quelques espèces, devait de devenir bientôt une règle générale pour toutes les espèces analogues. Les Institutes qui n'ont fait en cela que reproduire le commentaire de Gaïus, nous disent en effet : « Nihil interest utrum ipse dominus tradat alicui rem, an volontate ejus alius. Interdum etiam sine traditione nuda voluntas domini sufficit ad rem tranferendam ; veluti si rem quam tibi aliquis commodavit aut locavit aut apud te deposuit, vendiderit tibi aut donaverit, » (Livre II. tit. 1 § 42 et 44.) C'est ce que l'on appela plus tard la tradition *brevi manû*.

La conversion du dépôt en *mutuum*, par la seule volonté des parties, avant même que l'emprunteur n'ait fait usage de la chose déposée ne devait guère rencontrer et ne rencontra pas, en effet, d'adversaires parmi les jurisconsultes Romains. L'exception à la règle, si exception il y a, est ici peu sensible. S'il n'y a pas tradition faite au moment du nouveau contrat, il y a eu antérieurement une tradition que le prêteur lui-même a faite de sa propre chose et dès lors on conçoit que sa volonté seule suffise plus tard pour transférer la propriété. Si le dépositaire n'a eu dans le principe que la *nuda detentio* et non la *possessio civilis* nécessaire pour conduire au *dominium*, cette *nuda detentio* se transforme et devient la possession voulue dès qu'il commence à détenir *animo domini*, à titre de prêt et non plus à titre de dépôt. Le dépositaire ne possède d'abord que matériellement, *corpore* ; mais il arrive par la volonté du déposant, qui devient alors le prêteur, à posséder civilement *corpore et animo*. Telle est la doctrine d'Ulpien : « Deposui apud te decem, postea permisi tibi uti. Nerva Proculus, etiam antequam moveantur, condicere quasi mutua tibi hæc posse aïunt, et est verum, ut et Marcello videtur : animo enim cœpit possidere ; ergo transit periculum ad eum qui mutuum rogavit et poterit ei condici » (loi. 9 § 9.dig. h. t.) ; Et Paul nous dit dans ses sentences : « Si pecuniam deposuero, eamque uti tibi permisero, mutua magis videtur quam deposita, ac per hoc periculo tuo erit » (Sent. de Paul, liv. II. tit. XII § 9.) (1).

Les décisions qui précèdent ne s'appliquent qu'au cas où la convention de *mutuum* est intervenue après le dépôt effectué. S'il y a eu simplement au moment du dépôt, faculté laissée au dépositaire, d'user de l'argent déposé pour ses besoins personnels, on ne considère avec raison le *mutuum* comme formé que lorsque le dépositaire vient à se servir de l'argent ; car jusque-là il n'est pas certain qu'il s'en serve jamais. C'est ce que nous dit Ulpien : « Quod si ab initio, cum deponerem, uti tibi, si voles, permisero, creditam non esse, antequam mota sit ; quoniam debitum iri non est certum. » (Loi. 10 dig. h. t.) Il y a là véritablement un *mutuum* sous condition suspensive. Le contrat est un dépôt, l'usage seul en fait un *mutuum*, et jusqu'à l'accomplissement de la condition les risques sont à la charge du déposant.

Il n'en est pas tout à fait de même dans l'hypothèse prévue par Ulpien à la loi 4 de notre titre au Digeste : « Si quis nec causam, nec propositum fœnerandi habuerit, et tu empturus prædia, desideraveris mutuam pecuniam, nec volueris creditæ nomine, antequam emisses, suscipere, atque ita creditor, quia necessitatem forte proficiscendi habebat, deposuerit apud te hanc eamdem pecuniam, *ut si emisses crediti nomine obligatus esses* hoc depositum periculo est ejus qui suscepit. » Je n'ai pas l'intention de placer mon argent à intérêt ; vous êtes

(1) Voy. Doneau, vol. X. pag. 195.

sur le point d'acheter des terres, il vous faut recourir à un emprunt ; mais vous ne voulez le contracter qu'après avoir consommé l'achat : en attendant, devant faire un voyage, je consens à déposer chez vous la somme dont il a été question, avec la condition qu'au cas où l'achat aurait lieu, elle vous serait donnée à titre de prêt : il y a ici également dépôt et prêt conditionnel ; mais à la différence du cas précédent, si la chose déposée périt fortuitement avant que la condition du prêt soit réalisée, le dépositaire en supportera la perte, parce que c'est dans son intérêt que le dépôt a eu lieu et que ce dépôt devait, le cas échéant, être converti en prêt. Celui, qui a fait le dépôt, n'avait aucun intérêt à contracter puisqu'il n'avait ni l'intention ni l'habitude de placer son argent à intérêt. Cette décision se rapproche de la distinction établie à la loi 11 de notre titre, que nous ne tarderons pas à examiner.

Dans les hypothèses qui précèdent, il n'y a guère dérogation à la règle générale, que relativement à l'époque de la tradition. Dans d'autres, dans les *singularia recepta* d'Ulpien, deux principes se trouvent encore atteints : la tradition a lieu *per extraneam personam* et porte sur des choses dont le prêteur n'a jamais eu la propriété. Aussi tandis qu'Ulpien, peu soucieux des anciennes règles et s'attachant moins à la forme qu'au fond, n'hésite pas, dans un but d'intérêt pratique, à dire qu'il se forme un *mutuum :* lorsque le prêteur n'ayant pas d'argent disponible remet à l'emprunteur un objet pour le vendre et en garder le prix à titre de prêt ; — lorsqu'un mandataire de l'aveu même de son mandant conserve à titre de prêt, ce qu'il lui doit à raison de son mandat ; — ou encore, lorsqu'un débiteur paie sur l'ordre de son créancier entre les mains d'un tiers qui devient emprunteur de ce créancier. Africain repouse absolument les deux premières de ces solutions et paraît n'admettre la troisième qu'avec regret, *benigne.*

*La première espèce :* lorsque le prêteur, n'ayant pas d'argent, donne un objet qui doit être vendu et dont le prix doit être gardé à titre de prêt, est prévue par Ulpien à la loi 11 (h. t.) ainsi conçue : « Rogasti me ut tibi pecuniam crederem, ego, cum non haberem, lancem tibi dedi vel massam auri, ut eam venderes et nummis uteris : si vendideris puto mutuam pecuniam factam ». Si nous rapprochons cette décision de celle de la loi 19. *pr.* au titre *de Præscriptis verbis*, loi où l'hypothèse est la même : «..... Si non vendidisti, aut vendidisti quidem, pecuniam autem non accepisti mutuam ; tutius est ita agere, ut Labeo ait, præscriptis verbis, quasi negotio quodam inter nos gesto proprii contractûs ». Nous voyons qu'il n'y a réellement *mutuum* qu'après que celui qui a vendu l'objet, en a accepté le prix avec l'intention de le garder à titre de prêt : s'il n'avait pas cette intention, dit le même Ulpien, il n'y aurait lieu qu'à l'action *præscriptis verbis*. Ces distinctions sont très-importantes à cause des risques et périls. Si je reçois un objet particulier pour le vendre et en garder le prix à titre de prêt, il n'y a *mutuum* qu'à partir du moment où j'ai accepté le prix avec intention d'en faire emploi. Mais qui, dans l'intervalle, supportera les risques et périls? On trouve la réponse à cette question dans la loi 11 précitée, *princ. in fine* : « Quod si lancem vel massam sine tuâ culpâ perdideris prius quam vendideris, utrum mihi an tibi perierit, quæstionis est ? Mihi videtur Nervæ distinctio verissima, existimantis multum interesse venalem habui hanc lancem vel massam, necne : ut si venalem habui, mihi perierit quemadmodum si alii dedissem vendendam ; quod si non fui proposito hoc, ut venderem, sed hæc causa fuit vendendi, ut uteris, tibi eam periisse ; et maxime si sine usuris credidi ». Cette loi contient une distinction qu'il importe de ne pas perdre de vue, à savoir : si celui, qui a donné l'objet, le destinait à la vente, avait intérêt, par conséquent, à ce qu'il fut vendu ; ou s'il n'y avait aucun intérêt. Au premier cas les risques demeurent pour celui qui a donné la chose à vendre, dans le second cas ils sont à la charge de celui qui l'a reçue. Si le contrat, dès le principe, était envisagé comme un prêt, les risques seraient toujours pour celui qui reçoit la chose ; s'il était envisagé seulement comme un mandat, les risques seraient dans tous les cas pour celui qui a donné la chose à vendre, car le mandat s'exécute toujours aux risques du mandant. Il y a donc là une question d'interprétation de la volonté des parties. La volonté de celles-ci peut en faire un contrat *sui generis*, un contrat innommé susceptible de la distinction posée en la loi 11 de notre titre.

Nous venons de voir la doctrine d'Ulpien en cette matière, examinons maintenant quelle était celle d'Africain. Ce jurisconsulte prévoit cette hypothèse en même temps que d'autres dans la loi 34 au Digeste, *mandati vel contra,* ; nous en extrayons le passage relatif au cas qui nous occupe :..... » his argumentum esse eum qui cum mutuam pecuniam dare vellet, argentum vendendum dedisset, nihilo magis pecuniam creditam, petiturum : et tamen pecuniam ex argento redactam periculo ejus fore qui accepisset argentum.......... » Cette phrase a donné lieu à plusieurs explications de la part des commentateurs : suivant les uns il résulterait des mots *nihilo magis* qu'il n'y aurait aucune opposition entre ce texte d'Africain et ceux d'Ulpien ; que d'après l'un et l'autre jurisconsulte il y aurait *mutuum* dès que le prix aurait été accepté, avec l'intention d'en faire emploi, par celui qui a reçu l'objet à vendre. D'autres disent qu'il faut donner une signification négative à la phrase ou se trouvent les mots *nihilo magis;* ; que cela résulte du sens grammatical de ces mots et de l'opposition du mot *tamen* qui suit : que par conséquent il faut traduire comme l'ont fait les Basiliques : *mutuum non contrahitur quamvis nummi ex argento redacti tuo periculo sint.* »

D'après cette leçon, il y a opposition entre Africain et Ulpien, car, suivant Africain, il n'y a pas *mutuum* même lorsque celui qui a vendu la chose, en a reçu le prix. Comment expliquer ce dissentiment ? On l'explique historiquement, et cela, d'autant plus facilement que, comme nous l'avons déjà dit, le rigorisme primitif des Romains devait se plier de plus en plus chaque jour aux

exigences toujours croissantes de la civilisation. Les jurisconsultes anciens n'ont admis de *mutuum* qu'à la condition que
ce fût l'argent du prêteur qui, par lui ou son représentant, fut
transmis à l'emprunteur, *quod ex meo tuum fit* ; or, dans l'hypothèse dont il est question aux textes que nous examinons, ce
n'est pas l'argent du prêteur, c'est celui de l'acheteur, c'est le
prix qui devient la propriété de l'emprunteur ; donc pas de
*mutuum* et l'action *præscriptis verbis* est seule ouverte. Au temps
d'Africain, cette doctrine était encore pleinement en vigueur.
Au temps d'Ulpien, on s'en était écarté par suite de l'extension
donnée à la *traditio brevi manu* et l'introduction d'une tradition
feinte. En effet s'il est vrai que l'emprunteur doit être rendu propriétaire pour le prêteur, principe qui est la base de la loi 11,
il faut supposer que celui qui a donné à vendre, est censé recevoir le prix de celui qui vend, pour le restituer au même vendeur
qui l'accepte à titre de prêt. Cela est si vrai, que la loi 19 de
*præscriptis verbis*, que nous avons citée plus haut, est écrite
par Ulpien encore sous l'influence de cette théorie, puisque le
jurisconsulte n'admet pas de prêt si, au moment où le prix est
payé, le vendeur n'a pas l'intention d'en faire usage, de l'accepter à titre d'emprunt. Mais à l'époque d'Ulpien le prêt est
censé consommé dès que le prix avait été accepté comme
emprunt. A ce point de vue, la jurisprudence s'était écartée
de la jurisprudence antérieure.

Cette manière de concilier la loi 34 d'Africain avec les lois 11 et
19 d'Ulpien fut proposée par Cujas ; elle est, ce nous semble, la
seule fondée, quoique l'on puisse encore trouver dans d'autres
textes des traces évidentes de la doctrine qui prévalait à l'époque
d'Africain (1).

Comme on le voit par les explications qui précèdent, la loi 11
organise une fiction, par laquelle, celui qui a reçu la chose pour
la vendre, est censé avoir été rendu propriétaire du prix par le
propriétaire même de cette chose. Cette-fiction repose sur une

(1) Molitor, *les oblig. en droit romain.* Tome 2, n° 784.

espèce de subrogation du prix à la chose : la chose seule est donnée mais le prix est censé l'avoir été si la chose est vendue.

Plus tard les empereurs Dioclétien et Maximien firent application de cette fiction à une nouvelle hypothèse lorsqu'à, la loi 8 au Code (IV. 2), ils déclarèrent qu'il y a *mutuum* dans le cas où l'on reçoit une chose à vendre, avec estimation fixée d'un commun accord et à la condition que l'on devienne débiteur de cette estimation. Ici le *mutuum* n'est pas conditionnel, il ne dépend pas de la vente, il existe dès que la chose a été remise et acceptée avec estimation. Dès ce moment et sans qu'il soit nécessaire de faire la distinction mentionnée en la loi 11, la chose est aux risques de celui qui la reçoit ; celui-ci est dès cet instant constitué *debitor quantitatis* ; il reçoit une *species* pour restituer une *quantitas,* qui dans l'intention des parties et par le fait même de l'estimation est subrogée à l'instant même à la *species.* A la loi 11 comme à la loi 8 au Code, il y a fiction ou subrogation, dans le premier cas le prix est subrogé à la chose sous condition qu'elle soit vendue et que le prix soit reçu dans cette intention ; dans le second cas l'estimation est, dès le principe et sans condition, subrogée à la *species.*

*Dans la deuxième espèce :* Celle où le mandant consent à ce que son mandataire use à titre de *mutuum* des sommes dûes à raison de son mandat, Ulpien s'exprime dans les termes suivants : « ....... Cum ex causa mandati pecuniam mihi debeas et convenerit, ut crediti nomine eam retineas, videtur mihi data pecunia et a me ad te profecta. » (L. 15, dig. XII, 1). Comme on le voit ce jurisconsulte décide qu'il y a *mutuum* et s'appuie pour cela sur une fiction : paiement de la dette et rétrocession de cet argent à titre de prêt. A la loi 34 (dig. *Mandati vel contra*) Africain conteste cette solution : « Qui negotia Titii procurabat, is, cum a debitoribus ejus pecunium exigesset, epistolam ad eum emisit, qua significaret certam summam ex administratione apud se esse, eamque creditam sibi se debiturum cum usuris semessibus. Quæsitum est, an ex eâ causâ credita pecunia petit possit et an usuræ peti possint ? Respondit non esse creditam ; alioquim dicendum, ex omni contractû nudâ pactione creditam pecuniam fieri posse. » On le voit par ce texte, Africain nie l'existence du *mutuum* parce que l'admettre serait donner à un simple pacte le pouvoir de transformer en *mutuum* n'importe quel contrat. Un pacte ajouté à un contrat de bonne foi peut bien avoir effet par rapport aux intérêts promis, mais il ne peut pas faire que la propriété qui a été transférée au mandataire par des tiers, *debitoribus*, lui ait été transmise par le mandant. La conséquence de la décision d'Africain est : que le mandataire restera obligé *actione mandati;* mais à cause de la nouvelle convention, les sommes ou les choses dont il est débiteur seront à ses risques et il en devra les intérêts qui, nous le verrons plus tard, n'auraient pu être exigés s'il y avait eu *mutuum.* Ulpien à la loi 15 (dig. XII, 1) laisse ce principe parfaitement intact, au contraire il y fait allusion, lorsqu'il dit que le *mutuum* n'a été admis que• *singulari jure* et par une fiction qui n'a d'autre but que d'écarter la rigueur du droit primitif.

Quoiqu'il en soit, il y a dissentiment entre Ulpien et Africain. On a voulu concilier la loi 15 et la loi 34 et, pour cela, on a dit qu'Ulpien ne parlait que du cas où le mandant et le mandataire étaient présents et où le dernier était prêt à s'acquitter de la dette si le premier se refusait à lui laisser l'argent à titre de *mutuum*; tandis qu'Africain ne parlait que d'un mandataire absent : de telle sorte, ajoutait-on, que la fiction « videtur mihi pecunia data et a me ad te profecta », était admissible dans le premier cas et non dans le second. Pour cette opinion on a tiré argument du mot *convenerit* qui se trouve dans le texte d'Ulpien (1).

Selon nous, le texte de la loi 34 repousse absolument cette solution : Il y est dit, en effet, que le mandataire doit les intérêts dont on est convenu, « *usuræ de quibus convenerit ,* » preuve évidente qu'il y a eu convention et que dans le cas de la loi 15

(1) Doneau. Vol. X, page 273. N° 79. s,

comme dans celui de la loi 34, il y a eu entente des parties et convention. L'espèce reste donc la même dans les deux textes et la conciliation de Doneau tombe.

Nous ne pouvons la remplacer que par une explication historique résultant d'un changement de jurisprudence, changement identique à celui qui s'est produit dans l'espèce où un objet a été donné pour être vendu et le prix gardé à titre de prêt.

Cependant ce changement de jurisprudence n'est peut-être pas aussi grand et aussi absolu qu'on pourrait le croire. En effet, les espèces des lois 15 et 34 diffèrent en ce que dans la seconde le mandataire a promis de payer des intérêts. Or le simple pacte d'intérêts compatible avec le mandat, contrat de bonne foi, est incompatible avec le *mutuum* qui est un contrat *stricti juris* : Aussi ne faut-il pas, en comparant les deux textes, dire que l'un est applicable quand il n'y a pas promesse d'intérêts, l'autre lorsque cette promesse a été faite : en d'autres termes ne faut-il pas dire que la nouvelle jurisprudence n'a fait que déroger à l'ancienne et ne l'a pas abrogé? Cette opinion nous paraît d'autant plus probable que s'il y avait eu abrogation complète, on ne comprendrait pas le motif pour lequel on aurait reçu dans le digeste cette loi 34 ; tandis que ce motif se découvre aisément si l'on admet que la loi 15 *de reb. cred.* ne fait que déroger à la loi 34 *mandati vel contrà* (1).

*Quant à la troisième espèce*, elle ne nous arrêtera pas longtemps. Et disons d'abord que l'on peut faire un prêt par un tiers : cela résulte de la règle, en vigueur sous Justinien, règle qui permet de transférer la propriété « *per extraneam personam* » ; il suffit pour que nous réalisions le prêt que le tiers agisse en notre nom, qu'il donne notre chose et que l'emprunteur l'accepte comme venant de nous. Mais si le prêt est fait par notre débiteur en notre nom et avec les deniers qu'il nous doit, (c'est là notre troisième hypothèse) rigoureusement et d'après les règles primitives du *mutuum*, le contrat ne se formera pas, car ce n'est pas

(1) Molitor. Op. cit. N° 786, *in fine*.

notre argent, ce ne sont pas nos deniers qui ont été transférés à l'emprunteur.

Ulpien en décide autrement à la loi 15 déja citée : « ..... Si debitorem meum jussero dare pecuniam, obligaris mihi quamvis meos nummos non acceperis...... Videtur mihi data pecunia et a me ad te profecta. » Africain se range à cet avis, mais à regret : « .... Si a debitore meo jussero te accipere pecuniam, credita fiat, id enim benigne receptum est » L. 34 *mandati*). Pourquoi le *mutuum* est-il formé? Par une espèce de *constitutum possessorium*, le débiteur ayant disposé des deniers au gré du créancier, est censé les avoir mis à sa disposition, il est censé, comme le dit la loi 15, les avoir comptés au créancier et celui-çi les lui avoir rendus pour que le prêt fut fait en son nom. — Mais faut-il que tout ceci se passe en présence des trois parties, en d'autres termes faut-il que la numération des deniers soit faite par le débiteur en présence du créancier? Doneau (1) l'exige en alléguant qu'à défaut de cette condition, la fiction sur laquelle repose ici le *mutuum* devient impossible. Il est permis cependant d'en douter, en matière de fiction tout est possible ; que le créancier soit présent ou non, on peut toujours dire : *videtur mihi data pecunia et a me ad te profecta*. Ajoutons en outre que rien dans les textes ne justifie l'opinion de Doneau et qu'exiger la présence des trois parties serait aller à l'encontre du but que se sont proposé les jurisconsultes : simplifier les formalités.

Le principe en vertu duquel le prêt fait par le débiteur au nom du créancier est valable, dut aussi faire admettre la validité du prêt fait par une tierce personne en notre nom et de notre consentement. En effet, si je donne mandat à Titius de faire en mon nom un prêt à une personne désignée, et que Titius fasse ce prêt, il est censé m'avoir transmis les deniers à titre de prêt et les avoir reçus de moi pour les transmettre à la tierce personne : il y a donc ainsi deux prêts, l'un de Titius à moi et l'autre de moi à la tierce personne par l'entremise de Titius

(1) Doneau, vol. X, pag. 263.

(Loi 9, § 8, dig. h. t.). Il en serait autrement si au lieu d'être convenu avec Titius que le prêt serait fait en mon nom, j'avais simplement mandé à Titius de prêter une certaine somme à une personne déterminée. Dans ce cas, si Titius fait le prêt, il n'y aura de *mutuum* que de lui à la tierce personne ; ce ne sera que contre elle qu'il aura la *condictio certi ex mutuo* contre moi il aura l'*actio mandati contraria*, je ne suis en effet qu'un *mandator pecuniæ creditæ*, une espèce de caution, et à ce titre je jouirai du bénéfice d'ordre et de discussion qui m'eut été refusé si j'avais été emprunteur.

Lorsqu'un prêt est fait en mon nom par un tiers qui n'en avait pas reçu mandat, le *mutuum* est conditionnel et dépend de ma ratification ; si je ratifie, je serai prêteur vis-à-vis de celui qui a reçu les deniers ; si je ne ratifie pas, il n'y aura pas de *mutuum*. Celui qui a baillé les deniers ne peut être regardé comme prêteur ; car il n'a pas eu l'intention de le devenir, et moi je n'ai pas consenti à ce qui a été fait ; je n'ai donc pu m'obliger ni acquérir une créance. Il s'en suit que la propriété des deniers n'aura pas même été transférée, et que le tiers pourra les revendiquer, s'ils existent encore, et qu'il pourra agir *ad exhibendum*, s'ils ont été consommés de mauvaise foi. Si au contraire ils ont été consommés de bonne foi, si l'emprunteur a cru à mon consentement, le *mutuum* est validé *ex post facto*, la propriété est transférée et celui qui a donné les deniers a la *condictio ex mutuo* (1).

Il résulte des explications que nous venons de donner que, bien que celui qui fait le prêt doive être propriétaire des choses prêtées, il est cependant vrai que le non-propriétaire peut faire un prêt, si les choses sont, de son consentement, données et acceptées comme venant de lui.

(1) Molitor. op. cit. n° 791.

### § III — **De la translation de propriété.**

Il ne suffit pas, pour la formation du *mutuum*, que la chose prêtée ait été mise à la disposition de l'emprunteur au moyen de la tradition, il faut encore que cette tradition ait eu pour but et pour effet de transférer la propriété. La translation de propriété n'est pas le but du contrat de *mutuum*, c'est une conséquence nécessaire et inséparable du but que les parties se proposent d'atteindre : permettre à l'emprunteur de se servir de la chose en la consommant, ce qu'il ne serait pas en droit de faire s'il n'était pas propriétaire. Quoi qu'il en soit, le transfert de propriété forme le caractère essentiel et distinctif du *mutuum*. C'est là, en effet, ce qui le distingue du commodat ou prêt à usage. C'est de là aussi, nous l'avons déjà vu, que ce contrat tire son nom. Doneau, en acceptant cette étymologie donnée par les Institutes, y voit l'indication de la double opération à laquelle le *mutuum* doit donner lieu, du double changement de propriété qui doit se faire : « Inest in hoc verbo, dit-il, reciprocatio mei et tui, id est, hæc vis ut meum tuum fiat et retro tuum meum. » (1) Ce dernier membre de phrase « *et retro tuum meum* » ne nous semble pas dériver de l'étymologie, et n'est qu'une amplification de l'explication donnée aux Institutes : Quoiqu'il en soit, vraie ou fausse, la doctrine de Doneau a, dans tous les cas, le mérite d'indiquer un des caractères principaux du contrat.

On a cependant nié, au 17e siècle, qu'il intervint aucune aliénation dans le *mutuum;* on a dit que le prêteur retenait le *dominium*, la propriété de la somme ou de la quantité qu'il avait prêtée, non pas, à la vérité, des corps ou individus dont la somme ou quantité était composée, mais de cette somme ou quantité considérée *in determinitate et abstrahendo a corporibus*, qui devait lui être rendue par l'emprunteur, à qui il n'avait accordé que l'usage. Cette opinion, due à Claude Saumaise, était le renversement de tout le système de la science du Droit, elle confondait

(1) Doneau, op. cit. 994 § 6.

absolument le *jus in re* avec le *jus ad rem,* le droit de créance
du prêteur contre l'emprunteur avec le *dominium*, le droit réel
sur la chose prêtée. Elle supposait un *dominium* non sur un corps
certain mais sur une quantité, ce qui n'est pas possible. Aussi,
a-t-elle été solidement réfutée aussitôt qu'elle a paru et ne trouve-
t-elle plus aujourd'hui d'adhérents. (1)

De ce que le *mutuum* suppose nécessairement une translation
de propriété, il suit : d'une part, que le prêteur doit être propriétaire de la chose prêtée ou tout au moins agir au nom et avec
le consentement du propriétaire : « in mutui datione oportet
dominum esse dantem » dit Paul à la loi 2 § 4 (Dig. h. t.) ; d'autre
part, qu'il doit en outre être capable d'aliéner.

Le prêt de consommation n'est pas formé tant que la propriété
de la chose livrée n'a pas été transférée à l'emprunteur. Tel est
le principe, mais il souffre de nombreuses exceptions. Nous
avons déjà vu dans le paragraphe qui précède, quelques cas où
l'on admet la formation du *mutuum* bien que les deniers n'aient
pas, rigoureusement parlant, appartenu au prêteur et n'aient
point été livrés dans l'intention de former pour lui un *mutuum*. Il
semble bien aussi, que si la chose d'autrui a été donnée en
*mutuum* sans le consentement du propriétaire, le contrat ne
puisse se former ; nul ne peut transférer plus de droit qu'il n'en
a lui-même. Nous voyons cependant qu'en pareil cas, si la chose
a été consommée de bonne foi (L. 13, h. t.) ou si l'emprunteur la
possède assez longtemps pour l'usucaper (L. 13, dig. L. XXXIX,
tit. 6) ou si le *tradens* est depuis devenu propriétaire, ces différentes circonstances suppléent à ce qui manquait à la validité du
*mutuum* « hoc reconciliat mutuum » suivant l'expression de
Doneau (2) On considère que l'emprunteur a obtenu le même
résultat que si la chose lui avait été livrée par le propriétaire lui-
même ; puisqu'il l'a consommée, ce qui était le but du *mutuum*, et
que sa bonne foi le met à l'abri d'une action en revendication, ou

(1) Voir Pothier, *prêt de consommation.* N° 8 et S.
(2) Doneau. Vol VII, page 570, note première.

dans le cas d'usucapion, puisqu'il est arrivé par le fait même du *tradens* au *dominium*, à la propriété de la chose, et l'on donne avec raison contre lui la même action que si la propriété lui eut été immédiatement transférée : « Consumptis eis (nummis) nascitur condictio (L. 13, pr. h. t.) » « qui alienam pecuniam credendi causa dat, consompta ea habet obligatum eum qui acceperit. (L. 19, § 1, *in fine.* h. t.) ». Le *mutuum* avait été formé en quelque sorte sous cette condition suspensive, tacite : s'il y a consomption de bonne foi ou si la propriété se trouve acquise de toute autre façon.

Peu importe, dans les espèces qui précèdent, que le *tradens* ait été de bonne ou de mauvaise foi. Nous en avons une preuve irrécusable dans la loi 13 que nous avons déjà citée. « Nam et si fur nummos tibi credendi animo dedit, accipientis non facit, sed consumptis eis, nascitur condictio. » Mais il importe beaucoup au contraire que l'*accipiens* ait été de bonne foi; s'il a su avoir reçu l'argent d'autrui et s'il l'a cependant consommé, il reste exposé, de la part du propriétaire, à l'action *ad exhibendum;* on ne peut donc pas dire qu'il ait tiré de la tradition de la chose la même utilité que s'il avait reçu le *dominium*, ni, par conséquent, que la consomption de mauvaise foi doive confirmer, valider le contrat. Le prêteur n'aura point ici la *condictio* contre l'emprunteur, du moins la *condictio ex mutuo;* mais il aura, s'il a stipulé que l'argent livré lui serait rendu, la *condictio ex stipulatû;* ou, s'il s'est fait donner une promesse écrite de remboursement, la *condictio ex litteris*.

Le prêt fait par un propriétaire indivis, par un co-associé, par exemple, sans le concours de ses co-associés, ne serait valable que pour sa part. (Loi 13, § 2 et loi 16 h. t.)

Le prêteur doit être capable d'aliéner, nous étudierons, dans un des paragraphes suivants, quels sont les capables et les incapables; mais disons dès à présent qu'on ne doit pas considérer comme valable le *mutuum* fait par un pupille non autorisé de son tuteur, par un fou et en général, par toute autre personne privée

de l'administration de ses biens. Parmi ces personnes il faut
ranger l'esclave fugitif et celui à qui le maître a formellement
refusé le droit de donner son pécule en *mutuum* (loi 11, § 2 h. t. ;
les autres esclaves par cela même qu'ils ont un pécule jouissent
du droit de l'employer en prêt.

Un incapable vient-il à remettre de l'argent à un tiers à titre
de *mutuum*, il ne se forme absolument aucun contrat : le prêteur
ne pouvant aliéner reste propriétaire et l'emprunteur ne devenant
pas propriétaire ne s'oblige pas ; mais comme il se trouve détenteur d'une somme d'argent appartenant à l'incapable, celui-ci a
contre lui une action en revendication tant qu'elle n'a pas été
consommée, si elle a été consommée de mauvaise foi, il a de plus
l'action *ad exhibendum ;* si elle a été consommée de bonne foi, il a
simplement la *condictio* : « Si mutuam pecuniam sine tutoris
auctoritate alicui dederit, non contrahit obligationem, quia pecuniam non facit accipientis. Ideoque nummi quos mutuos dedit, ab
eo qui accipit bonâ fide consumpti sunt condici possunt, si malâ
fide, ad exhibendum de his agi potest. » (Inst. Livre ii, titre 8, § 2,
*quibus alienare licet*). Le tuteur qui exerce les actions qui compétent à l'incapable, peut aussi ratifier le prêt et si les choses
prêtées ont péri par cas fortuit chez l'emprunteur de bonne foi, il
doit le ratifier pour que l'incapable ne supporte pas cette perte ;
la nullité du prêt ne saurait tourner contre l'incapable ; c'est dans
son intérêt qu'elle est introduite, il n'y a donc que lui qui puisse
s'en prévaloir ; par conséquent si les choses prêtées ont péri par
cas fortuit chez l'emprunteur de bonne foi, l'incapable, son tuteur
ou curateur intentera la *condictio ex mutuo*.

## § IV. — De l'obligation de rendre « tantumdem. »

La quatrième condition nécessaire à la formation du *mutuum*
est l'engagement que doit prendre l'*accipiens* de rendre des choses
de même quantité et qualité que celles qu'il a reçues « non
easdem res, sed alias ejusdem naturæ et qualitatis reddantur. »

(Inst. L. III, tit. 14, pr.). L'obligation de l'emprunteur ne consiste pas à rendre les choses mêmes qui lui ont été prêtées, il y aurait alors non plus *mutuum* mais prêt à usage, *commodat;* la nature du *mutuum,* la nature même de l'usage que les parties ont entendu devoir être tiré de la chose s'opposent à un pareil résultat; on ne saurait rendre individuellement ce qui a été consommé : « Mutuum damus, recepturi non eamdem speciem quam dedimus, alioquin commodatum erit aut depositum, sed idem genus ; nam si aliud genus, veluti, ut pro tritico vinum recipiamus, non erit mutuum. » (L. 2, pr. h. t.) Rendre des choses du même genre, telle est l'obligation de l'emprunteur ; s'il s'oblige à rendre des choses d'un autre genre, il y a vente ou échange, il n'y a pas *mutuum.* L'action donnée au *tradens* n'est plus alors la *condictio ex mutuo* mais l'action *ex vendito* ou l'action *præscriptis verbis.*

L'emprunteur doit en outre rendre autant qu'il a reçu, c'est-à-dire des choses égales en quantité et qualité. Il ne peut être tenu *ex mutuo* de rendre plus qu'il ne reçoit; car le *mutuum* est un contrat réel où la tradition sert seule de cause à l'obligation de l'emprunteur.

Il peut valablement s'obliger à ne rendre qu'une partie de ce qu'il reçoit, le contrat est alors, pour le surplus, considéré comme une donation. Il doit rendre des choses de même qualité, alors même que la convention ne contient rien à cet égard ; le *mutuum* est un contrat de bienfaisance et le caractère des hommes qui, lors même qu'ils rendent un service, ne veulent pas se nuire à eux-mêmes ne permet pas de le décider autrement. « Cum quid mutuum dederimus, etsi non cavimus, ut æqué bonum nobis redderetur, non licet debitori deteriorem rem, quæ ex eodem genere sit, reddere : veluti vinum novum pro vetere, nam in contrahendo quod agitur, pro cauto habendum est ; id autem agi intelligitur ut ejusdem generis et eâdem bonitate, solvatur quâ datum sit. (Loi 3. h. t.).

L'emprunteur ne s'oblige du reste qu'à rendre des choses de mêmes qualité et quantité, mais non de même valeur. La quantité et la qualité sont choses certaines, la valeur est une chose incertaine et qui varie suivant l'opinion des hommes et les fluctuations de l'offre et de la demande. S'obliger à rendre des choses de mêmes *qualité, quantité* et *valeur* serait contracter une obligation qui pourrait devenir impossible à remplir, et d'ailleurs, lorsqu'on prête en *mutuum* un tonneau de vin, ce n'est pas la valeur du vin que l'on prête, mais le vin lui-même, la quantité de vin contenue dans le tonneau, c'est donc cette quantité seule qui est due et non sa valeur.

Nous reviendrons plus longuement sur ces différentes espèces lorsque, dans notre chapitre trois, nous nous occuperons des obligations naissant du *mutuum* valablement contracté.

## § V. — Du consentement et de la capacité des parties.

Le consentement des parties n'est pas moins essentiel au *mutuum*, qu'il l'est aux autres contrats. Il doit intervenir sur tout ce qui forme la substance du contrat, sur la chose prêtée, sur la translation de propriété de cette chose, sur l'obligation de rendre imposée à l'emprunteur, sur la personne des contractants. Il doit en outre émaner de personnes capables de contracter un *mutuum*.

Dans un contrat réel, il est difficile de concevoir une erreur portant sur l'objet même du contrat, puisque la livraison de cette chose, livraison indispensable à la formation du contrat, amènera la découverte inévitable de cette erreur. Mais on conçoit fort bien qu'en recevant une chose, l'une des parties entende la recevoir à titre de *mutuum*, l'autre à titre de dépôt ou de commodat et réciproquement. En pareil cas, le *mutuum* ne se forme pas faute d'accord entre les parties : la propriété n'est pas transférée ; car le consentement nécessaire à cette translation a manqué chez l'un, et la chose reste en conséquence aux risques et périls de celui qui l'a livrée et à qui elle continue d'appartenir. Si toutefois l'*accipiens* vient à la consommer, le fait même de cette consommation, conformément aux principes exposés plus haut, donne après coup, *ex post facto*, naissance au *mutuum* : c'est ce que décide Ulpien à la loi 18, § 1 de notre titre : « Si ego quasi deponens tibi dedero, dit-il, tu quasi mutuam accipias : nec depositum nec mutuum est. Idem est, si tu quasi mutuam pecuniam dederis, ego quasi commodatum ostendendi gratia accepi. Sed in utroque casû, consumptis nummis condictioni sine doli exceptione locus erit. »

L'obligation de rendre autant, imposée à l'emprunteur n'est pas moins essentielle au *mutuum* que la translation de propriété. Il en résulte que s'il n'y a pas eu accord des parties sur cette obligation, si l'*accipiens* n'a pas entendu s'obliger ou si le *tradens* n'a pas voulu l'obliger, le *mutuum* ne se forme pas. Ulpien à la loi 18 *pr.* cite le cas où le *tradens* a entendu faire une donation et où l'*accipiens* a cru recevoir à titre de *mutuum* et il décide qu'il n'y a dès lors, faute d'accord des parties, ni donation ni *mutuum*. « Si ego tibi pecuniam quasi donaturus dedero, tu quasi mutuam pecuniam accipias, Julianus scripsit donationem non esse..... et puto nec mutuum esse... » et il refuse même d'admettre, malgré les apparences, qu'il y ait eu translation de propriété, faute d'une *causâ*, d'un titre que l'*accipiens* puisse invoquer pour prétendre à la propriété : « Magisque nummos accipientis non fieri, cum alia opinione acceperit. » L'*accipiens* n'étant pas devenu propriétaire reste tenu envers le *tradens* par la *condictio sine causâ* pourvu toutefois qu'il n'ait pas consommé la chose avant que l'erreur ait été découverte, car cette consomption, conforme alors à la volonté du *tradens*, a pour effet de rendre celui-ci non recevable à intenter la *condictio sine causâ* : « Quare si eas consumpserit, licet condictione teneatur, tamen doli exceptione uti poterit : quia secundum voluntatem dantis nummi sunt consumpti.»(Même loi 18, h. t.)·

L'opinion d'Ulpien qui se refuse à voir une translation de propriété dans l'espèce précédente, parait contraire au premier abord à une autre loi du Digeste, empruntée à Julien, (Loi 36,

DIG. *de acquir. rerum dominio.*) « Quum in corpus quidem, quod traditur, consentiamus, in causis vero dissentiamus, non animadvertero cur inefficax sit traditio.... nam et si.pecuniam numeratam tibi tradam donandi gratia, tu eam quasi creditam accipias ; constat proprietatem ad te transire, nec impedimento esse quod circa causam dandi atque accipiendi dissenserimus. » Vinnius et après lui Pothier (1) les concilient en disant que Julien « ne considère que la subtilité du droit selon laquelle il y a eu translation de propriété quoique la *condictio sine causa* la rende inefficace », au lieu qu'Ulpien, s'attachant plus au fond qu'à la forme, ne veut pas regarder comme une véritable translation de propriété, celle qui par suite de la *condictio* ne doit produire aucun effet.

Certains jurisconsultes romains poussent si loin cette idée que le contrat de prêt ne se forme pas si les parties n'ont pas agi exclusivement dans le but de faire naître une obligation, qu'ils se refusent à voir un *mutuum* dans un cas où il ne nous semble pas qu'il puisse y avoir place au doute. Julien (loi 20 h. t.), suppose un homme faisant donation d'une somme d'argent à un autre à la condition que celui-ci la lui rendra à titre de prêt, et il se demande si le *mutuum* peut, en pareil cas, se former. Rigoureusement parlant, dit-il, il n'y a ni donation ni prêt : il n'y a pas donation, car l'argent n'a pas été donné pour rester entre les mains de celui qui l'a reçu, il n'y a pas prêt, car l'argent a été donné par l'*accipiens* (donataire) moins pour faire naître une obligation que pour en acquitter une ; et dès lors, si l'argent est rendu au donateur, on doit considérer que celui-ci n'a fait que recevoir ce qui lui appartient. Mais, ajoute immédiatement Julien, cela n'est vrai qu'en s'attachant strictement et subtilement aux mots, il vaut mieux considérer comme valables les deux contrats de donation et de prêt. « Benignius est utrumque valere. » *Benignius* car il résulte évidemment de la convention un avantage pour l'*accipiens* (donataire), car il acquiert un droit de créance

(1) Pothier *Prêt de consommation.* § 17.

contre le donateur puisque celui-ci tout en recouvrant son argent ne s'engage pas moins à en rendre autant plus tard (1).

Enfin le consentement doit porter sur la personne même des contractants. En droit romain comme en droit français, l'erreur sur la personne est une cause de nullité des contrats, elle équivaut à un défaut de consentement. A ce principe se rattache la *condictio* que les interprêtes appellent *Juventiana*, à cause du jurisconsulte Juventius Celsus, auteur de la loi 32 (dig. h. t.) ou il est fait mention d'une action qu'il ne nomme pas et à laquelle, pour cette raison, les interprêtes ont donné le nom de ce jurisconsulte. « Si me et Titium mutuam pecuniam rogaveris, et ego putares eum Titii debitorem esse, an mihi obligaveris? Subsisto meum debitorem tibi promittere jusserim, tu stipulatus sis, quum si quidem nullum negotium mecum contraxisti, sed proprius est, ut obligari te existimem, non quia pecuniam tibi credidi (hoc enim nisi inter consentientes fieri non potest); sed quia pecunia mea (quæ) ad te pervenit a te reddi bonum et æquum est. » Vous vous adressez à Titius et à moi pour contracter un emprunt : N'ayant ni l'un ni l'autre des fonds disponibles pour le moment mais comptant sur des rentrées, je vous promets de réaliser le prêt; pour vous donner quelque assurance à cet égard, je vous envoie l'un de mes débiteurs qui vous promet à l'avance et par stipulation qu'il versera entre vos mains la somme qu'il me doit. Le versement a lieu; mais par erreur vous croyez que le débiteur qui fait le versement, est le débiteur de Titius dont vous aviez obtenu semblable promesse. Y a-t-il *mutuum?* Non, car j'avais bien voulu vous transmettre par mon débiteur de l'argent qui est considéré comme étant le mien, mais vous n'aviez pas la volonté de l'accepter comme tel, puisque vous avez cru et voulu recevoir l'argent de Titius. Il y a là une erreur sur la propriété compliquée d'une erreur sur la personne, vous n'avez pas cru ni voulu par conséquent contracter avec moi, vous avez voulu contracter avec Titius qui n'a pas contracté avec vous : Donc vous n'êtes tenu

(1) Doneau *op cit* vol. X. page 309 Note 1ʳᵉ.

*ex mutuo* envers personne et vous détenez cet argent sans cause. et sans en être propriétaire. S'il existe, il peut être revendiqué, s'il a été consommé, il y. a lieu à une *condictio* que les uns ont appelée *conditio utilis ex mutuo,* d'autres *condictio indebiti,* d'autres *condictio sine causa,* d'autres encore *actio utilis de in rem verso* et qu'enfin l'on s'est accordé à nommer *condictio juventiana,* laquelle ne nous paraît pas être au fond autre chose qu'une *conditio sine causà.*

Dans le *mutuum,* on ne considère pas l'origine de l'argent donné, mais seulement si celui qui l'a compté l'a donné en son propre nom ; le contrat ne peut se former qu'entre parties ayant entendu contracter entre elles : « Non unde originem pecunia, quæ mutuo datur, habeat sed qui contraxit, si ut propriam nume-ravit in hujusmodi obligationibus requiritur». (l. 7 Cod. L iv tit. 2.) Il est clair cependant qu'à d'autres égards il est important de savoir d'où vient l'argent donné puisque la propriété doit en être transférée ; mais nous n'avons plus à étudier la question sous ce point de vue.

En second lieu, le consentement doit, disions-nous plus haut émaner de personnes capables de contracter un *mutuum.*

En droit romain comme en droit français la capacité est la règle, l'incapacité l'exception. Toute personne peut contracter, si elle n'en a pas été déclarée incapable par la loi ; ce qui nè signifie pas que toute personne capable d'aliéner et de s'obliger, soit capable de contracter un *mutuum.* Les lois romaines ont frappé d'incapacité pour ce contrat, toute une classe de personnes capables à d'autres égards, les fils de famille.

Le *mutuum* est un contrat de droit des gens, il peut donc intervenir entre citoyens romains et étrangers.

Les impubères, les femmes *in manù mariti,* les prodigues, les fous, les mineurs de vingt-cinq ans munis d'un curateur, n'y peuvent figurer qu'assistés de ceux dont l'autorisation ou le consentement est nécessaire.

Le législateur, frappé des pernicieux effets de la facilité avec laquelle les usuriers prêtent en *mutuum* aux filś de famille, déclare nul et dépourvu de toute action civile le prêt fait à l'un d'eux. Craignant aussi que certains fonctionnaires n'abusent de leur position pour exercer une pression sur leurs administrés, il leur défend de pratiquer le *mutuum* dans leur province pendant la durée de leurs fonctions : « Principalibus constitutionibus cavetur ne hi, qui provinciam regunt, quive circà eos sunt, negocientur, mutuamve pecuniam dent, fœnusque exerceant. » (L. 33. H. T.) « Eos qui officia administrant, neque per se neque per suppositas personas tempore officii sui in provincia fœnus agitare posse, sœpe rescriptum est. » (L. 3 COD. *si certum petatur*).

En dehors de ces prohibitions, toute personne capable d'aliéner et de s'obliger peut contracter un *mutuum*, soit comme prêteur soit comme emprunteur. — Joue-t-elle le rôle de prêteur, il faut et il suffit qu'elle soit propriétaire de la chose ou qu'elle agisse au nom et avec l'autorisation du propriétaire ; encore avons-nous vu que la consomption peut réparer le vice d'un contrat où la chose d'autrui a été donnée en *mutuum* : le tuteur peut contracter en *mutuum* dans l'intérêt de son pupille (L. 26 H. T.) ; le gérant d'affaires peut donner en *mutuum* au nom de l'absent, sauf à faire approuver le prêt par l'absent à son retour ; le *procurator* d'un soldat qui donne en *mutuum* l'argent de celui-ci, lui acquiert une action directe (L. 26 H. T.) ; l'esclave commun qui donne un *mutuum* une partie de son pécule acquiert la créance pour ses différents maîtres (L. 13 § 2 H. T.) — Joue-t-elle le rôle d'emprunteur, si elle n'agit point en son nom, il faut qu'elle agisse au nom d'une personne capable d'emprunter et que celle-ci ratifie l'emprunt ou en profite.

L'emprunt, fait dans l'intérêt d'une ville, oblige celle-ci si l'argent lui est parvenu, autrement il n'oblige que ceux qui ont figuré dans l'acte : « Civitas mutui datione obligari potest, si ad utilitatem ejus pecuniæ versæ sunt, alioquin ipsi soli qui contraxerunt, non civitas, tenebuntur. » (L. 27 H. T.)

Que décider lorsqu'une personne déclarée incapable par la loi a essayé de contracter un *mutuum* ?

L'hypothèse peut se présenter sous deux faces : l'incapable peut être prêteur ou emprunteur.

LE PRÊTEUR EST INCAPABLE. — Il s'agit, par exemple, d'un pupille qui a remis de l'argent à un tiers à titre de *mutuum* sans l'*auctoritas tutoris*, que va-t-il arriver ?

Les Instituts de Justinien répondent à cette question de la manière suivante : « Si pupillus mutuam pecuniam alicui sine tutoris auctoritate dederit, non contrahit obligationem, quia pecunia non fit accipientis, » (Livre II titr. 8 § 2). Comme nous l'avons déjà dit au paragraphe troisième de ce chapitre, il ne se forme aucun contrat, l'*accipiens* est simplement constitué détenteur de l'argent du pupille qui a contre lui : la *rei vendicatio*, si l'argent existe encore ; la *condictio*, s'il a été consommé de bonne foi, l'action *ad exhibendum*, s'il a été consommé de mauvaise foi : « Si bonâ fide consumpti sunt condici possunt, si malâ fide, ad exhibendum id agi potest. » (Inst. Loc. cit.)

L'EMPRUNTEUR EST INCAPABLE. — Par exemple, il s'agit d'un pupille qui a emprunté une somme d'argent sans l'*auctoritas tutoris*. Ici encore il n'y a rien de fait puisque le pupille ne peut pas s'obliger sans l'autorisation de son tuteur. Comment donc les choses vont-elles se passer ?

Il faut, pour le savoir, se rappeler cette règle générale qui régit la capacité des pupilles et qui est posée par les Instituts dans le *principium* du titre *de auctoritate tutorum* (L. I tit. 21) : « Placuit meliorem quidem suam conditionem licere eis facere, etiam sine tutoris auctoritate : deteriorem vero non aliter quam tutoris auctoritate. » Les pupilles peuvent rendre leur condition meilleure sans l'autorisation de leur tuteur, mais ils ne peuvent la rendre pire sans cette autorisation.

En appliquant ce principe à l'hypothèse qui nous occupe, nous dirons : d'une part, le pupille sera devenu propriétaire de l'argent livré, et en cela il n'aura fait que rendre sa condition meilleure ; d'autre part, il ne sera pas obligé, car c'eut été rendre sa condition pire.

Il reste à savoir quelle est la portée de cette règle, est-elle susceptible de quelque exception ? S'applique-t-elle, lorsque le pupille a tiré profit de l'opération à laquelle il s'est livré ? Enfin, si telle est sa portée, exclut-elle toute obligation, même naturelle, de la part du pupille ?

Les commentateurs sont loin d'être d'accord sur ce dernier point. Plusieurs textes au Digeste mentionnent un rescrit d'Antonin-le-Pieux, qui aurait décidé que le pupille serait toujours tenu dans la limite de son enrichissement. Mais il est difficile de se fixer sur le système qui fut appliqué par ce rescrit et sur le changement qu'il apporta à la jurisprudence antérieure.

Nous pensons, quant à nous, que primitivement le pupille fut obligé naturellement dans la limite de son enrichissement. Mais, plus tard, on comprit que si les lois devaient le protéger, elles ne devaient pas cependant lui permettre de s'enrichir aux dépens d'autrui. Alors, par suite d'un progrès de la jurisprudence, on finit par admettre que le pupille serait obligé civilement dans la limite de son enrichissement, et le rescrit d'Antonin-le-Pieux eut pour but, sinon d'introduire, du moins de confirmer ce nouveau principe. Cette doctrine nous paraît résulter formellement d'un texte d'Ulpien qui forme la loi 5 du titre du Digeste *de auctoritate tutorum* (L. XXVI, tit. 8). Dans le *principium* de cette loi, Ulpien suppose que le tuteur a prêté de l'argent à son pupille et il décide que le pupille n'est pas obligé « Non erit obligatus tutori ». Mais il ajoute immédiatement : « in pupillum non tantum tutori, verum cuivis actionem in quantum locupletior factus est, dandam Divus Pius rescripsit ». Ainsi le rescrit d'Antonin-le-Pieux donne une action contre le pupille qui s'est enrichi : donc le pupille est obligé civilement dans la limite de son enrichissement.

Supposons maintenant que le pupille ne se soit pas enrichi, qu'arrivera-t-il dans cette hypothèse ? Il est bien certain qu'en pareil cas, l'obligation civile dont nous parlions tout à l'heure n'existe plus, car le rescrit d'Antonin n'accorde une action au créancier que lorsqu'il y a eu enrichissement. Mais ne naît-il pas du moins une obligation naturelle à la charge du pupille? Cette question divise encore aujourd'hui les interprètes du Droit romain.

Il y a au Digeste deux lois qui paraissent bien formelles pour exclure toute obligation naturelle : ce sont les lois 41 *de condictione indebiti* (L. XII, tit. 6) et 59 *de obligationibus et actionibus* (L. XLIV, tit. 7).

Dans la première de ces deux lois on suppose qu'un pupille a promis sans l'*auctoritas tutoris,* puis a payé ; alors le jurisconsulte Neratius admet la répétition parce que, dit-il, le pupille n'est pas obligé naturellement, *nec naturâ debet.*

Dans la seconde, il s'agit d'un pupille qui a fait un emprunt, toujours sans l'*auctoritas tutoris,* et le jurisconsulte Lucius Rufinius déclare qu'il n'est pas obligé même d'après le droit naturel, *ne quidem jure naturali obligatur.*

Mais à côté de ces deux textes, qui repoussent l'obligation naturelle, il y en a un grand nombre émanant de jurisconsultes plus autorisés qui l'admettent. Ainsi Papinien se prononce en faveur de l'obligation naturelle dans la loi 95, § 2. *de solutionibus :* L. XLVI, tit. 3). Le jurisconsulte y examine l'influence que l'adition d'hérédité peut exercer sur le sort d'une obligation. Il distingue trois cas : 1° celui d'une obligation ordinaire munie d'action ; 2° celui d'une obligation naturelle ; 3° celui d'une obligation munie d'action, mais pouvant être paralysée par une exception. Ne parlons que du second cas qui seul nous intéresse.

Papinien suppose qu'un individu qui avait prêté de l'argent à un pupille sans l'*auctoritas tutoris,* devient ensuite seul héritier de l'emprunteur; alors il dit que l'adition d'hérédité tient lieu de paiement, produit l'effet d'un paiement, *pro solutione cedit.* En effet, il ne peut être ici question d'une extinction par confusion, puisqu'il n'y avait pas obligation munie d'action ; mais l'effet possible d'une obligation naturelle, le paiement, est censé avoir lieu. En conséquence, le créancier pourra retenir sur les biens de l'hérédité, non pas seulement ce dont le pupille s'est enrichi, mais toute sa créance : « Non enim quanti locupletior factus est pupillus consequitur, sed in solidum creditum suum ex hereditate re tinet », nous dit le jurisconsulte. Il y a donc bien une obligation naturelle à la charge du pupille quoiqu'il ne se soit pas enrichi. Cette doctrine de Papinien se retrouve encore dans un autre texte de ce jurisconsulte qui est la loi 25 § 1<sup>er</sup> *quando dies legatorum cedat* (L. xxxvi. tit. 2). Paul se prononce aussi dans le même sens que Papinien dans le *principium* de la loi 21 *ad legem falcidiam* (L. xxxv tit. 2). Il est question dans cette loi d'un pupille qui a fait un emprunt sans *l'auctoritas tutoris*. Le créancier lui fait un legs à la condition qu'il rembourse à l'héritier la somme qui lui a été prêtée. Supposons que le pupille effectue le paiement, qu'en résultera-t-il ? Le jurisconsulte nous le dit d'une façon très-catégorique : « unâ numeratione et implet conditionem et liberatur naturali obligatione. » Il y a d'un coté accomplissement de la condition, de l'autre, extinction d'une obligation naturelle.

Il est vrai que Paul garde le silence sur le point de savoir si le pupille s'est enrichi ou non ; mais il nous semble que ce jurisconsulte, écrivant après le rescrit, devait naturellement raisonner dans l'hypothèse où il n'y avait pas enrichissement de la part du pupille. Remarquons en outre que la condition de remboursement porte bien sur la totalité de la dette, l'hypothèse de l'enrichissement n'est donc pas admissible.

Enfin Ulpien suivait également la doctrine de Paul et de Papinien comme le prouve la loi 1 § 1 *de novationibus* ( L. xlvi. tit. 2). Dans ce texte, Ulpien nous dit qu'il suffit pour qu'une novation s'opère que la nouvelle obligation soit valable *civiliter aut naturaliter*, et comme exemple de ce dernier cas il cite précisément la promesse faite par le pupille sans *l'auctoritas tutoris* : « ut puta si pupillus sine tutoris auctoritate promiserit. »

Différents systèmes ont été imaginés par les interprètes du

droit romain pour concilier les deux lois qui repoussent l'obligation naturelle avec les textes plus nombreux qui l'admettent.

Suivant Doneau, il faudrait distinguer entre les impubères *infantiæ proximi* et les impubères *pubertati proximi* : les textes qui se prononcent contre l'obligation naturelle se rapporteraient à la première classe d'impubères, ceux qui l'admettent auraient trait au contraire à la seconde.

Mais cette distinction n'est faite nulle part dans les différents textes que nous venons de parcourir, elle est donc tout à fait arbitraire et la conciliation qui en résulterait doit être repoussée.

Un autre système a été proposé par Cujas et suivi par Pothier : il consiste à distinguer s'il y a eu ou non enrichissement de la part du pupille, l'obligation naturelle n'existerait que dans la première hypothèse et devrait être repoussée dans la seconde. Nous croyons que cette conciliation est tout aussi inadmissible que la première. Elle ne peut en effet se soutenir qu'en dénaturant les textes.

Nous avons vu tout-à-l'heure que la loi 95 § 2 *de solutionibus* reconnaissait une obligation naturelle à la charge du pupille quoiqu'il ne se soit pas enrichi. Que fait Cujas pour mettre ce texte en harmonie avec son système ? Il est obligé de le corriger ; le texte dit : « In *solidum* creditum suum ex hereditate retinet » ; il propose de lire « in *solutum* creditum....... » De cette façon, le sens serait tout différent : Le jurisconsulte voudrait dire que le créancier n'a pas d'action pour obtenir ce dont le pupille s'est enrichi, mais il peut retenir sur l'hérédité sa créance, c'est-à-dire le montant de son enrichissement. Ce n'est pas tout : Cujas est encore obligé de supposer que Papinien faisait allusion au droit antérieur au rescrit d'Antonin-le-Pieux ; mais il est bien plus probable que Papinien raisonnait d'après les principes en vigueur de son temps. Quant à la correction de *solidum* en *solutum*, elle est, on ne peut plus, arbitraire, et même en l'admettant n'est-il pas vrai que la décision de Papinien serait exprimée bien péniblement et avec beaucoup d'obscurité.

C'est à l'aide d'une correction semblable que Cujas parvient à invoquer en faveur de sa doctrine la loi 25 § 1. *Quando dies legatorum cedat.* Cette loi est formelle pour admettre l'existence d'une obligation naturelle quand le pupille ne s'est pas enrichi. Mais tandis que le texte porte : « Si Seius pupillus sine tutoris auctoritate nummos accepisset, *nec* locupletior factus esset....... » Cujas supprime le mot *nec*, alors le sens est tout à fait changé et le texte au lieu de supposer que le pupille se soit enrichi suppose tout le contraire.

Nous en avons assez dit pour faire connaître les motifs qui nous déterminent à repousser le système de Cujas.

Un troisième système fut proposé par Vinnius. Selon cet auteur il y aurait, ou non, obligation, suivant l'individu à l'égard duquel on veut faire valoir cette obligation. Le pupille qui a contracté sans l'*auctoritas tutoris* ne sera pas obligé du tout, même naturellement ; et en conséquence, il aura, s'il a payé, la *condictio indebiti.* Mais quant aux tiers qui auront accédé à l'obligation du pupille, ils seront obligés naturellement, c'est par rapport à eux que se produira cette obligation naturelle dont les textes font mention.

Nous croyons encore ce système inadmissible ; il ne repose sur aucun texte ; tout au contraire, les textes le condamnent, car ils supposent souvent que l'obligation naturelle opère contre le pupille.

Si l'on voulait à toute force concilier les textes dont nous parlons, il faudrait adopter de préférence le système de M. de Vangerow.

D'après ce jurisconsulte, les lois qui repoussent l'obligation naturelle, supposeraient que le pupille a acquitté son obligation pendant son impuberté et sans l'*auctoritas tutoris*. Celles qui l'admettent feraient au contraire allusion au cas où le paiement a été fait soit par le pupille devenu pubère, soit par lui encore impubère, mais autorisé de son tuteur. Dans la première hypothèse la répétition est admise parce que le paiement n'est pas valable, mais dans la seconde la validité de son paiement met obstacle à la répétition.

On ne saurait nier que les termes de la loi 41 *de condictione indebiti* ne favorisent cette conciliation. Mais les autres textes ne s'y prêtent guère : nous pensons donc quelle doit être repoussée.

Nous nous rangeons en définitive à l'opinion de M. de Savigny, qui considère la question comme controversée entre les jurisconsultes romains : « Un examen sans parti pris, dit cet auteur, conduit à cette conviction qu'il n'est pas possible en fait de concilier ces textes, mais qu'ils nous révèlent entre les jurisconsultes romains une controverse qui n'était pas encore éteinte de leur temps et qui a par erreur trouvé place dans le digeste. Dans la législation de Justinien, il nous faut préférer l'opinion affirmative non-seulement à cause du nombre bien supérieur des décisions, mais encore parce que cette opinion compte parmi ses partisans, les jurisconsultes romains les plus autorisés et qu'elle a aussi en sa faveur les principes du droit romain. La plupart des auteurs modernes ont aussi adopté cette manière de voir (1). »

Nous venons de voir les incapacités générales et leurs effets sur le *Mutuum*, voyons maintenant une incapacité spéciale à ce contrat, l'incapacité qui frappe les fils de famille. Elle fut introduite par le Sénatus-Consulte Macédonien. Ce Sénatus-Consulte a été rendu d'après Tacite (2), sous l'empereur Claude, et d'après Suétone (3), sous l'empereur Vespasien. Pothier (4) pense que rendu d'abord sous Claude il a été renouvelé sous Vespasien. M. Machelard est d'avis que « la loi de Claude ne se serait appliquée qu'aux prêts d'argent dont le remboursement aurait été différé jusqu'à la mort des parents et que le Sénatus-Consulte Macédonien vint renchérir sur cette prohibition, en frappant d'une ma-

---

(1) M. de Savigny. *Le droit des obligations.* Trad. de l'all., par MM. Gerardin et Jozon, tome I, p. 80.

(2) Tacite. *Annales* XI, 13.

(3) Suétone. Vie de Vespasien, ch. 11

(4) Pothier. *Pand. Just.* 14, 6.

nière absolue tout prêt d'argent fait à un fils de famille (1). » Les textes ne sont pas moins contradiçtoires sur les circonstances qui ont donné lieu à cet acte législatif. D'après les termes mêmes de ce Sénatus-Consulte qui ont été conservés au Digeste (L. I, § 1, *de S. C. Macedoniano.* L. XIV, tit. 6.) on aurait été amené à cette mesure par les actes scandaleux d'un certain usurier Macedo, qui, prêtant de l'argent à la jeunesse, encourageait par là la débauche et les mauvaises mœurs. D'après Théophile, on aurait été ému de ce qu'un fils de famille appelé Macedo, ayant emprunté de l'argent pendant qu'il était *in potestate patris*, et le créancier insistant pour être payé, « non habens undé redderet (qui enim cùm sub potestate esset) patrem suum occidit. » C'est aussi ce que disent les Institutes de Justinien : « Quod ideo Senatus prospexit, quia sœpe onerati ære alieno creditarum pecuniarum, quas in luxuriam consumebant, vitæ parentium insidiabantur. (§ 7. *Quod cum eo qui alien. potest.*) » Quoiqu'il en soit, voici comment les Institutes, au même paragraphe, résument en peu de mots et très-complètement la portée du Sénatus-Consulte : » Prohibuit mutuas pecunias dari eis qui in parentis. erunt potestate, et ei qui crediderit denegatur actio, tam adversus ipsum filium filiamve, nepotem neptemve, sive adhuc in potestate sint, sive morte parentis vel emancipatione suæ potestatis esse cœperint, quam adversus patrem avumve, sive eas habebat adhuc in potestate, sive emancipaverit. » Ce qui était prohibé, ce n'était pas le *Mutuum* en général, mais le prêt d'argent : « Verba videntur mihi, dit Ulpien à la loi 7, *de S. C. Macedoniano* (L. XIV, tit. 6.), ad numeratam pecuniam referri : ait enim Senatus *mutuam pecuniam dedisset.* Sed si fraus sit Senatusconsulto adhibita, puta frumento vel vino, vel oleo dato, ut his distractis fructibus, uteretur pecuniâ, subveniendum est filiofamilias. » Donc à moins de fraude au Sénatus-Consulte, le principe général, d'après lequel le fils de famille s'obligeait civilement en contractant, subsistait. Il fallait pour que le Sénatus-Consulte reçut son application qu'il

(1) M. Machelard. *Des obligations naturelles,* page 110.

y ait eu *numeratio nummorum.* Aussi, la promesse d'un fils de famille, qu'il paierait une somme d'argent était-elle très-valable, « quia quod vulgò dicitur, filiofamilias credi non licere, non ad verba referendum est, sed ad numerationem. » (L. 4. L. xiv, tit. 6.) Par conséquent, si une personne a prêté de l'argent à un père de famille et que, depuis, elle stipule *novandi causâ* du fils de famille que celui-ci paiera cette somme d'argent, le Sénatus-Consulte ne reçoit pas son application. De même le fils de famille pourra se porter fidéjusseur d'une personne qui emprunte. Cependant, si on avait voulu cacher sous une opération pareille une fraude à l'ordre du Sénat, l'*Exceptio Senatusconsulti Macedoniani* serait accordée tant au fils qu'à l'emprunteur apparent.

Le Sénatus-Consulte s'appliquait alors même qu'il n'y avait pas stipulation d'intérêts. (L. 7, § 9. Dig. L. XIV, tit. 6.)

Il faut en second lieu, pour que le prêt fait à un fils de famille soit un prêt prohibé, que l'emprunteur ait été sous la puissance paternelle au moment où le prêt a été contracté. Par conséquent si le père était en captivité à ce moment, la validité du prêt restera en suspens ; par conséquent aussi « Si adrogatus mutuam pecuniam acceperit, deinde sit restitutus ut emanciparetur, Senatus consultum locum habebit : fuit enim filiusfamilias. » (L. 1, § 2. L. xiv, tit. 6.) Dans le paragraphe 5 de la loi 7 *de Senatusconsulto Macedoniano* Ulpien dit : « Sed etsi, patri ejus non mors sed aliâ causâ. inciderit quominus sit in civitate, dicendum Senatus consulto locus esse. » Il suppose évidemment que le prêt a été contracté par le fils avant la *media capitis deminutio* du père ; car si l'emprunt avait eu lieu après cette *capitis deminutio*, il aurait été valable comme fait à un père de famille. Les dignités dont le fils était revêtu ne mettaient pas obstacle à l'application du Sénatus-Consulte, parce que la puissance paternelle continuait malgré cela cela à exister. L'emprunt fait par un fils de famille ayant un pécule *castrense* ou *quasi-castrense* ne tombait pas sous le coup de la prohibition ; car relativement à ce pécule le *filiusfamilias* était *quasi-paterfamilias.* On appliquait le Sénatus-Consulte à la *filia familias* qui empruntait. « C'est une grave raison, dit M. Demangeat, qu'en principe une *filiafamilias* peut s'obliger civilement comme un *filiusfamilias* (1). » Mais la question est très-obscure à cause du paragraphe 99 des fragments du Vatican. Malgré les termes du Sénatus-Consulte qui ne parle que des *filii* on n'a pas hésité à l'étendre aux *nepotes* qui empruntaient avec l'autorisation de leur père sans celle de leur *avus*.

Le Sénatus-Consulte ne recevait pas son application si le préteur avait de bonnes raisons de croire l'emprunteur *sui juris*. Si le fils s'est fait passer frauduleusement pour *sui juris* l'exception du Sénatus-Consulte était accordée au père et non pas au fils. (L. 1, Cod. *ad* S. C. *Maced.*)

On était tellement sévère dans l'application de la disposition législative dont il s'agit, qu'on accordait l'exception même contre une ville qui avait prêté de l'argent à un fils de famille. (L. 15, Dig. eod.) Nous savons pourtant que les villes étaient favorisées mêmes dans le contrat de *Mutuum*. Lorsque le prêt avait été fait fait par un impubère sans l'autorisation de son tuteur ou par un autre fils de famille à qui son père aurait concédé l'administration d'un pécule, il n'y avait pas de doute que le Sénatus-Consulte ne s'appliquait pas, parce que ces personnes ne pouvaient pas faire des prêts valables. La même décision est donnée à l'égard du mineur de 25 ans qui n'avait pas de curateur, avec cette différence toutefois que celui-ci devra d'abord obtenir l'*in integrum restitutio* : « Sed in minore causâ cognità et a prœtore succurrendum. » (L. 3, § 2, de S. C. Maced.)

Citons un certain nombre de cas où le prêt fait par un fils de famille était valable : 1o lorsque le père l'avait autorisé expressément ou tacitement, ou l'avait ratifié (L. 9, § 3. Dig. L. xiv, tit. 6. L. 7, § 15. Dig. L. 2. Cod. et L. 7, *pr.* Cod. *eod.*); 2o lorsque l'argent avait été employé au profit du père (L. 7, § 12 et 13. Dig. *eod.*); 3o lorsqu'il avait été emprunté pour payer une dette ne

(1) *Cours élémentaire de Droit romain*, tome II, page 225.

tombant pas sous le coup de la prohibition (L. 7, § 14. Dig. *eod.*);
4o si le fils était soldat au moment du prêt. (L. 7, § 1. Cod. *eod.*)

L'exception du Sénatus-Consulte Macédonien pouvait être opposée d'abord par le fils de famille lui-même. Non-seulement tant qu'il était *in postestate parentis*, mais aussi quand il était devenu *sui juris;* ensuite par le père de famille ainsi que par les héritiers du fils et du père ; enfin même par les personnes qui ont cautionné la dette à moins qu'elle ne l'aient fait *donandi animo*, ou qu'il ne résulte des circonstances que la caution a été consti tuée précisément pour mettre le prêteur à l'abri de l'exception. (L. 7, § 1. Dig. *de Exceptionibus*. L. XLIV, tit. 1.)

L'exception opposée avait pour effet de paralyser pour toujours l'action du prêteur, de manière qu'il ne lui était jamais possible de poursuivre en justice le remboursement du prêt. Elle pouvait être opposée en tout état de cause même après l'obtention du jugement et pour en empêcher l'exécution. (L. 11. Dig. *eod.*)

On parle souvent dans les textes d'*exceptio Senatusconsulti Macedoniani* bien que le Sénat ait dit : Ne cui actio petitioque daretur. (L. 1, *pr.* Dig. *eod.*) Cela tient à ce que le magistrat refusait l'action au créancier toutes les fois qu'il n'était pas douteux pour lui qu'il y avait violation du Sénatus-Consulte. Mais dans le cas contraire, il l'accordait et il laissait à l'appréciation du juge la décision du point douteux ; en un mot, il accordait l'action mais il subordonnait la condamnation à cette condition, qui devait être vérifiée par le juge, qu'il n'y eut pas contravention au Sénatus-Consulte.

L'application du Sénatus-Consulte Macédonien laissait subsiser une obligation naturelle à la différence du Sénatus-Consulte Velleien qui défendait à la femme de se porter *intercessor* et qui la protégeait même contre les effets d'une obligation naturelle. C'est ainsi, du moins, que les jurisconsultes romains interprétaient ces deux Sénatus-Consultes. Ils croyaient sans doute que la défense du prêteur à un fils de famille était assez efficacement sanctionnée par le refus de toute action au créancier, car ceux qui ordinairement prêtent de l'argent, ne se contentent pas d'avoir pour toute garantie une obligation naturelle de la part de leur obligé, tandis que l'*intercessio* d'une femme sera très-souvent une garantie très-précieuse même à supposer que la femme ne soit obligée que *naturâ tantum*.

Mais quelle est la portée de cette obligation naturelle existant au profit de celui qui avait prêté de l'argent à un fils de famille? Sur ce point comme sur toute la théorie des obligations naturelles, il y a beaucoup de difficulté. Le paiement fait par le *filius familias* devenu *pater* est-il valable, ou le débiteur pourra-t-il intenter efficacement la *condictio indebiti?* Il semble qu'il le pourra puisqu'il existe en sa faveur une *exceptio perpetua*. Mais la loi 40 (Dig. *de cond. indeb.* L. xii, tit. 6.) nous dit que quand l'exception est donnée en haine du créancier et non pour protéger le débiteur le paiement fait inconsidérément ne peut pas être répété. Si ·le fils a payé pendant qu'il était *in potestate* et que plus tard devenu *sui juris* et héritier du père, il veuille réclamer l'argent qu'il a payé il sera repoussé par l'exception de dol. (L. 26, § 9. L. xii, tit. 6.) Le père toutefois aurait pu revendiquer cet argent. Aurait-il pu intenter la *condictio* si les écus avaient été consommés par le prêteur. La loi 9, § 1, *de Senatusconsulti Macedoniani* au Digeste accorde la *condictio* au père, mais la loi 14 *de rebus creditis* (L. xii, tit. 1.) la loi refuse. On a proposé plusieurs manières de concilier ces deux lois. M. Machelard admet avec une certaine hésitation cependant l'opinion de Doneau d'après laquelle le premier texte ferait allusion à un paiement fait à un créancier de mauvaise foi, tandis que le second se refèrerait au cas contraire (1). Nous croyons avec Cujas que ces deux lois sont inconciliables : toutes les deux en effet prévoient la même hypothèse et cependant leurs décisions sont l'opposé l'une de l'autre.

L'obligation naturelle dont il s'agit ici peut être novée valablement, mais l'emprunteur ne peut consentir à la novation qu'a-

(1) Machelard. *Oligations naturelles*, pages 116 et 117.

près être devenu *sui juris*, sans quoi le chef de famille se trouve-rait exposé aux dangers en vue desquels le Sénatus-Consulte avait été rendu (1). La novation n'a d'autre effet que de procurer au créancier une action, de changer une obligation naturelle en une obligation civile.

Mais que décider, dans le cas où l'emprunteur au lieu de s'en-gager par promesse à payer ce qu'on lui a prêté, a payé, mais en partie seulement la dette? Faut-il voir dans ce paiement par-tiel une reconnaissance de la dette tout entière et par conséquent accorder l'action au créancier pour ce qui reste dû? Ulpien sem-ble répondre affirmativement, les mots « *cessabit Senatusconsul-tum* » de Loi 7, § 16, peuvent en effet être entendus en ce sens qu'il y aura désormais action pour le créancier. Mais nous préfé-rons l'opinion de M. Machelard. Le savant professeur dit après avoir combattu l'opinion contraire par un argument *à fortiori* tiré de la Loi 9 *pr.* du même titre au digeste, que « tout en concé-dant que le texte d'Ulpien est équivoque, il croit que la pensée du jurisconsulte est expliquée par les derniers mots qui indiquent d'une façon précise la conséquence du paiement en déniant la répétition (2).» Ulpien s'est donc borné à dire dans la Loi 7, § 16, que l'emprunteur qui a payé une partie de la dette ne pourra ré-péter ce qu'il a payé.

Nous avons déjà vu que l'obligation résultant d'un *Mutuum* prohibé par le Sénatus-Consulte pouvait être garanti par une *fidejussio*. Elle pouvait aussi être accompagné d'un gage ou d'une hypothèque.

Les textes sont muets sur la question de savoir si celui qui avait prêté à un fils de famille pouvait lui opposer en compensa-tion d'une obligation dont il serait tenu envers lui, la dette natu-relle résultant du *Mutuum*. C'est un point qui est encore contro versé. Pour nous, il nous semble que ce n'est pas possible ; car la compensation est un paiement forcé et celui, à qui la loi a re-

(1) Machelard. Op. cit., page 118.
(2) Machelard. Op. cit., page 120.

fusé une action, *ne cui actio petitioque daretur*, ne doit pas pouvoir exercer la compensation. Rappelons en outre que le Sénatus-Consulte a été édicté en haine du créancier, *in odium ejus cui dabitur* et qu'il n'a pas pu entrer dans l'esprit du législateur la pensée de laisser au créancier un moyen aussi facile de se faire payer.

# CHAPITRE DEUXIÈME.

## Des obligations qui naissent du Mutuum.

Le *Mutuum* est un contrat *unilatéral* et *stricti juris*. Une des parties contractantes est donc seule susceptible d'être soumise à des obligations. C'est l'emprunteur. Nous avons énuméré et développé les conditions nécessaires à la formation du *Mutuum*, nous avons dit par là ce que devait faire le prêteur, c'était énumérer ses obligations puisqu'il n'y a pas de contrat et pas de prêteur, par conséquent, si ces conditions n'ont pas été remplies. Une fois le contrat passé, il ne reste plus rien à la charge du prêteur. Occupons-nous des obligations de l'emprunteur, les seules, nous le répétons, qui puissent naître d'un *Mutuum* valablement contracté.

Aussi longtemps que l'emprunteur n'a rien reçu du prêteur, il n'existe aucune obligation à sa charge. S'est-il engagé d'avance à rendre la somme que le prêteur devait lui compter, il lui est toujours loisible d'échapper à l'effet de cette promesse en refusant l'argent ; il n'a promis que sous condition qu'il recevrait et il peut renoncer à un contrat fait à son avantage : « qui pecuniam creditam accepturus, spopondit creditori futuro, in potestate habet, ne accipiendo se obstringat. » (L. 30. Dig. h. t. L. xii, tit. 1).

Le prêt a-t-il été effectué, l'emprunteur est obligé. Nous savons déjà que son obligation consiste à restituer des choses de même genre, de même qualité et en même quantité que celles qu'il a reçues. Comment doit-il exécuter son obligation ? Entre les mains de qui, en quel lieu et à quelle époque doit-il l'exécuter ?

Quelles sont les exceptions qu'il peut invoquer pour s'y soustraire? Quels sont les cas où il peut être tenu de rendre plus qu'il n'a reçu? — Voilà ce que nous devons maintenant examiner.

L'emprunteur ne peut rendre une chose de qualité inférieure à celle qu'il a reçue ; mais peut-il obliger le prêteur à recevoir une chose de qualité supérieure?—l'affirmative semble forcée et c'est l'avis du président Favre (sur la loi 3. Dig. L. xii, tit. 1), mais il est possible que la chose, de qualité supérieure pour l'emprunteur n'offre pas les mêmes avantages pour le prêteur ; aussi certains commentateurs, et nous partageons leur avis, se décident-ils pour la négative (1).

A défaut de rendre la chose prêtée en pareille quantité et qualité, ce qui est sa véritable obligation, l'emprunteur en doit rendre l'estimation. Cette estimation se fait eu égard au temps de la demande et au lieu où la chose a été livrée ; si le temps et le lieu du remboursement ne sont pas portés au contrat : « Vinum, quod mutuum datum erat per judicem petitum est : quæsitum est cujus temporis existimatio fieret? Sabinus respondit, si **dictum** esset, quo tempore redderetur, quanti tunc fuisset ; si **non,** quanti tunc quum petitum esset. Interrogari cujus loci pretium sequi oparteat? Respondit, si convenisset ut certo loco redderetur, quanti eo loco esset ; si dictum non esset, quanti ubi esset petitum. » (L. 22, h. t.) Si toutefois l'emprunteur a été mis en demeure et que la valeur de la chose à rendre ait augmenté depuis il doit être condamné eu égard à la valeur de cette chose au temps de la condamnation (2).

S'agit-il non plus d'une certaine quantité de choses fongibles, telles que des denrées, mais d'une somme d'argent : la règle diffère. Bien qu'il faille restituer les choses empruntées *in eodem genere*, de même qualité et bonté, cette règle ne s'applique pas d'une manière stricte et rigoureuse au prêt d'argent : ainsi quand

(1) Accurse, sur la loi 3. L. xii, tit. 1.

(2) Pothier, n° 41. — Cujas sur la loi 2, *de cond. tritic.* — Domat. *Lois civiles.* Section 3, § 4.

on a fait un *Mutuum* d'argent, on ne saurait s'en prévaloir pour
forcer l'emprunteur à restituer la somme prêtée en mêmes
espèces que celles qui ont été données, il suffit que le remboursement ait lieu en espèces de bon aloi et que la somme numérique
soit la même: ce que l'on considère dans la monnaie, dit la loi 1,
Livre XVIII, titre 1er, c'est moins la substance que la somme, la
quantité : « ex materiâ formâ publicâ percussâ usum dominiumque
non tam ex substantiâ præbet, quam ex quantitate..... » Ainsi,
pourvu que l'emprunteur restitue la même somme, la même quantité, il lui est loisible d'effectuer le remboursement en espèces
différentes de celles qui lui ont été comptées.

Il faut cependant entourer ce principe de quelques réserves,
d'abord en ce qui concerne le cas où il a été stipulé que la restitution se ferait par les mêmes espèces que celles qui ont été
comptées ; en outre pour le cas où les espèces auraient souffert
quelque dépréciation ou n'auraient point cours au lieu où la
somme doit être demandée et payée.

Lorsque le changement a lieu dans la valeur des monnaies on
distingue : 1° si le prêt a eu pour objet, non pas une somme numérique, mais un certain nombre de pièces de monnaie et s'il a
été stipulé que la restitution se ferait en autant de pièces de la
même espèce : dans ce cas, les changements de valeur ne sont
nullement pris en considération, l'emprunteur s'acquittera en restituant le même nombre de pièces de monnaie à moins que les
parties, en prévision d'un changement de valeur, n'aient stipulé que
les pièces seraient du même aloi que celles qui ont été comptées.
Dans ce cas l'emprunteur devra tenir compte au prêteur de la
dépréciation ; d'où nous tirons cette conséquence que, dans le
prêt de certaines espèces, fait sous la condition que le même
nombre de pièces de monnaie du même genre sera restitué, le
risque de la dépréciation de cette monnaie est à la charge du
prêteur, mais aussi que le profit est pour lui, si au lieu de diminuer la valeur de ces pièces est augmentée ; 2° si le prêt a eu
pour objet une valeur numérique, le prêteur peut restituer en

toutes espèces ayant cours et comptées à la valeur qu'elles ont au moment de la restitution et non pas à celle qu'elles 'avaient au moment du prêt ; la somme fut-elle même remboursée en espèces semblables à celles qui ont été données, de sorte qu'à la différence du cas précédent et aussi à la différence du prêt de denrées, c'est l'emprunteur qui supporte les risques de la dépréciation et qui profite de l'augmentation.

La chose prêtée doit être rendue au prêteur lui-même, à moins qu'il ne soit devenu, depuis le prêt, incapable de recevoir un paiement, ou à son mandataire, ou à celui qui a qualité pour recevoir en son nom ; mais non pas au *tradens* s'il n'a fait qu'agir pour un autre.

Elle doit être rendue au lieu convenu ; à défaut de convention, où la livraison a été faite, selon les uns (1) ; selon les autres, il faut distinguer entre le prêt d'argent et celui de choses fongibles et restituer l'argent au domicile de l'emprunteur (2). La loi 22 de notre titre semble, au premier abord, venir à l'appui de cette opinion puisqu'elle ordonne de calculer la valeur de la chose d'après le lieu où la demande est faite, et l'on sait que la demande doit être faite au domicile du débiteur : *actor sequitur forum rei.* Mais alors il faudrait décider d'une façon générale que le paiement doit avoir lieu au domicile du débiteur puisque l'espèce citée dans la loi 22 est un prêt de vin. La loi d'ailleurs laisse en réalité dans l'ombre la question du lieu où la demande doit être portée, en tirer argument, c'est répondre à la question par la question. A ne considérer que la nature de contrat de bienfaisance incombant au *Mutuum* il semble plus logique d'exiger que l'emprunteur s'acquitte envers le prêteur dans le lieu où la livraison aura été faite, sans cela il pourrait y avoir *injuria dantis.*

Enfin la chose prêtée doit être rendue au terme fixé, l'emprunteur peut du reste devancer l'époque du paiement pourvu que le terme n'ait pas été établi dans l'intérêt du créancier.

(1) Voët. *Ad Pandectas, de rebus crediti,* n° 19.
(2) Pothier. N°° 43 et 46.

L'emprunteur peut opposer à la demande en paiement du prêteur tout moyen tiré de l'absence de l'une des conditions essentielles à la formation du contrat : défaut de tradition, d'aliénation, de consentement, de capacité. Il peut opposer la non-arrivée du terme, convenu et si le contrat ne porte aucun terme, l'absence d'un délai suffisant pour qu'il ait pu se servir utilement de la chose prêtée, autrement le prêt lui serait onéreux et nuisible au lieu de lui être avantageux : ce que la loi n'a pas voulu : « adjuvari nos, non decipi beneficio oportet. » (L. 17, § 3. Dig. L. XIII, tit. 6.) Il ne peut, hormis un cas que nous citerons bientôt, opposer la perte de la chose prêtée ; cette chose est devenue sa propriété et à ce titre la perte en est pour lui : « *res perit domino.* » En outre l'obligation de rendre porte sur des choses de même espèce et non sur la chose livrée elle-même, sa perte n'a donc pas pour effet de rendre impossible l'exécution du contrat. Ulpien nous cite même un cas où la perte est pour l'*accipiens*, bien que la chose ne soit pas devenue sa propriété (L. 11. Dig. h. t.), la raison en est dans le caractère de contrat de bienfaisance que nous avons reconnu au *Mutuum.* Comme nous venons de le dire, il pouvait arriver que l'emprunteur n'eut rien à restituer : si, par exemple, la chose prêtée avait eu des vices connus par le prêteur et qu'elle eut péri par suite de ces vices, si n'ayant ainsi offert aucune utilité à l'emprunteur, ce dernier pouvait alors repousser la demande du prêteur par l'*exceptio doli mali*. Bien plus, si l'emprunteur avait souffert des vices de la chose, et que l'autre partie eut été de mauvaise foi, il pouvait agir contre elle pour se faire indemniser par l'action *de dolo*. S'il n'avait à lui reprocher qu'une simple négligence, il devait alors employer l'action *in factum*. Du reste, ajoutons qu'on ne considérait pas ces actions comme nées du *Mutuum* qui demeurait toujours un contrat unilatéral, c'était le préjudice causé qui leur servait de base.

Le *Mutuum* étant un contrat *re* et *stricti juris*, l'emprunteur, avons-nous dit, ne peut être tenu *ex mutuo* de rendre plus qu'il n'a reçu. Il n'y est pas tenu alors même qu'il a été convenu au moment du contrat que le prêteur deviendrait créancier d'une somme supérieure à celle qu'il livrait : « Si tibi decem dedero ut mihi undecim debeas, putat Proculus amplius quam decem condici non possê » (L. 11. Dig. h. t.) « si tibi decem dem, et paciscar ut vigenti mihi debeantur, non nascitur obligatio ultrà decem. » (L. 17. Dig. L. ii, tit. 14.) Aucune action civile ne peut résulter d'un pacte de ce genre, intervenu entre les parties, à moins toutefois qu'elles n'aient eu recours à une forme spéciale telle que la *stipulatio* et alors ce n'est pas en vertu du *Mutuum* mais en vertu de cette *cause* particulière et distincte d'obligation, qu'il peut être exigé plus qu'il n'a été livré.

Il est cependant certains cas exceptionnels où l'on admet que l'emprunteur peut être, par la seule force de la convention, obligé de payer plus qu'il n'a reçu. S'il y a eu *Nauticum fœnus, trajectitia pecunia*, ce que nous appelons aujourd'hui *prêt à la grosse aventure*, les risques du prêteur étant considérables, puisqu'en cas de sinistre, il perd tous ses droits à la somme prêtée, un simple pacte suffit pour qu'il puisse exiger des intérêts : « In quibusdam contractibus etiam usuræ debentur, quemadmodum per stipulationem ; nam si dedero decem trajectitiâ..... » (L. 7. Dig. L. xxii, tit. 2.) On doit même étendre cette décision à tous les cas où le prêt offre un caractère éminemment aléatoire. Scævola nous énumère un certain nombre d'espèces de ce genre, où un simple pacte suffit pour donner une action civile au prêteur. « In his omnibus et pactum sine stipulatione ad obligandam obligationem prodest. » (L. 5, § 1, *eod.*) Un simple pacte suffit encore lorsque le prêt est fait par une ville : « Etiam ex nudo pacto debentur civitatibus usuræ creditarum ab eis pecuniarum. » (L. 30. Dig. L. xxii, tit. 1, *de usuris*); lorsqu'il s'agit d'un prêt d'orge ou de froment : « Frumenti vel hordei mutuo dati accessio etiam ex nudo pacto præstanda est » (L. 12. Cod. L. iv, tit. 32, *de usuris*), et même plus tard d'un prêt de fruits en général, ou d'un prêt fait par un *argentarius*, un banquier, un homme faisant métier de prêter l'argent.

Il est encore un cas où l'emprunteur peut être obligé en vertu d'une simple convention de rendre plus qu'il n'a reçu et même plus qu'il ne doit en réalité au prêteur : c'est lorsque le prêt a été fait à plusieurs personnes conjointement et qu'il a été convenu que le créancier pourrait agir pour le tout, *in solidum*, contre chacune d'elles. Un prêt peut aussi avoir été fait à un seul par plusieurs personnes, sous la condition qu'il sera permis à chacune d'elles d'agir pour le tout, *in solidum*, et dans ce cas encore le débiteur peut se trouver forcé de rendre à un créancier plus qu'il ne lui doit personnellement. Dans ce cas, la solidarité existe sans qu'il y ait besoin de recourir à la *stipulatio* (1) ; mais encore faut-il qu'un pacte soit intervenu à cet égard, autrement la dette ou la créance se divise entre chacune des parties. Le débiteur solidaire, qui a payé pour ses codébiteurs, a d'ailleurs un recours contre eux pour leur part et portion dans la dette, et de même le créancier qui a reçu le montant de la créance commune doit tenir compte aux autres créanciers de ce qu'il a reçu au delà de sa part.

Enfin l'emprunteur peut être tenu, indépendamment de toute convention, de rendre plus qu'il n'a reçu. Nous savons déjà, en effet, que dans le *Mutuum* de denrées, à défaut de paiement à l'échéance, le débiteur en demeure doit être condamné à payer au prêteur la valeur de la chose au moment de la condamnation, si cette valeur a augmenté *ex morà*, depuis la mise en demeure.

Ici se pose une question nous amenant à faire, sur la théorie des intérêts en droit romain, une digression qui nous semble nécessaire pour compléter cette étude du *Mutuum*.

L'*accipiens*, l'emprunteur peut-il être tenu de payer au prêteur les intérêts des sommes dûes ?

On sait que les intérêts sont de deux sortes : ils sont moratoires, quand ils sont dûs par suite du retard que met le débiteur à exécuter son obligation ; ils sont conventionnels lorsqu'ils sont

(1) M. Demangeat. Cours élémentaire de droit Romain. Tome II, n° 258. — *Des obligations corréales.*

le résultat d'un pacte ou d'une stipulation. Parlons d'abord des intérêts moratoires.

Notre opinion est qu'il ne peut jamais en être dû en matière de *Mutuum*, mais la question est controversée et l'opinion adverse a été soutenue par M. de Savigny (1). Nous devons entrer dans l'examen et la discussion de ce point de droit.

Les fruits que peut produire une chose sont de trois sortes : naturels, industriels ou civils. La dernière classe comprenant les fruits civils, porte plus particulièrement le nom d'intérêts *usuræ* par opposition aux fruits tant naturels qu'industriels, *fructus ex ipsâ re venientes.*

Le système de M. de Savigny consiste à assimiler toujours les fruits aux intérêts, sans distinguer s'il s'agit d'une action *bonæ fidei* ou d'une action *stricti juris*. Il est bien vrai que dans l'action de bonne foi les fruits et les intérêts courront du même moment, c'est-à-dire à partir de la *mora*. Un texte formel ne permet aucun doute à cet égard : « In bonæ fidei contractibus ex mora usuræ debentur (L. 32 § 2 dig. L. XXII tit. 1).

Mais soutenir comme M. de Savigny que dans les contrats de droit strict, les fruits et les intérêts sont dûs à partir du même moment, c'est, selon nous, tomber dans une erreur qui ne résiste pas à un examen approfondi de la matière.

Avant de citer et de discuter les textes sur lesquels s'appuie l'opinion adverse, nous devons faire remarquer que, même en ce qui concerne exclusivement les fruits, les contrats de droit strict ne doivent pas toujours être assimilés aux contrats de bonne foi. S'agit-il des derniers, c'est toujours à partir de la demeure que les fruits sont dûs ; dans les contrats *stricti juri*, on les devra tantôt *ex morâ*, tantôt *ex lite contestatâ*, suivant une distinction contenue dans la loi 38 § 7 (dig L. XXII tit. 1 *de usuris*) : « Si actionem habeam ad id consequendum, quod meum non fuit, veluti ex stipulatû, fructus non consequar, etiam si mora facta sit. Quod si acceptum est judicium, tunc Sabinus et Cassius, ex

(1) M. de Savigny. Traité de Droit romain. Tome VI. page 146.

æquitate fructus quoque post acceptum judicium præstandos
putant, ut causa restituatur : quod puto recté dici. » Ainsi quand
je viens *condicere quod meum fuit*, c'est à partir de la demeure que
l'on me devra les fruits ; si je réclame *quod meum non fuit*, c'est seulement à partir du *judicium acceptum*, à partir de la *litis contestatio*.

Cela posé, revenons maintenant à la controverse. Pour soutenir que dans les actions *stricti juris*, les intérêts doivent être
assimilés aux fruits, M. de Savigny invoque d'abord le texte suivant : « Usuræ vicem fructuum obtinent, et merito non debent a
fructibus separari : et ita in legatis et fideicommissis et in tutelæ
actione et in cæteris judiciis bonæ fidei servatur. Hoc idem igitur
in cæteris obventionibus dicemus. » (L 34. dig. *de usuris*). Voici
l'argument qu'on tire de cette loi : lorsque le legs produit un
droit de créance, par cela même il donne naissance à une
*condictio*, action de droit strict ; or Ulpien applique ce principe :
*usuræ vicem fructuum obtinent*, aux legs ; donc au point de vue
des intérêts, il assimile aux actions de bonne foi, les actions de
droit strict.

Il est facile de réfuter ce raisonnement. D'abord la loi qu'on
invoque n'est pas complète. Après ces expressions *ita in legatis*
il faut ajouter ces mots *sinendi modo*. Qu'on ne nous accuse pas
de faire ici un remaniement arbitraire, car cette correction nous
est indiquée par un texte de Gaïus qui montre clairement qu'il ne
pouvait jamais être dû d'intérêts en matière de legs. Une seule
exception pouvait être admise pour le cas de legs *sinendi modo*.
Cette sorte de legs avait été assimilée aux fidéicommis : on trai-
tait ces legs comme les actions de bonne foi et les intérêts etaient
dûs *ex morâ*. Afin de ne laisser aucun doute à ce sujet nous trans-
crivons ici le paragraphe de Gaïus auquel nous avons fait allusion : « Fideicommissorium usuræ et fructus debentur, si modo
moram solutionis fecerit qui fideicommissum debebit ; legatorum
vero usuræ non debentur, idque rescripto divi Hadriani significa-
tur. Scio tamen Juliano placuisse in eo legato quod sinendi modo
relinquitur, idem juris esse quod in fideicommissis, quam senten-

tiam et his temporibus magis obtinere video. » (Gaïus comm. 2. § 280). Il est donc hors de doute que les compilateurs avaient supprimé dans la loi 34 les mots *sinendi modo*. Car Justinien n'admettant plus qu'une espèce de legs, et voulant accorder à tout légataire tous les avantages qu'il avait dans le legs le plus favorisé au temps où l'on en distinguait quatre sortes, il est bien évident qu'il a dû, quant aux intérêts, traiter tous les legs comme les legs *sinendi modo*. Nous avons encore une autre réponse à ajouter à l'argument de la partie adverse. Nous tirons cette réponse du texte même avec lequel elle veut combattre notre opinion. Comment est-il possible d'admettre que les mots *ita in legatis* désignent une action *stricti juris* lorsque la phrase se ermine par *et in cæteris judiciis bonæ fidei?* Est-ce que cela ne veut pas dire d'une façon manifeste qu'Ulpien n'a entendu parler que des actions de bonne foi et de celles qui leur avaient été assimilées? Dès lors, on conçoit aisément qu'il ait pu dire : *usuræ vicem fructuum obtinent* puisque les fruits comme les intérêts sont dûs *ex mora* dans les actions de bonne foi.

M. de Savigny ne s'en tient pas à ce texte, il en invoque un autre que nous ne trouvons pas plus convaincant que le premier, c'est la loi 35 au même titre ( *de usuris* ), elle est ainsi conçue : « Lite contestata usuræ currunt. » Puisque les intérêts, dit-il, courrent à partir de la *litis contestatio* et que la loi ne distingue pas, sa disposition s'applique aussi bien aux contrats de droit strict qu'au contrat de bonne foi. Nous répondons à cela que le texte invoqué n'est qu'un lambeau de phrase, dont on altère le sens en l'interprêtant, abstraction faite de ce qui doit lui précéder et de ce qui peut lui donner une signification bien certaine. Ce texte de Paul, qu'on nous oppose, est tiré du livre 57 *ad Edictum*, il faut y ajouter un autre texte de Pául, tiré également de son livre 57 *ad Edictum* et qui évidemment, ne formait avec l'au- ṭre qu'une seule et même disposition. Le second texte dont nous parlons est ainsi conçu : Novatione legitimé factâ, liberantur hypothecæ et pignus, usuræ non currunt. » (L. 18. Dig.

L. xlvi, tit. 2, *de novatione*.) Et nous ajoutons : « lite contestatâ usuræ currunt. » Au moyen de cette restitution, nous avons une disposition législative qui se comprend parfaitement. Paul fait une comparaison entre la *novatio* et la *litis contestatio* qu'on a souvent rapprochées quant aux effets qu'elles produisent. Il suppose une créance productive d'intérêts, dont on fait novation, que l'on échange contre une autre créance : les intérêts qui avaient été stipulés pour la première ne courrent plus ; les hypothèques et le gage qui la garantissent, cessent de pouvoir être invoqués. Si au lieu de nover cette première créance on la porte en justice et s'il y a *litis contestatio*, les intérêts continueront de courir comme par le passé. Voilà tout ce que signifie la loi 35 *de usuris* et tout ce que Paul veut lui faire dire. On voit donc qu'il y a loin de là au sens que l'on voulait donner à ce fragment.

Après avoir réfuté les textes que nous avait opposés l'opinion adverse, à notre tour nous en citerons un qui nous paraît sans réplique. Il est de Pomponius, lib. 6. Ad Quintum Mucium (L. 121. Dig. *De verb. signif.* L. l, tit. 16) : « Usura pecuniæ quam percipimus, in fructû non est : quia non ex ipso corpore, sed ex aliâ causâ est, id est, novâ obligatione. »

En résumé, dans les contrats de bonne foi, les fruits et les intérêts sont dûs *ex morâ*. Pour les contrats de droit strict il faut faire une distinction entre les fruits et les intérêts : Les fruits sont dûs *ex morâ* quand on vient *condicere quod suum fuit ; ex litis contestatione* seulement si l'on *condicit quod suum non fuit*. Quant aux intérêts moratoires ils ne sont jamais dûs dans un contrat *stricti juris* ni par conséquent dans le *Mutuum*.

Nous arrivons maintenant aux intérêts conventionnels : peuvent-ils être dûs en matière de *Mutuum?*

Les intérêts conventionnels peuvent être promis par un simple pacte ou par une stipulation. En ce qui touche le *Mutuum*, le simple pacte ne pourra jamais faire courir les intérêts ; il produira une obligation naturelle qui empêchera la répétition des intérêts. s'ils ont été payés : là se borneront les effets du pacte. Si l'on veut obtenir un droit à des intérêts pour une somme  donnée en *Mutuum*, il faudra  absolument  recourir  à  la  stipulation qui produira un autre contrat à côté du premier.

On voit par là que les Romains n'ont pas  connu le contrat de prêt à intérêt. En  effet, après le *Mutuum* ou prêt de consommation, nous rencontrons dans les Institutes, le commodat ou prêt à usage ; dans les Pandectes, nous trouvons  un titre consacré au *Nauticum fœnus* ou prêt à la grosse aventure. Mais là  s'arrête la liste des différents contrats de prêt reconnus par le droit  romain. Ainsi donc, à Rome, il n'existait aucun  contrat de  prêt à intérêt, tel que nous l'entendons aujourd'hui,  contrat *sui generis*, qui, par lui-même et en vertu de la seule convention des parties, est rendu générateur de fruits civils. Faut-il, sur ce point, critiquer, voir là une lacune dans la législation romaine. Non, nous ne le pensons pas, car le prêt à intérêt n'a pas été proscrit, comme dans notre ancien droit français, par suite de doctrines fausses et erronnées, constituant une véritable erreur économique,  que se transmirent pourtant pendant des siècles les  écrivains les plus autorisés. Il n'en fut pas ainsi chez les Romains et nous ne saurions leur reprocher ce qui ne fut qu'une conséquence logique et nécessaire de leur théorie générale des obligations. L'absence de prêt à intérêt dans leur droit, comme contrat spécial et nommé se justifie par deux  raisons péremptoires : l'impossibilité juridique et l'inutilité.

Ce contrat était impossible : effet,  en l'obligation qui naît du prêt étant formée *re*, par la chose et consistant à rendre la chose reçue dans le commodat et l'équivalent de cette  chose dans le *Mutuum*, il  est évident qu'elle ne peut comprendre les intérêts qui sont un objet nouveau, un accroissement de ce qui a été réellement donné. Si les parties veulent que les intérêts soient dûs civilement, il faut pour cela une promesse spéciale du débiteur, un engagement particulier sur stipulation ; et alors ce n'est plus en vertu du *Mutuum*, mais en vertu de cette cause distincte d'obligation qu'ils sont dûs. Africain a fort nettement indiqué cette théorie dans la loi 24. *Præscriptis verbis.* (Dig. L. XIX, tit. 5.) « Respondit pecuniæ quidem creditæ usuras, nisi in stipulationem deductas, non deberi. » Cette réponse d'Africain nous montre en même temps que l'existence d'un contrat nommé, prêt à intérêt, eut été inutile puisque les Romains avaient un moyen bien simple de sortir d'embarras : Ils le trouvaient dans la stipulation, mode de contracter essentiellement national, moyen facile et pratique pour sanctionner et rendre obligatoires toutes les conventions humaines. Ainsi le préteur devenait créancier du capital en vertu du *Mutuum* et créancier des intérêts en vertu de la stipulation.

Comme nous n'avons pas ici l'intention de développer entièrement la théorie des intérêts en droit romain, mais bien simplement celle d'étudier le *Mutuum* dans tous ses détails ; il ne nous semble pas nécessaire de parler longuement du taux de l'intérêt à Rome, disons-en seulement quelques mots.

S'il est permis en droit Romain de stipuler que l'emprunteur devra payer des intérêts, si, dans certains cas exceptionnels, un simple pacte suffit pour atteindre ce but, la liberté laissée aux parties ne va pas jusqu'à leur permettre d'insérer dans le contrat des conditions trop onéreuses pour l'Emprunteur. Il en était autrement avant la loi des XII Tables ; la République romaine éprouva les effets désastreux de ce régime, et elle y renonça bien vite. Le taux de l'intérêt fixé par la loi des XII Tables, de l'*unciarium fœnus* était fort élevé, puisque, s'il faut en croire l'opinion la plus accréditée aujourd'hui, il était du denier 12 ou 10 pour 100 par an de douze mois (1). On essaya à diverses reprises de le restreindre, mais ces essais furent presque tous infructueux. Sous Justinien, nous voyons en dernier lieu le taux de l'intérêt fixé à 4, 6, 8 et 12 pour 100, suivant les personnes ou suivant l'usage auquel cet argent était destiné.

(1) Dalloz. *Prêt à intétêt,* §. 5

# CHAPITRE TROISIÈME.

## Des actions qui naissent du Mutuum.

Le *Mutuum* n'est pas muni d'une action spéciale et exclusive, il reçoit simplement l'application d'une action générale, commune à plusieurs autres cas, la *condictio certi*, appelée alors *condictio certi ex mutuo* ou simplement *condictio ex mutuo*. Voyons quelle est la nature de cette action.

On divise en droit romain les actions : en actions réelles (*in rem*) et actions personnelles (*in personam*), en actionsciviles et actions prétoriennes, en actions de droit strict et actions de bonne foi. La *condictio* est une action personnelle : elle est donnée pour réclamer l'exécution d'une obligation de donner ou de faire, *si paret dare, facere oportere*. Son nom lui vient de l'ancienne action de la loi créée pour cet usage, il a lui été laissé sous le système formulaire où son *intentio* reproduisait les termes de l'ancienne *condictio* et il lui est resté lorsque la procédure éxtraordinaire a triomphé. C'est une action civile : elle existait longtemps avant que le Préteur eut osé prendre sur lui d'introduire de nouvelles actions. C'est une action de droit strict, c'est-à-dire où le juge ne peut s'écarter de la rigueur du droit civil et statuer d'après l'équité, d'après la bonne foi. La *condictio certi* est une action par laquelle le demandeur réclame une chose certaine, une valeur certaine et bien déterminée d'avance, à la différence de la *condictio incerti* donnée à celui qui réclame l'exécution d'une obligation de faire, l'exécution d'un fait.

Toutes les fois que les conditions nécessaires à la formation d'un *Mutuum* ont été remplies, la *condictio certi ex mutuo* naît au profit du prêteur. Au moyen de cette action, il peut, lorsque la dette est échue, agir directement contre l'emprunteur ou ses héritiers, afin de les forcer à lui rendre des choses de même quantité et qualité que celles qu'il a données. Il ne peut réclamer plus qu'il n'a donné, alors même qu'il s'est fait promettre des intérêts : il a, pour réclamer ces intérêts, la *condictio incerti ex stipulatû*, s'il a usé des formes de la stipulation ou autrement une action de bonne foi; car il ne saurait avoir pour ce fait la *condictio certi ex mutuo*. Il peut réclamer moins qu'il n'a donné même avec l'intention de réclamer le reste plus tard ou par une autre action : il est, en effet, possible que le *Mutuum* ne se soit formé que pour une partie, par exemple, lorsque l'argent d'autrui a été prêté et qu'une partie seulement a été consommée de bonne foi (1).

Saisi de la demande du prêteur, le juge ne peut, en statuant, obéir à aucune considération de bonne foi ou d'équité. Il doit, sous le système formulaire, admettre ou repousser la demande toute entière suivant qu'elle lui paraît bien ou mal fondée : « Si paret Numerum Negidium Aulo Agerio sestercium decem millia dare oportere. Judex Numerum Negidium Aulo Agerio sestercium decem millia condemna; si non paret, absolve.» (Gaius Comment. IV, § 41.) Il ne peut suppléer aucune clause, il ne peut établir la compensation, même s'il y a eu dol de la part du prêteur, au moins dans l'ancien droit, car Justinien, et avant lui Marcien, avaient permis, sous certaines conditions, la compensation dans les actions de droit strict. Enfin, s'il y a eu exagération dans la demande, *pluspetitio* dans l'*intentio,* le prêteur perd, jusqu'à Justinien, à la fois son procès et toute action dans l'avenir : « Si quis agens in intentione suâ plus complexus fuerit quam ad eum pertineret, causa cadebat, idest, rem amittebat. » ( Inst. Liv. IV, tit. 6, § 33. )

Le *Mutuum* manque-t-il de se former pour une cause quelconque, il ne naît naturellement pas de *condictio ex mutuo ;* mais le

(1) Doneau. Vol. X, pages 221 et s.

*tradens,* le *dominus* n'est pas pour cela dépourvu d'action ; il a tantôt une *condictio : condictio ex stipulatû, condictio sine causâ, condictio Juventiana* suivant les circonstances ; tantôt la *rei vendicatio,* ou l'*actio ad exhibendum;* tantôt une simple action de bonne foi : action *negotiorum gestorum,* action *præscriptis verbis.* Ces actions sont directes ou utiles, et lorsqu'elles sont données à d'autres qu'au principal intéressé, il est toujours facile de trouver un moyen qui les force à les lui céder.

# CHAPITRE QUATRIÈME.

**Comparaison du Mutuum avec d'autres opérations juridiques.**

Nous croirions ne pas avoir terminé cette étude, si dans un dernier chapitre, nous ne rapprochions pas du *Mutuum* certains contrats et quasi-contrats qui présentent avec lui des différences, mais aussi de nombreux points de contact : Nous consacrerons donc les quatre paragraphes suivants à parler le plus rapidement possible du *Commodat*, du *quasi-usufruit,* du *paiement de l'indu* et du *nauticum fœnus*.

## § I. — Du Commodat.

On trouve aux Institutes dans le même titre : *Quibus modis re contrahitur obligatio,* un contrat de prêt qui présente avec le *Mutuum* des différences nombreuses et essentielles : Nous voulons parler du Commodat. On appelle ainsi un contrat dans lequel l'une des parties livre à l'autre, pour qu'elle en jouisse gratuitement, une chose qui devra être rendue après que l'emprunteur en aura tiré l'usage prévu par la convention. Ainsi le Commodataire a un droit d'usage, mais c'est un droit personnel que nous

ne devons nullement confondre avec le droit d'usage proprement
dit qui constitue un droit réel, un démembrement de la propriété. Le droit réel est viager, tandis que le droit personnel résultant du Commodat n'a pour toute durée que celle que
es parties lui ont attribuée.

La comparaison que nous faisons entre le *Mutuum* et le
Commodat est d'autant plus nécessaire qu'il peut arriver
très-souvent que l'on soit embarrassé pour les distinguer l'un
de l'autre. Il importe par conséquent d'insister sur les caractères distinctifs qui les séparent. Prouvons, par exemple, la
difficulté qui pourra se présenter de savoir s'il y a *Mutuum* ou
Commodat. Titius a reçu de Mævius certaines choses qui forment
l'objet d'un prêt : ces choses périssent par accident et Titius
meurt, quelle serä l'obligation de son héritier : Le cas fortuit
l'a-t-il libéré ou laisse-t-il subsister les charges de l'emprunteur?
En un mot, y a-t-il Commodat ou *Mutuum?* Le caractère essentiel
du *Mutuum* est la translation de propriété : tel est le fait qui
donne naissance à l'obligation de l'emprunteur. Dans le Commodat on fait comme dans le *Mutuum* tradition d'un objet quelconque : car ces deux contrats se forment *re,* un fait matériel de
tradition est indispensable pour qu'ils existent, aucune action ne
naîtrait de la simple convention de donner à usage ou de donner
en *mutuum* ; mais, comme nous l'avons dit précédemment, l'effet
de la tradition est bien différent suivant qu'il s'agit de l'un ou de
l'autre de ces contrats. Dans le Commodat, au lieu de transférer
la propriété, elle la laissera subsister entre les mains de celui
qui a prêté. Ce n'est pas seulement la propriété qu'il garde, mais
la possession civile, à ce point que, s'il a commencé à usucaper la
chose avant de s'en dessaisir, l'usucapion continuera à son profit malgré la tradition qui a eu lieu : tout ce que le commodaire
acquiert, c'est la simple détention de la chose avec le droit d'en
jouir. Nous avons vu que l'impubère non autorisé de son tuteur ne
pouvait valablement donner en *Mutuum.* Si ce résultat tenait simplement à ce qu'il ne peut pas transférer la propriété, on pour-

rait croire qu'il lui est loisible de prêter à usage puisque, dans ce contrat, la propriété ne passe pas à l'emprunteur. Mais l'incapacité du pupille résultant de cette considération qu'il ne peut pas rendre sa condition pire et sa condition devenant pire chaque fois qu'il aliène un droit, fut-ce même un simple droit de jouissance, nous déciderons qu'il ne peut point, *sine tutoris auctoritate,* prêter à usage, pas plus qu'il ne peut donner en *Mutuum*. Si cet impubère a joué le rôle d'*accipiens* dans le Commodat, il ne sera tenu que *quatenus locupletior factus fuerit*. L'une des conséquences les plus remarquables de ce principe que pour prêter à usage, il suffit de pouvoir s'obliger, sans que l'on soit tenu en aucune façon de transférer la propriété, c'est que le voleur lui-même pourra prêter à usage la chose qu'il a volée, et le contrat sera parfaitement valable : « Commodare possumus etiam alienam rem quam possidemus, tametsi scientes alienam possidemus. — Ita ut etsi fur vel prædo commodaverit, habeat commodati actionem. (L. L. 15 et 16. *Commodati*. Dig. L. xiii, tit. 6.)

Le Commodataire doit veiller avec soin à ne pas outre-passer les limites de son droit, car s'il gardait, plus longtemps qu'il ne doit, la chose qui fait l'objet du Commodat, ou s'il l'employait à un autre usage que celui qui a été prévu dans le contrat, il se rendrait coupable d'un *furtum usûs* et il serait soumis à l'action *furti :* « Quinimo et qui aliàs re commodatà, utitur, non solum commodati, verum furti tenetur, ut Julianus lib II digestorum scripsit. » (L. 5, § 8. *Commodati*. Dig.)

Nous arrivons à une autre différence entre le *Mutuum* et le Commodat : dans le premier contrat, l'emprunteur devenu propriétaire garde les chances de gain ou de perte. Que la chose périsse par cas fortuit, par son fait ou par sa faute, il ne sera pas moins tenu de restituer à l'emprunteur, le terme venu, pareille quantité de choses de même genre et de même qualité que celles qu'il a reçues. On exprime cette idée par les mots : *genera non pereunt*. Dans le Commodat, la propriété étant restée à celui qui a prêté, les risques ne devront pas être supportés par l'emprunteur. Si la chose périt, celui qui était débiteur d'un corps certain est libéré de son obligation. Nous nous plaçons ici, tout naturellement, dans l'hypothèse où la question des risques s'élève à propos de la perte par cas fortuit. Il faudrait en décider autrement, si le commodataire était pour quelque chose dans la perte de l'objet prêté. Comme le contrat avait été fait dans son intérêt exclusif, il doit répondre non-seulement de sa faute, mais même de son fait, et la faute ici ne s'apprécie pas *in concreto*, mais *in abstracto*. On n'ira point, pour savoir s'il est en faute, comparer la diligence qu'il a montrée en ce qui concerne la chose prêtée à la diligence qu'il apporte ordinairement pour ses propres affaires. On se demandera si le type légal du bon administrateur aurait, à sa place, agi comme il l'a fait et si la réponse est négative, le commodataire sera reconnu en faute. Cette rigueur dans l'appréciation de sa faute a paru équitable puisqu'il reçoit un service purement gratuit. Au reste, nous n'avons parlé que de ce qui se présente le plus souvent : il peut se faire que dans certaines circonstances, la faute soit appréciée moins sévèrement et que le commodataire ne soit tenu que de sa faute *in concreto* ou même qu'il ne réponde que de son dol. Ainsi, par exemple, dans le cas où le contrat est intervenu dans l'intérêt des deux parties ou dans l'intérêt du commodant seul. A l'inverse, l'obligation du commodataire peut s'aggraver au point qu'il doive supporter la perte arrivée par cas fortuit. Il en sera ainsi, si on le stipule expressément, ou même, à défaut de stipulation formelle à cet égard, si le corps certain qui forme l'objet du Commodat a été estimé. Une estimation semblable en matière de *Mutuum* ne changerait rien à la façon dont les risques devront être supportés.

Le *Mutuum* est un contrat unilatéral et *stricti juris* et donne naissance à la *condictio ex mutuo*. Le Commodat est ce que nous appelons un contrat synallagmatique imparfait. Les Romains ne connaissaient que deux sortes de contrats : ceux qui étaient *bonæ fidei* et bilatéraux et ceux qui étaient *stricti juris* et unilatéraux. Quant aux contrats synallagmatiques imparfaits ils faisaient partie des contrats de bonne foi. Lorsque le Commodat se forme, il n'engendre d'abord qu'une seule action, l'action *commodati directa*, au moyen de laquelle, à l'échéance du terme, on réclamera la restitution de la chose prêtée. Jusqu'ici le contrat est donc unilatéral ; mais il se peut qu'il devienne synallagmatique : il n'y a, pour cela, qu'à supposer que l'emprunteur ait fait des dépenses à l'occasion de la chose, ou bien qu'il ait éprouvé un dommage par suite du dol du commodant ou par· suite des vices de la chose prêtée. Ainsi, il suffit que le commodataire ait un recours à exercer contre l'autre partie pour que l'action même du contrat, l'action *commodati contraria* lui soit ouverte. Dans le *Mutuum,* au contraire, si l'emprunteur à quelque réclamation à exercer, ce ne sera jamais l'action du contrat qu'il pourra mettre en œuvre puisque le contrat est unilatéral et doit rester tel : il emploiera l'action *præscriptis verbis* ou l'action *de dolo.*

Le *Mutuum* est gratuit de sa nature ; mais rien ne s'oppose à celle prêteur se fasse promettre des intérêts. Nous l'avons vu, que, un simple pacte ne suffirait pas, mais on pourrait parfaitement employer la *stipulatio* et malgré cela le *Mutuum* conserverait sa nature. Au contraire, la gratuité est de l'essence du Commodat : Commodata autem res tunc propriè intelligitur, si, nullâ mercede acceptâ vel constitutâ, res tibi utenda data est : mercede interveniente locatus tibi usus rei videtur. » (Inst. L. III, tit. 14, § 2, *in fine*). Si le prix qu'on a exigé pour prêter la chose consiste en argent, on a un louage d'usage ; s'il consiste dans un autre objet que l'on doit donner, on a un contrat innommé ; ni dans l'une ni dans l'autre hypothèse, on ne trouve un commodat.

Les mêmes choses peuvent faire l'objet du *Mutuum* et du Commodat. On attache forcément un caractère d'individualité aux choses qui forment l'objet du Commodat, puisque ce sont les choses mêmes qui doivent être rendues ; tandis que dans le *Mutuum,* il n'y a pas de corps certains, il n'y a que des quantités.

On avait soutenu que les immeubles ne pouvaient pas faire l'objet d'un Commodat, mais cette opinion a été abandonnée en présence du texte suivant : « Inter commodatum et utendum datum, Labeo ait, tantum interesse quantum inter genus et speciem : Commodari enim rem mobilem, non etiam soli, utendum dari etiam soli. Sed ut apparet, propriè Commodata res dicitur et quæ soli est. Idque Cassius existimat. Vivianus etiam habitationem commodari posse ait : » (L. 1, § 1. *Commodati*. Dig.) On peut donc prêter à usage des immeubles tout comme on peut les donner en *Mutuum*.

## § II. — **Du Quasi-usufruit.**

Les principes du droit s'opposent à ce qu'on puisse établir un usufruit sur des choses qui se consomment *primo usu ;* car jouir de pareilles choses, c'est en faire un usage définitif. S'il était possible de les donner en usufruit les droits du constituant ne seraient pas respectés : l'usufruitier serait investi à l'égard de ces choses du droit de propriété; or, nous savons que ce droit doit demeurer au constituant. C'est en raisonnant de cette manière qu'au temps de Cicéron, on se refusait à admettre que l'usufruit put porter sur des choses de consommation. Mais un Sénatus-Consulte rendu, soit aux derniers temps de la République, soit sous le règne d'Auguste ou de Tibère, voulant accroître entre les mains du testateur la liberté de disposer, donne la décision suivante : Ut omnium rerum quas in cujusque patrimonio esse constaret, usufructus legari possit. »

De ce texte, les jurisconsultes déduisirent la conséquence qu'on peut léguer l'usufruit même des choses de consommation. A vrai dire, l'usufruitier, dans l'espèce, devient propriétaire et il acquiert le droit d'aliéner les choses qui font l'objet de son droit. Mais comme à une époque fatale, il sera obligé de rendre une valeur égale à celle qu'il a reçue, on peut dire qu'il n'a eu ni plus ni moins de profit que l'usufruitier d'un corps certain. Les commentateurs ont nommé cette opération juridique *quasi-usufruit*, expression commode, mais étrangère au droit romain.

Il existe une grande analogie entre ce quasi-usufruit et le *mutuum*. De l'un comme de l'autre, la propriété résulte pour l'*accipiens*. De même que toute chose qui est dans le commerce peut faire l'objet d'un *mutuum*, qu'elle se consomme ou ne consomme point par le premier usage ; de même on peut donner en quasi-usufruit soit des choses *quæ primo usù consummuntur* soit des choses qui résistent au premier usage qu'on en fait, pourvu toutefois qu'elles ne soient considérées que comme des quantités. Car dès le le moment que l'objet est envisagé *in individuo,* comme corps certain, il ne peut y avoir ni *mutuum* ni quasi-usufruit. La raison est la même dans les deux cas : si l'on considère individuellement la chose donnée, de telle façon que ce sera la même chose qu'il faudra restituer, il en résulte que ce ne sera pas la propriété qui passera, à l'*accipiens :* par conséquent il ne se sera formé ni *mutuum* ni quasi-usufruit, il y aura tout au plus commodat ou usufruit.

L'emprunteur dans le *mutuum* doit rendre à l'échéance pareille quantité de choses de même qualité que celles qu'il a reçues ; dans le quasi-usufruit, d'ordinaire il en est autrement : Au lieu de rendre des choses de même nature, le quasi-usufruitier peut restituer le montant de l'estimation qui a été faite ; mais si on a omis d'estimer les choses données, alors l'obligation sera complètement identique à celle de l'emprunteur dans le *mutuum*.

Quelle que soit l'analogie que ces rapprochements fassent apparaître, il y a de nombreuses et profondes différences qui séparent le *mutuum* du quasi-usufruit. D'abord au point de vue de la manière dont ils prennent naissance : Le *mutuum* est un contrat tandis que le quasi-usufruit s'établit en général par testament. Au point de vue des obligations qui en résultent : l'obligation de l'emprunteur est toujours de la même nature, il rend des choses semblables à celles qu'il a reçues ; le quasi-usufruitier ne rend d'ordinaire que l'estimation des choses qui lui ont été remises. Mais là ne se bornent pas les charges du quasi-usufruitier : pour garantir l'obligation de rendre, il doit fournir une caution, s'il a négligé de la fournir on a contre lui la *condictio incerti* : « Sed si quidem adhuc constante usufructû, cautionem quis velit condicere, omissam cautionem posse condici incerti condictione. » (L. 5, § 1. Dig. L. vii, tit. 5.) Enfin l'obligation de rendre ne prend pas naissance de la même façon que dans le *mutuum* ; dans ce contrat, c'est toujours la convention des parties qui détermine à quel moment l'emprunteur devra exécuter son obligation. Cela peut également avoir lieu dans le quasi-usufruit ; mais indépendamment de la cause d'extinction qui résulte de l'échéance du terme, il finit aussi nécessairement soit à la mort soit à la *capitis deminutio* du quasi-usufruitier.

## § III. — Du paiement de l'indû.

Les jurisconsultes romains ont toujours paru frappés de l'analogie qui existe entre l'obligation dérivant du *mutuum* et celle dérivant du paiement de l'indû. Aussi le paragraphe premier du titre 14, Livre iii, aux Instititutes, reproduisant le § 91 de Gaius, nous dit qu'on donne contre celui qui a reçu le paiement de l'indû la *condictio ac si mutuum accepisset*. Précisons d'abord dans quelles circonstances il y a lieu à cette *condictio* que l'on nomme *condictio indebiti*.

Titius a payé à Mœvius mille sesterces qu'il ne lui devait pas. Quel recours exercera-t-il contre Mœvius? Exercera-t-il la revendication? ou bien Mœvius est-il devenu propriétaire de la somme livrée? Pour répondre à ces questions, nous devons nous livrer à un examen rapide du paiement de l'indû, examen qui nous permettra de faire ressortir les différences et les analogies qui existent entre le *mutuum* et l'*indebiti solutio*.

L'action accordée à celui qui ne devait pas, pour se faire restituer ce qu'il a payé indûment, repose tout entière sur un principe d'équité ; mais ce n'est que sous quatre conditions que la *condictio indebiti* peut prendre naissance.

La première est : que la chose payée ne soit dûe ni civilement ni naturellement. On sait, en effet, que si un débiteur exécute de son plein gré une obligation qui ne donnait contre lui , parce qu'elle était naturelle, aucun moyen de contrainte légale, le paiement ainsi fait sera considéré comme parfaitement valable. Nous devons sous ce point de vue, nous demander ce qu'il adviendra dans les hypothèses suivantes : Titius doit à Mœvius une somme d'argent, à terme ou sous condition, et paie avant l'arrivée du terme ou de la condition. La chose était-elle dûe bien que Titius eut un délai peut-être fort long pour s'acquitter de son obligation : On décide qu'en pareil cas, il y a dette et que par conséquent, la répétition est impossible ; si au lieu d'un terme, il s'agit d'une condition, comme l'existence même de l'obligation est en suspens, on en conclut qu'il n'y a pas chose dûe et Titius pourra demander à reprendre ce qu'il s'est trop hâté de payer.

La seconde condition, nécessaire pour que la *condictio indebiti* sont accordée, consiste dans l'erreur de celui qui a payé. S'il n'y a pas eu d'erreur, la *condictio indebiti* ne se comprend plus et ne peut pas être exercée. Les raisons qui font refuser tout recours en pareil cas sont à peu près les mêmes que celles qui s'opposent à la répétition de la chose qui était dûe naturellement. Celui qui sait qu'aucun lien juridique ne l'oblige à donner telle ou telle chose et malgré cela la donne, ne sera pas admis à revenir sur le parti qu'il a pris. Si au contraire, c'est par suite d'une erreur qu'il a payé, la loi vient à son secours et lui accorde la *condictio indebiti*. Mais quelle est l'erreur nécessaire pour fonder cette action?... Est-ce l'erreur de fait ou l'erreur de droit? L'une d'elles indifféremment suffit-elle ? Si l'on prenait tel ou tel texte en particulier, on serait amené à dire que c'est l'erreur de droit ; mais il résulte d'une manière bien positive de l'ensemble des décisions que nous donnent les jurisconsultes à cet égard, que l'erreur de fait et l'erreur de droit sont toutes deux parfaitement admissibles. Toute la question se ramène à celle-ci : l'erreur est-elle oui ou non excusable? N'est-elle pas trop grossière? Suivant cette distinction, on admettra ou on refusera la *condictio indebiti.*

Il faut de plus que celui à qui on a payé, l'*accipiens* soit de bonne foi. S'il est de mauvaise foi, il commet un vol en recevant la chose qui ne lui est pas dûe et pour la lui faire rendre, ce n'est plus la *condictio indebiti* que l'on emploiera, mais la *condictio furtiva* qui est *rei persecutoria,* indépendamment de l'*actio furti* qui est *pœnæ persecutoria* ou pénale.

Nous arrivons à la quatrième et dernière condition : Vous êtes poursuivi en justice, l'action qu'on intente contre vous est de celles qui font prononcer la condamnation au double contre celui qui nie l'existence de la dette; vous payez sans attendre la décision du juge, croyant être débiteur, puis vous vous apercevez qu'en réalité la dette que vous avez acquittée n'existait pas. Malgré cela vous ne pourrez pas intenter la *condictio indebiti* parce que le paiement que vous avez fait ressemble à une transaction et a une certaine raison d'être. Vous auriez pu, même sachant que vous ne deviez rien, faire le raisonnement que voici : « Si, fort de ma conviction, je refuse d'accéder à la prétention que l'on élève contre moi, qu'arrivera-t-il? Je serai condamné ou je serai absous : dans la première hypothèse, je serai obligé de payer deux fois plus qu'on ne me demande et je supporterai en outre les frais et les ennuis du procès. Mieux vaut me prêter, sans plaider, aux exigences du demandeur et, dès à présent, limiter par un sacrifice la perte que je pourrais éprouver. » On comprend, d'après cela, pourquoi on n'accordait aucun recours à celui qui a payé. Ainsi, il faut, pour qu'il y ait *condictio indebiti,* que la dette que l'on a acquittée ne soit pas de celles *quæ adversus inficiantem crescunt in duplum.*

On pouvait se trouver embarrassé dans le cas suivant : Je suis obligé civilement envers vous, mais le droit prétorien me donne une exception, qui, si je l'opposais, ôterait toute force à votre action, j'ignore cette circonstance et je vous paie, est-ce que ce paiement fait par erreur ne donnera pas naissance à la *condictio indebiti?* Les jurisconsultes avaient résolu la question en distinguant. Il y avait paiement de l'indû et, par suite, recours admis, si l'exception négligée était perpétuelle; si elle était temporaire, il n'y avait pas de recours. Mais, dira-t-on, quelle que soit l'exception qu'on imagine, temporaire ou perpétuelle, elle laisse peser sur celui qui aurait pu l'invoquer et qui a négligé de le faire, une obligation naturelle, or, nous savons que celui qui a payé une chose qu'il devait, même naturellement, ne peut point la répéter. Cela est vrai dans la plupart des cas ; mais il est telle exception qui ne laisse même pas subsister une obligation naturelle ; par exemple, l'exception établie par le Sénatus-Consulte Velleien.

Ce résumé de la théorie du paiement de l'indû nous fait apercevoir de suite plusieurs points de ressemblance avec le *mutuum*.

L'obligation qui résulte du paiement de l'indû se forme *re*, comme celle qu'engendre le *mutuum*. Dans l'un et dans l'autre cas, c'est parce qu'on a reçu qu'on est obligé de rendre. Un fait matériel, une tradition est indispensable : « Is quoque qui non debitum accepit ab eo qui per errorem solvit, re obligatur ; nam proinde ei condici potest *si paret eam dare oportere* ac si mutuum accepisset. Unde quidam putant, pupillum aut mulierem, cui sine tutoris auctoritate non debitum per errorem datum est, non teneri condictione, non magis quam mutui datione. Sed hæc species obligationis non videtur ex contractû consistere, quia is qui solvendi animo dat, magis distrahere vult negotium quam contrahere. » (Gaius. *Comment.* III, § 91.) Contre celui qui a reçu une chose qui n'était pas dûe, on pourra, nous dit Gaius, agir par une action dont la formule contiendra une *intentio* conçue comme le serait celle de la formule de la *condictio ex mutuo*. Il faut se garder d'aller trop loin dans cette assimilation du paiement de l'indû au *mutuum* ; il est bien vrai, que dans les deux cas, l'obligation se forme *re*, et que la propriété est transmise à celui qui est tenu de la *condictio*, mais là s'arrête la ressemblance.

La principale différence est relative aux risques : ils sont à la charge de l'emprunteur dans le *mutuum*. Que les choses reçues aient péri par cas fortuit ou autrement, qu'elles lui aient profité ou qu'elles lui aient été inutiles, l'étendue de son obligation ne varie pas. Il en est autrement pour le paiement de l'indû : ce n'est pas sur l'*accipiens* que tombe la charge des risques. Il ne répond ni des cas fortuits ni même de son fait. On ne peut répéter que ce qui reste de la chose au moment où l'action est intentée ou bien au moment où le débiteur a cessé d'être de bonne foi.

Gaius, dans le texte que nous venons de citer, donne l'opinion de quelques jurisconsultes qui prétendaient que si la femme ou le pupille recevaient *sine auctoritate tutoris* le paiement de l'indû, ils ne devaient pas plus être tenus de la *condictio indebiti* qu'ils ne le seraient de la *condictio ex mutuo*. Gaius n'est pas de cet avis : le mot *sed*, en effet, nous indique une opposition de mots et d'idées. Voici quelles sont les raisons de Gaius : lorsque le pupille et la femme reçoivent le paiement de l'indû, quel a été le but de celui qui a payé ? Il ne voulait pas former un contrat ; au contraire, croyant à l'existence d'une obligation, il voulait y mettre fin. En outre, puisque la *condictio indebiti* prend naissance sans le consentement de l'obligé, qu'importe que la femme et le pupille n'aient pas été autorisés par leur tuteur. La conclusion de Gaius est donc qu'ils doivent être tenus de la *condictio indebiti*.

Cette décision était bonne pour la femme. Faire *acceptilatio* gratuitement, aliéner une chose *mancipi*, s'obliger, tester et plaider étaient les seuls actes qu'il lui soit interdit de faire *sine auctoritate tutoris ;* il en résulte qu'elle pouvait valablement recevoir le paiement d'une dette véritable ; car la chose qu'elle aliénait ainsi, sa créance n'était pas *res mancipi* et si elle l'aliénait, ce n'était point par une *acceptilatio* gratuite ; en conséquence, il faut admettre que le paiement de l'indû fera naître contre elle la *condictio indebiti*. Mais Gaius a tort de dire que le même résultat se produirait contre le pupille. Il n'y a pas d'analogie entre les deux cas. Si la femme peut recevoir un paiement valable, le mineur n'en est point capable, car nous savons que le débiteur véritable qui a versé une somme d'argent entre ses mains n'est point libéré de son obligation, pour peu que le mineur ait dépensé follement ce qu'il a reçu. Il est donc contraire aux principes de prétendre que le mineur soit obligé par le paiement de l'indû. Aussi, la décision de Gaius en ce qui concerne le pupille n'a-t-elle point prévalu. C'est ce que nous voyons aux Institutes au paragraphe premier du titre *Quibus modis re contrahitur obligatio*. Justinien ne parle pas des femmes qui ont reçu sans l'autorisation de leur tuteur, une chose qui ne leur était point dûe, car de son temps les femmes ne sont plus en tutelle. Pour ce qui est du mineur, il adopte la solution contraire à celle de Gaius. Par une étrange erreur Justinien explique sa propre opinion par l'argument que Gaius faisait valoir en faveur de la sienne, de sorte que la fin de ce pararagraphe est tout à fait incompréhensible.

Il est évident que le mineur ne peut repousser la *condictio indebiti* que s'il ne s'est pas enrichi. La constitution d'Antonin-le-Pieux ne permet aucun doute à cet égard. Aussi, dans le cas d'enrichissement, celui qui a payé ce qu'il ne devait pas, pourra agir contre le pupille tout comme il agirait contre un majeur. Il y a néanmoins une différence entre ces deux hypothèses. Actionne-t-il un majeur, il n'a à prouver que deux choses : qu'il a payé ce qu'il ne devait pas, qu'il a payé par erreur. Si le majeur veut échapper à une condamnation, il faut qu'il établisse qu'il n'a tiré aucun profit de la chose reçue. Au contraire, la preuve de l'enrichissement du pupille doit être faite comme les deux premières par le demandeur quand la *condictio indebiti* est dirigée contre un pupille.

Il faut donc en général faire deux preuves pour exercer efficacement cette action. Mais quand je prétends vous avoir payé, vous niez ce paiement, si j'établis que vous l'avez reçu, ce n'est plus moi qui devrai prouver qu'en réalité aucune dette n'existe, c'est vous qui, grâce à votre mensonge, serez obligé de démontrer que vous étiez bien mon créancier pour la somme que vous avez reçue. Quant à la restitution qu'il faudra faire, elle portera non-seulement sur la chose qui a été donnée sans être dûe, mais encore sur les fruits qu'elle aura pu produire.

Nous avons vu que l'*accipiens* peut être libéré de son obligation de restituer, non-seulement quand la chose a péri par cas fortuit, mais encore quand il l'a aliénée, pourvu toutefois qu'il ait été de bonne foi au moment de l'aliénation.

## § IV. — Du nauticum fœnus.

S'il est un contrat qui offre des points de ressemblance avec le *mutuum* et qui en diffère peu, c'est sans contredit le *nauticum fœnus* ou prêt à la grosse aventure. Ce contrat a lieu dans l'hypothèse suivante : Une personne transfère à une autre la propriété d'une somme d'argent pour faire bâtir un navire ou acheter des marchandises ; elle prend à sa charge les risques de la navigation, c'est-à-dire que si le navire se perd il ne lui sera rien dû, tandis que si le navire arrive à bon port il lui sera dû, outre son argent, des *usuræ maritimæ*.

Il est impossible d'examiner immédiatement en quoi le *nauticum fœnus* ressemble au *mutuum*, en quoi il en diffère. Une question beaucoup plus précise s'impose tout d'abord : le *nauticum fœnus* n'est-il pas véritablement un *mutuum*?

Disons d'abord que le *nauticum fœnus* présente quelque analogie avec le contrat de louage et plutôt encore avec le contrat de société. Mais il ne faut pas s'y tromper ; ce n'est ni un contrat de louage ni un contrat de société.

Ce n'est pas un contrat de louage. En effet, il est de l'essence du contrat de louage de porter sur des objets qui doivent être rendus en nature à celui qui les a fournis et qui en est toujours resté propriétaire, or, dans le *nauticum fœnus* le prêteur transfère à l'emprunteur la propriété d'une somme d'argent pour qu'il la consomme.

Ce n'est pas un contrat de société, car dans le contrat de société les risques et les profits doivent se répartir entre les associés ; or, dans le *nauticum fœnus* le prêteur seul supporte les risques.

Ces points sont certains. Le *nauticum fœnus* est-il donc un contrat innommé ou bien une variété du *mutuum* ? L'intérêt de la question est grand, car, s'il y a *mutuum*, le prêteur aura la *condictio*; S'il y a contrat innommé, on appliquera l'action *præscriptis verbis*. C'est là un point controversé. Voyons les différents systèmes qui se sont produits.

D'après Cujas (1) le *nauticum fœnus* est un contrat *sui generis*, s'analysant en un *mutuum* quant à la somme principale et en un contrat innommé quant au profit maritime. En conséquence, Cujas ne donne la *condictio* que pour le capital. Quant au profit maritime, il n'accorde la *condictio* que s'il y a eu stipulation ; s'il y a eu simple pacte, il n'accorde que l'action *præscriptis verbis*.

M. de Savigny va plus loin que Cujas ; il considère le *nauticum fœnus* dans son ensemble comme un contrat innommé *do ut des*. Il voit dans ce contrat, du côté du prêteur, dation d'une somme d'argent avec chance de perte ; du côté de l'emprunteur, promesse de dation d'une somme supérieure si la perte n'a pas lieu. Cet auteur s'exprime ainsi : « Dans ce contrat, la forme de prêt n'est qu'une apparence extérieure : en réalité on donnait une somme avec chance de perte et l'autre partie promettait une

(1) Cujas, Tome VII. De nautico fœnore, p. 862.

somme supérieure si la perte n'avait pas lieu ; cette convention rentrait donc dans la classe des contrats innommés donnant lieu à l'action *præscriptis verbis.* » (1)

Nous ne croyons pas que cette opinion soit fondée. Et d'abord, dire que ce contrat soit innommé semble peu exact quand on trouve à chaque instant, chez les jurisconsultes, des mots tels que *nauticum fœnus, fœnorator* ; et surtout quand il y a deux titres, l'un au digeste, l'autre au code portant la rubrique *de nautico fœnore.* Nous ferons en outre remarquer que l'obligation résultant de ce contrat est unilatérale ; or, la première condition nécessaire pour qu'on arrive à une action *præscriptis verbis*, c'est que le contrat soit synallagmatique. Une autre raison s'élève contre le système de M. de Savigny, le *nauticum fœnus* remonte à une époque très-reculée, tandis que l'action *præscriptis verbis* n'a été admise que longtemps après. M. de Savigny lui applique donc une action qui n'était pas encore connue lorsque ce contrat commença à être pratiqué. En outre l'opinion générale veut que l'action *præscriptis verbis* soit de bonne foi ; si nous l'admettons, nous aurons encore un dernier argument à opposer à ce jurisconsulte. La loi 2 au titre *de eo quod certo loco* nous dit que l'action de ce nom n'est jamais accordée pour le cas d'une action de bonne foi ou d'une *condictio incerti* parce que, dans ces deux hypothèses, il ne peut jamais y avoir de *plus-petitio loco.* Donc, si l'on accorde l'action *de eo quod certo loco* pour un cas de *nauticum fœnus*, et c'est ce que fait la loi 2, cela prouve que ce contrat n'est pas de bonne foi et qu'en outre il engendre la *condictio certi.* Il ne peut donc pas donner naissance à l'action *præscriptis verbis.*

Ces deux systèmes sont généralement repoussés et, quant à nous, pour prendre parti dans cette question, nous préférons voir dans le *nauticum fœnus* une variété du *mutuum.*

L'analyse des éléments de notre contrat et les textes du droit

(1) M. de Savigny. *Syst.* Tome VI, § 268, note M.

romain nous imposent cette solution. En effet, nous trouvons dans le *nauticum fœnus* les éléments essentiels et caractéristiques du *mutuum*; la translation de propriété et l'obligation ds rendre autant. Mais il est vrai qu'il y a dans le *nauticum fœnus* deux choses qui n'existent pas dans le *mutuum* proprement dit. D'un côté, si la navigation est heureuse, l'emprunteur, outre le capital, devra remettre au prêteur une somme déterminée ; d'un autre côté, le prêteur prend à sa charge les risques de l'opération. Voyons donc si ces deux conditions sont incompatibles avec l'existence d'un *mutuum*.

Nous savons déjà que la gratuité n'est pas de l'essence du *mutuum*, elle est seulement de sa nature. En effet, nous avons cité dans un précédent chapitre, plusieurs cas où le *mutuum*, sans cesser d'être tel, pouvait produire des intérêts par l'adjonction d'un simple pacte, et à ces cas nous avons ajouté celui du *nauticum fœnus* ; c'étaient les cas de prêt fait par une ville, prêt de denrées ou prêt fait par des banquiers.

De même il n'est pas de l'essence du *mutuum* que les risques soient à la charge de l'emprunteur ; c'est un élément naturel ; les parties peuvent convenir que les risques seront à la charge du prêteur.

Les deux caractères particuliers que nous venons de relever dans le *nauticum fœnus* ne l'empêchent pas d'être un *mutuum*, puisque la convention des parties ponvait modifier dans ce double sens un *mutuum* proprement dit, sans que pour cela le contrat changeât de nature.

Les jurisconsultes romains nous confirment dans cette idée ; en effet, nous trouvons des textes de Paul, de Scévola et de Dioclétien et Maximien, qui ne laissent aucun doute à cet égard : « Fœnorator pecuniam usuris maritimis mutuam dando..... » (Paul, loi 6, dig Liv. XXII, tit. 2) et ailleurs : « Trajectitiæ quidem pecuniæ , quæ periculo creditoris mutuo datur casus..... » (Dioclet. et Max. Loi 4 cod. Liv. IV tit. 33) et encore : « Collimachus, mutuam pecuniam nauticam accepit.. » (Scévola loi 122, § 1. Liv. XLV, tit. 1.)

Nous voici donc fixés sur la nature du *nauticum fœnus*. Voyons en quoi il peut différer du *mutuum* ordinaire ; la discussion qui précède nous a montré deux différences : quant aux risques et quant à la gratuité. En existe-t-il encore d'autres ? Une différence consiste encore dans le taux des intérêts qui peuvent résulter d'une stipulation jointe au *mutuum* ou de la simple convention de *nauticum fœnus*. Dans le *mutuum*, des limites ont toujours été assignées au taux de l'intérêt : sous Justinien, les personnes illustres ne pouvaient prêter qu'à 4 0/0 ; les personnes ordinaires à 6 0/0 et les commerçants pouvaient stipuler 8 0/0. (Cod. loi 32 *de usuris.*)

Dans le *nauticum fœnus*, comme conséquence des risques considérables qui sont à la charge du prêteur, on lui permettait de se faire promettre des intérêts très-élevés pour se dédommager des chances de perte qu'il veut bien courir ; il pouvait dépasser le taux légal, mais Justinien eut la singulière idée de réduire les *usuræ maritimæ* à 12 0/0. Bientôt après, dans la Novelle 106, il revint au système de la liberté pour l'abandonner une seconde fois dans la Novelle 110. On ne peut pas, dans le dernier état du droit, exiger plus de 12 0/0 ; mais se présente la question de savoir si c'est 12 0/0 par année ou par voyage ; cette question ne supporte pas l'examen et la loi ne permet pas de supposer que Justinien ait voulu, quant à cela, s'écarter de la règle qui fait compter les intérêts par année.

Enfin la loi 4 au digeste et la loi 1 au Code (*de nautico fœnore*) nous indiquent une dernière différence. Le *mutuum* ordinaire est parfait dès qu'il y a translation de propriété ; le *nauticum fœnus* n'acquiert son caractère particulier qu'au moment où le risque commence. Si la somme empruntée avec la convention de profit maritime n'a point été employée à l'expédition projetée : *non erit trajectitia.* En conséquence les intérêts n'en sont dûs qu'au taux légal et en vertu d'une stipulation. Alors même qu'il y a eu *nauticum fœnus* il faut appliquer cette règle pour le temps qui précède et celui qui suit l'époque pendant laquelle le prêteur court les risques. Pendant ce temps le *nauticum fœnus* devient un prêt ordinaire.

Ajoutons en terminant que si l'on conçoit parfaitement qu'une personne fasse un *mutuum* sans stipuler d'intérêts, car c'est un contrat de bienfaisance, il est plus difficile de comprendre un *nauticum fœnus* ou prêt à la grosse aventure sans des intérêts qui, en réalité, ne sont que l'équivalent des risques courus.

# DES RENTES

## Prolégomènes.

**1.** — La diversité et l'étendue des matières comprises sous la dénomination générale de rentes indiquent suffisamment que nous ne pouvons fournir tous les développements que comporte le sujet. Nous nous attacherons surtout, tant pour l'ancien droit que pour le Code Napoléon, à caractériser chaque rente, à poser les principes qui les régissent, et à indiquer leurs différences et leurs ressemblances respectives.

Si l'on voulait, *aujourd'hui*, faire rentrer dans une seule et même définition, tous les droits connus sous le nom de RENTE, on pourrait dire : « La rente est une créance mobilière donnant droit d'exiger perpétuellement ou viagèrement des prestations périodiques en argent ou en nature, comme représentation d'un capital mobilier ou immobilier, qu'en principe on n'a pas le droit d'exiger » (1).

Mais il s'en faut beaucoup que les divers droits ainsi nommés aient eu de tout temps en eux-mêmes cette simplicité, et entre eux cette communauté de caractères généraux que leur a faite la

(1) Voyez les art. 529, 530, 1909, 1912, 1913 et 1977. Cod. Nap.

législation actuelle ; et peu d'études présentent plus d'attraits que celle des transformations subies par certains de ces droits à travers les vicissitudes des mœurs et des institutions.

Le Code Civil, issu de la grande révolution qui détruisit les inégalités féodales, devait maintenir et a maintenu l'abolition de toutes *rentes seigneuriales* quelconques, prononcée par la loi de 1789. Nous ne nous occuperons donc point de ces dernières d'une manière spéciale ; nous en parlerons seulement lorsque l'évocation de leurs principes pourra jeter quelques lumières sur notre sujet.

Sous le Code Civil, on envisage les rentes à deux points de vue principaux ; 1° sous le rapport du capital dont elles sont la représentation ; 2° sous le rapport de leur durée.

Au premier point de vue, il les divise en rentes *constituées* et rentes *foncières ;* au second, il les divise en rentes *perpétuelles* et rentes *viagères*.

On appelle rente *constituée*, celle qui est établie moyennant l'aliénation d'un capital *mobilier ;* et rente *foncière* celle qui est établie moyennant l'aliénation d'un immeuble.

On nomme *rente perpétuelle*, celle qui est due pour un temps non limité dans sa durée ; et *rente viagère*, celle dont la durée est bornée à la vie d'une ou de plusieurs personnes déterminées. Ces diverses énonciations demandent de nombreux développements et ne pourront être parfaitement comprises que dans le cours même de cette dissertation. Nous prendrons les diverses rentes à leur naissance et nous les suivrons à travers toutes leurs phases jusqu'au dernier état de notre droit.

Nous commencerons par exposer la *Rente constituée*.

Nous examinerons ensuite la *Rente foncière*.

En troisième lieu nous étudierons la *Rente viagère*.

Et enfin, pour ne rien laisser de côté dans cette importante matière, nous consacrerons une dernière partie aux *Rentes sur l'Etat*, et aux principes exceptionnels qui les régissent.

# PREMIÈRE PARTIE

---

## De la Rente constituée.

**2.** — Cette partie se divisera en trois chapitres correspondant :

Le premier à l'*ancien Droit ;*

Le second au *Droit intermédiaire ;*

Le troisième au *Droit actuel.*

# CHAPITRE PREMIER

## De la Rente constituée sous les coutumes.

*Notions historiques.*

**3.** — La rente constituée doit sa naissance aux proscriptions formulées par l'Eglise et par la royauté contre le prêt à intérêt.

Aucune institution peut-être n'a été la source d'autant de discussions que le prêt à intérêt. Reconnu par les lois romaines qui en fixaient le taux, il fut vivement attaqué par les premiers défenseurs de la religion chrétienne qui le condamnaient comme contraire à la morale et à la charité. Par une interprétation trop stricte des nouveaux préceptes, les canonistes et certains jurisconsultes soutinrent que le prêt à intérêt était une iniquité, une source de discordes, la ruine des fondements de la société, et qu'on devait le mettre au rang des plus grands crimes. C'était, selon eux, prendre un profit certain, où celui qui emprunte peut n'éprouver qu'une perte.

Les raisons d'équité alléguées par les adversaires du prêt à intérêt n'étaient pas fondées. Les chances des pertes qui, suivant les canonistes, pèsent sur l'emprunteur seul, ne menacent-t-elles pas aussi le prêteur? Ce dernier ne court-il pas le risque de supporter l'insolvabilité de son débiteur qui, maître de disposer de l'argent comme bon lui semble, tiendra l'emprunteur à sa discrétion? Le prêteur, en venant au secours de l'emprunteur se prive de l'argent qu'il lui a confié, et qu'il aurait utilisé pour ses propres affaires; l'emprunteur, au contraire, en recevant l'argent, en a profité à sa place; il a acheté des terres, il a amélioré ses biens, payé ses dettes ; le prêteur peut donc recevoir la légitime compensation de l'avantage qu'il a procuré, en s'en privant lui-même, et des risques qu'il a courus.

On ajoutait : *nummus non parit nummos*. Cet argument tiré de la prétendue stérilité de la monnaie, était plus spécieux que réel, nous croyons, du reste, inutile d'insister sur ce raisonnement dont les économistes ont fait justice depuis longtemps.

L'église n'interdit d'abord le prêt à intérêt qu'aux clercs (Concile d'Elvire, an 305, canon 20.) « *Si quis clericorum detectus fuerit usuras accipere, placuit eum degradari,* » Le Concile de Nicée tenu en 325 ne parle lui aussi dans son canon 18 que des clercs. « *Quoniam multi clerici, avaritiæ causa turpia lucra sectantes, obliti sunt divini præcepti, quo dictum est : qui pecuniam suam non dedit ad usuram :... Omnis, qui tale aliquid conatus fuerit ad quæstum, dejiciatur ex clero* » (*Omn. Concil. gener. et provinc. Collec. reg. — Concil. Nicænum. can.* 18, ii, p. 210.) En 445, le pape Léon, dans une lettre décrétale adressée aux évêques de la Campanie et du Picénum, ordonna de reprimer sévèrement le prêt à intérêt, et de couper dans sa racine cette occasion du péché : « *Ut omnis peccandi opportunitas adimatur.* » ( *Op. cit.* t. vii, p. 55.) Plusieurs Conciles portèrent des prohibitions semblables et des peines canoniques, tant contre les clercs que contre les laïques.

Dans les premiers siècles de la monarchie Franque, le prêt à intérêt est encore permis aux laïques. De nombreuses formules en témoignent, celles de Marculf en particulier (Marculf, *liv.* 2, *formules* 25, 26, 27). Dans la formule 27, nous voyons l'emprunteur engager ses services pendant certains jours de la semaine, à titre d'intérêt. Marculf était un homme d'église, son témoignage est d'autant plus précieux dans notre matière. C'est à la fin du VIIIe siècle seulement que l'interdiction semble devenir générale.

Le Concile de Northumberland, tenu en 787 (canon 17), s'exprime ainsi : « *Usuras prohibemus, dicente domino ad David, dignum fore habitatorem tabernaculi sui qui pecuniam suam non dedit ad usuram.* » Ici, plus de distinction entre les clercs et les laïques.

Au commencement du siècle suivant, nous voyons les Conciles Gallicans entrer dans la même voie. (Concile de Paris, an 829).

Ainsi l'Eglise, à partir de cette époque, défend le prêt à intérêt, même aux laïques.

Le clergé n'avait qu'une puissance morale, mais de la législation ecclésiastique, l'interdiction du prêt à intérêt passe dans la législation civile. Un capitulaire de Lothaire (840) interdit le prêt à intérêt dans les diocèses où les constitutions épiscopales le prohibent. Désormais l'interdiction est générale, le prêt à intérêt disparaît du droit.

Dans une ordonnance du mois de juillet 1311, Philippe-le-Bel s'exprime ainsi : « Veons clairement, et regardons que les griès usures, qui cüerent en cest temps par toutes les parties de nostre royaume, devourent et degastent les biens, et la substance de nos subgiez communement, en tant que sans nombre de gens en sont venus en grant poverté, et venroient pluseurs, se remede n'y estoit mis. Pourquoy o grant conseil et o grant délibération, deffendons à toutes personnes et à singulières, soient de nostre royaume, ou dehors, que nul ne fusse, use, ne accoustume de faire nulle manière d'usures deffendues de Dieu, par les saincts Pères, et par nos antecesseurs. Et jaçoit ce que nous deffendons toutes manières d'usures, celles usures, qui sont trop griez, et non portables, et lesquelles plus grièvement dégastent les biens et la substance de nos subgiez, deffendons plus fortement, et poursuivons, et par cette présente ordination punissons ainsi comme il suit. Nous mettons et establissons paine de corps et de biens... » (*Collect. du Louv.*, t. I, p. 484.)

Ces prohibitions furent encore renouvelées par plusieurs autres ordonnances, par exemple, par celle de Philippe-de-Valois en 1349 (art. 20) et par celle de Blois en 1579 (art. 202).

Mais les prohibitions portées contre le prêt à intérêt tant par les lois canoniques que par les lois civiles n'avaient pu faire disparaitre la nécessité de ce contrat. Le besoin se fit bientôt sentir à celui à qui les capitaux manquaient, de recourir à ceux qui pouvaient lui venir en aide. Aussi fut-on obligé, pour arriver en réalité au même but, d'employer d'autres voies.

Le contrat de constitution de rente fut un de ceux inventés pour échapper aux lois sur l'intérêt. « Ces rentes, comme le dit Loyseau, sont établies pour le commerce et trafic de l'argent. » Mais les mêmes inconvénients ne s'y rencontraient pas. Suivant lui, ce qu'il fallait surtout éviter dans le contrat qui devait rem·placer le prêt à intérêt, c'était l'animosité qui peut exister entre les parties lorsque arrive le moment de la restitution. Il fallait donc inventer un contrat, où le capital ne fut pas exigible : c'est cet avantage que présente la rente constituée. « Les Français très-chrestiens, voulant d'une part observer la règle de l'Evangile, *mutuum date*, *nihil inde sperantes,* et d'ailleurs, ayant considéré qu'il n'estait facile de recouvrer le prest gratuit quand on en avait besoin, à cause du refroidissement de charité de la part des créanciers et de la dureté et ingratitude assez commune aux débiteurs, se sont servis de cette invention des Romains où le profit modéré peut attirer les hommes pécunieux à secourir les nécessiteux, à sçavoir par le moyen de ces rentes, qui à cause de l'aliénation du sort principal, sont plustost ventes que prests, et partant ne peuvent échoir en la prohibition de l'Evangile, qui ne parle que du prest » (Loyseau, *Distinct. des Rentes*, liv. I ch. 6, no 7.)

Il nous semble, malgré l'autorité de Loyseau, que le mal n'était pas dans la restitution du capital ; à ce point de vue il aurait fallu défendre ou éluder tous les contrats qui obligent à payer un capital, une vente comme un prêt ; même le prêt gratuit aurait dû être défendu. Là, n'était pas selon nous, le mal qui avait fait prohiber le prêt à intérêt : il était dans les intérêts eux-mêmes, dont, aux yeux des économistes du temps, l'illégalité était fondée sur la prétendue stérilité de l'argent.

Dans le système de Loyseau, le prêt perpétuel à intérêt aurait dû être valable, sans se déguiser sous un nom nouveau, puisque le capital n'aurait jamais dû être rendu ; or cela n'est pas admis-

sible, si le contrat de rente a été si facilement admis par les canonistes et les jurisconsultes, c'est parce qu'il a revêtu les caractères
d'une vente : le droit de rente fut considéré comme la chose
vendue, le capital en fut le prix, la perpétuité, il est vrai, en fut
la conséquence, mais la cause de la validité même du contrat fut
l'absence de toute idée de fruits produits par l'argent.

Tel fut le contrat de *constitution de rente*.

**4.** La constitution de rente, dit Pothier, peut être définie :
« un contrat par lequel une des parties vend à l'autre une rente
annuelle et perpétuelle dont il se constitue le débiteur pour un
prix licite convenu entre eux, qui doit consister en une somme
d'argent qu'il reçoit de lui, sous la faculté de pouvoir toujours
racheter la rente lorsqu'il lui plaira, pour le prix qu'il a reçu pour
sa constitution et sans qu'il puisse y être contraint. » (1)

L'analyse de cette définition montre :

Que le contrat de constitution de rente est une *vente* ;

Que la chose vendue y est essentiellement rachetable ;

Que, si le rachat peut être toujours offert par le vendeur, il ne
peut jamais être exigé par l'acheteur ;

Que le prix de rachat ne peut être supérieur au prix de vente.

Avant d'entrer dans de plus longues explications, il est bon
de rapporter comment l'érudition de nos anciens jurisconsultes
cherchait à rattacher les rentes constituées au droit romain.

On a cru en trouver le premier germe dans la loi 33, *De
usuris*, et dans la loi 11, cod. *de debitoribus civitatum* lesquelles
défendent aux administrateurs des biens des villes de forcer au
remboursement les débiteurs qui paient exactement les intérêts
des sommes par eux empruntées, et offrant des garanties de
solvabilité (2), — Mais cette injonction donnée aux administrateurs ne signifie pas qu'il y ait dans le prêt de l'argent des villes
un contrat de constitution de rente (3) ; elle signifie seule-

(1) Pothier. *Contrat de const. de rente* n. 1.
(2) Loyseau. *Des rentes*, liv. I, ch. 6.
(3) Pothier. *Contrat de const.*

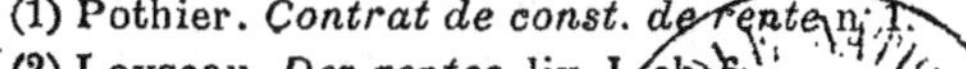

ment que ce sera un acte de sage administration que de ne pas exiger des bons débiteurs les capitaux des cités. Bien plus, cette injonction même est la preuve qu'il n'y avait dans les prêts faits par les cités nulle trace de constitution de rente : car, si les débiteurs de ces communautés eussent été des débiteurs de rentes constituées, dont le principal, par la nature du contrat, est inexigible, il eut été inutile de recommander aux officiers municipaux de ne pas l'exiger.

C'est avec plus de fondement que Dumoulin (1) trouve dans la Novelle 160 de Justinien un vestige de contrat de rente constituée pratiqué au VI^me siècle. Il est dit dans cette Novelle que la ville d'Aphrodise, en Thrace, avait placé à la charge d'une prestation annuelle en argent une grosse somme d'or qu'elle avait recueillie de plusieurs legs. La redevance devait durer tant que les emprunteurs garderaient la somme d'or. Or, ceux-ci, pour ne plus continuer le service de la redevance, s'étaient prévalus de la constitution de Justinien, qui fait cesser le cours des intérêts par la *computation du double*. Dans la Novelle même, l'empereur décide que sa constitution sur le double des intérêts n'est point applicable à l'espèce proposée, vu que la prestation annuelle dont il s'agit en cette espèce ressemble bien moins aux intérêts d'un prêt qu'à un revenu annuel : *Hanc de creditoribus conscripsimus ; præsens vero species illam non attingit, si quidem hoc magis annuo reditui quam usurarum præstationi simile videtur.*

Il est certain que cette décision de Justinien a dû faire naître l'idée de la rente constituée, lorsque le prêt fut devenu l'objet d'une prohibition. Mais il n'est pas moins sûr que le contrat de constitution de rente ne fut point pratiqué sous une législation qui, comme celle de Rome, admettait dans le *mutuum* la stipulation d'usures.

En tout cas, l'usage de ce contrat ne remonterait jamais au-delà de Justinien. Nous n'avons donc pas eu tort de dire, dès le début, que les institutions romaines ne présentaient aucun droit

(1) *Tract. de usuris, quæst.* 75.

usité et organisé qui offrit une parfaite similitude avec notre rente constituée.

Et même en France, ce n'est pas immédiatement, ce n'est pas tout d'un coup, que la rente constituée s'introduisit ; c'est seulement vers les XIII<sup>e</sup> et XIV<sup>e</sup> siècles qu'on en fit un très-grand usage. C'est dans ces temps, en effet, que se sont élevées les premières disputes sur sa légitimité. Il a pu s'en faire quelques-unes auparavant, mais c'étaient des cas rares. (1)

On avait donc trouvé une combinaison qui dispensait l'emprunteur de la plus dure obligation qu'engendre le prêt, de *l'obligation de rendre*. Celui qui plaçait ainsi son capital, l'aliénait perpétuellement ; et l'on pouvait dire hautement qu'il faisait non plus un *mutuum* productif d'intérêts, mais bien un achat de la rente (*emptio*). Les lois sur l'usure n'étaient point faites pour ce nouveau contrat : Le prêt à intérêts avait disparu ; les canonistes se trouvaient en face d'une vente.

La découverte était précieuse ; elle devint populaire. Evêques, communautés religieuses, noblesse, bourgeoisie, chacun la mit en pratique, elle assura des revenus aux prébendes, colléges, canonicats et autres dignités ecclésiastiques, dont elle augmenta la dot.... (2).

Et néanmoins, il se rencontrait encore des théologiens rigides qui étaient inquiets de cette invention, qui crurent que *l'usure* avait trompé leur vigilance, et qui semèrent des doutes dans les consciences. (3)

D'autre part, les débiteurs obérés par des rentes qui s'élevaient alors jusqu'au denier dix, exploitèrent ces alarmes et se prétendirent écrasés par des usures iniques. (4)

En 1420, le clergé de plusieurs diocèses de Silésie s'adressa au pape Martin V pour le consulter sur cet usage, que la requête

(1) Pothier. *Contr. de const.*, n° 8
(2) Troplong. *Prêt*, 418
(3) Troplong. *Prêt*, 419.
(4) Pothier, *n*° 10.

qualifiait d'immémorial, de populaire et de raisonnable (1) ; le pape déclara de tels contrats·juridiques et licites. Cependant des doutes régnaient encore en Allemagne : Calixte III les leva par une bulle de 1455, conforme à celle de Martin V. (2)

Mais il est à remarquer que les deux papes n'autorisaient la rente constituée qu'à la condition qu'elle fut *assignée* sur un immeuble, c'est-à-dire, à la condition que le créancier de la rente fut rendu propriétaire, jusqu'à concurrence du capital, des fonds qui lui étaient hypothéqués : les intérêts que l'on faisait produire au capital n'étaient plus dès lors, considérés comme des usures, mais bien comme des sommes tenant lieu au créancier du revenu des fonds dont il était censé propriétaire jusqu'à dùe concurrence. C'est qu'on n'était pas encore assez avancé pour réduire à sa juste valeur l'obstacle que la puissance spirituelle avait mis à *toute espèce de conventions usuraires.* (3)

Sous l'empire de ce respect pour la prohibition religieuse, le système de la communication de la propriété fit même des progrès au point que, par deux bulles, de 1569 et de 1570, Pie V déclara illégitime tout prêt fait à des personnes qui n'avaient pas de fonds de terre. La bulle de Pie V ne fut jamais publiée en France, mais quinze ans plus tard un Concile de Bordeaux la reproduisit. Enfin Grégoire XIII et, dans le XVIIIᵉ siècle, Benoît XIV légitimèrent définitivement les rentes constituées même sans *assignat* d'immeubles.

Quelque temps auparavant, on était allé jusqu'à admettre des lignagers au retrait de pareilles rentes (4) : Par suite de cette erreur, on assimilait très-fréquemment ces rentes à celles que nous appelons foncières, et qui sont une co-propriété dans le fonds ; et l'on était arrivé jusqu'à dire qu'elles ne pouvaient pas être rachetées. (5)

(1) Troplong. *Loc. cit.* 419.
(2) Troplong. *Loc. cit.*
(3) Merlin. Rép. *Rent. const.*, t.
(4) Merlin. *Loc. cit.*
(5) *Idem.*

Tel était l'état des choses, lorsque Dumoulin écrivit son traité *De usuris*. Il reconnut au premier coup d'œil que l'usage du retrait lignager et l'usage de non-rachat dans ces sortes de rentes portaient sur un faux principe ; il le démontra. Par arrêt du parlement de Paris, du 12 Mars 1552, une rente fut déclarée rachetable malgré *l'assignat* qui la faisait reposer sur une transmission fictive de la propriété : et cet arrêt fut confirmé par un autre beaucoup plus solennel de l'an 1559. (1)

**5.** On connaît maintenant les vicissitudes que la rente constituée eut à traverser avant d'être régie par les principes que nous allons exposer. Cet exposé comprendra six paragraphes :

Le premier traitera de la nature du contrat de constitution de rente ;

Le second, des règles qui devaient y être observées ;

Le troisième, des différentes clauses qui pouvaient y être insérées ;

Le quatrième, de la nature des rentes constituées, et de leurs arrérages ;

Le cinquième, des moyens par lesquels s'établissait le droit de rente constituée ;

Le sixième, des manières dont s'éteignait ce droit.

### § 1er De la nature du contrat de constitution de rente.

**6.** Arrivé au point où ses règles définitives sont fixées, le contrat de constitution de rente n'est autre chose, avons-nous dit, qu'une vente. C'est la vente de l'objet incorporel appelé *rente*, moyennant un prix qui consistait nécessairement en argent. Le vendeur, c'est le débiteur de la rente ou le constituant : l'acheteur, c'est celui qui achète le droit de rente, c'est le crédi-rentier. La faculté de rachat est de l'essence de cette vente.

Chose étrange cependant, deux questions vont s'élever, dans

(1) Merlin. *Loc. cit,*

la solution desquelles Pothier déserte immédiatement les principes de la vente pour appliquer au contrat de constitution de rente les principes du prêt.

En premier lieu, Pothier présente le contrat de constitution de rente comme un contrat réel, *qui re perficitur*, dans lequel l'obligation du vendeur de la rente ne peut naître avant la tradition du prix, dans lequel la rente ne doit être servie, et ses arrérages commencer à courir qu'après le paiement du principal. (1)

Ce sentiment, il faut le dire, n'a point reçu l'adhésion d'un de nos meilleurs esprits, de l'annotateur même de Pothier, de l'éminent professeur M. Bugnet. « Pourquoi donc présenter ce contrat comme réel, tandis que l'obligation passive de servir la rente peut résulter du consentement ; tandis que d'un autre côté, l'obligation de payer le prix est la conséquence immédiate du concours des deux volontés ?

« Les effets obligatoires sont ici, comme dans toute autre vente, produits par le consentement ; et le paiement de la somme capitale, aussi bien que le service des arrérages, sont de part et d'autre l'exécution de l'obligation, et non pas la cause génératrice de cette même obligation. (2) »

Ces vérités sont frappantes.

Il est juste de dire que Pothier semblait prévoir l'objection et la devançait en ces termes : « Il ne faut pas croire, que si quelqu'un s'était engagé envers moi de me compter, dans un certain temps, une somme de deniers pour laquelle je lui constituerais une certaine rente, cette convention ne fut pas obligatoire ; » et plus loin : « Elle donnerait lieu, en cas d'inexécution, à des dommages-intérêts envers moi, si j'ai souffert de cette inexécution ; néanmoins cette convention n'est pas le contrat de constitution de rente, qui ne se contractera que lorsque cette somme me sera payée. (3) »

(1) Pothier. *Loc. cit.*, n° 2 et suivants.
(2) M. Bugnet sur Pothier. Not. sur le n° 3.
(3) Pothier. *Loc. cit.*

Mais ce qu'on cherche vainement dans Pothier, c'est l'expression nette et formelle d'un motif sérieux qui serve de fondement à cette décision. Sans doute, la crainte de l'usure semble avoir dominé Pothier et les jurisconsultes de son temps. Mais cette crainte est loin de paraître à tout le monde suffisamment justifiée ; cette crainte peut être écartée, d'ailleurs, par une simple et facile application d'un principe très connu du contrat de vente.

Telle est la pensée qui a porté M. Bugnet à écrire la note suivante : « Pourquoi ne pas permettre que le débiteur de la rente doive les arrérages du jour du contrat, (lorsque le prix de constitution n'a pas encore été compté)? Si le débiteur doit ces arrérages, on peut bien admettre que le créancier doit par compensation les intérêts moratoires, et il ne sera plus nécessaire de voir dans la constitution de rente un contrat *qui re perficitur* (1). »

.. Et, en effet, ce contrat est une vente, tout le monde l'admet, Pothier et ses contemporains le proclament. Ce n'est même qu'en répétant, bien haut et bien longtemps, « c'est une vente, » qu'on est parvenu à le faire accepter. Or, nous trouvons écrit dans Pothier lui-même :

« Que, dans toute vente où la chose vendue est frugifère, l'acheteur doit les intérêts du prix, non pas du jour de la mise en demeure ; mais bien de plein droit, *ex naturâ contractûs*, du jour où il est entré en possession et jouissance de la chose, etc. (2) » Et nous nous demandons s'il y a quelque chose de plus frugifère que la rente.

En supposant donc que les arrérages commencent à courir dès le jour du contrat, les intérêts du prix de constitution courront de plein droit depuis la même époque. L'usure semble bien éloignée d'un tel arrangement.

Nous le répétons, on aimerait à voir Pothier justifier plus complétement et plus catégoriquement une dérogation semblable

(1) Note sur Pothier. *Cont. de const.*, nᵒ 31 et suiv.
(2) Pothier. *Vente*, 283 et suiv.

au droit commun de la vente ; de la vente qui est au contrat de constitution ce que le genre est à l'espèce.

Vainement on invoque les analogies du contrat de constitution avec le prêt ; ces analogies n'embrassent pas le point en question. Si le *mutuum,* à Rome, rentrait dans la catégorie des contrats *re*, tout le monde en sait la raison ; c'est parce que dans le *mutuum,* comme dans les autres contrats réels, l'obligation du débiteur consistait à rendre ; or, pour être obligé à rendre, il faut nécessairement avoir reçu. Au contraire, dans le contrat de constitution de rente, il y a précisément absence de l'obligation de rendre ; car le remboursement y peut être offert, mais il n'y peut être exigé ; la seule obligation du débiteur, c'est le service de la rente ; et l'on conçoit aisément que cette dernière dette puisse exister indépendamment de toute tradition. Nous considérons donc le contrat de constitution de rente comme *consensuel.*

**7**. En second lieu, Pothier soutient que ce même contrat est unilatéral.

Pénétré de son idée sur le caractère de réalité qu'il lui attribuait, ne voyant rien de fait avant la tradition du prix, il faisait aussi de cette tradition l'obligation unique du crédi-rentier. Cette obligation étant remplie, Pothier ne lui en cherchait et ne lui en reconnaissait aucune autre.

L'inflexible logique qui conduisait Pothier à ce second résultat doit me conduire à un second désaccord avec lui. J'aurai encore l'opinion de M. Bugnet avec moi : « Le contrat de constitution est synallagmatique, disons-nous : dans le cas où le prix a été seulement promis, c'est évident : et, dans le cas où les deniers de constitution ont été livrés, il est synallagmatique tout autant qu'une vente au comptant (1). »

Et l'acheteur au comptant n'est-il donc tenu à rien ? Il est tenu des obligations qui résultent de la bonne foi : il est passible des conséquences de son dol. L'acquéreur dè la rente, en outre de ces obligations, n'a-t-il pas celle de venir chercher la rente,

(1) M. Bugnet sur Pothier. Not. sur le n° 3.

lorsqu'elle est quérable ? En dehors de ces obligations actives, n'a-t-il pas des obligations passives ? N'est-il pas privé de certains droits, du droit d'exiger le remboursement, du droit de le refuser s'il lui est offert ? Le contrat de constitution de rente est donc *synallagmatique* et non pas *unilatéral*.

Le contrat de constitution de rente diffère du prêt à intérêt, suivant tous les auteurs, en ce que le principal n'en est pas exigible comme le capital prêté ; et, suivant nous particulièrement, en ce qu'il est consensuel et synallagmatique, tandis que le prêt est réel et unilatéral.

### § 2. Des règles auxquelles le contrat de constitution de rente était assujetti.

**8.** Ces règles sont relatives :

1º Aux taux sur lequel la rente est constituée ;

2º Anx choses qui peuvent former, soit le prix de constitution, soit les arrérages ;

3º A l'aliénation du principal ;

4º A la faculté du rachat.

1. Du taux. — **9.** Le taux, c'est le rapport numérique entre les arrérages dûs pour un an et le principal. Celui qui vend une livre de rente pour dix livres de capital, coustitue une rente sur le taux du denier dix. Celui qui vend un sou de rente pour douze sous, la constitue sur le taux du denier douze. Plus le capital grandit, la rente restant la même et plus le taux de la constitution diminue ; plus le montant du principal est faible, et plus le taux de la rente est élevé.

En face des craintes que soulevait l'usure, la fixation du taux de la rente ne pouvait pas être laissée à l'arbitraire des parties ; et, bien que l'on eut réussi à faire envisager le contrat de constitution de rente comme une vente, le législateur n'oublia jamais les analogies qu'il présentait encore avec le prêt à intérêt, et combien les arrérages se rapprochaient des *usuræ* ; l'intérêt public exigeait que le taux fut réglé par le prince : c'est ce qui eut lieu.

Déjà par les extravagantes *Regimini*, les papes Martin V et Calixte III (en 1420 et 1455) avaient autorisé le taux du *denier dix*.

La coutume d'Orléans , rédigée en 1509, avait défendu (art. 379) d'acheter des rentes à un taux plus élevé. Ainsi cent livres de capital ne pouvaient être payées plus cher que dix livres de rente.

Charles IX, par son édit de mars 1567, établit le *denier douze*. Henri IV, par son édit de juillet 1601, réduisit le taux au *denier seize*. Louis XIII l'abaissa au *denier dix-huit*. Louis XIV le réduisit au *denier vingt*, qui est notre taux actuel (5 pour 100).

Toutefois, il faut mentionner, en outre, un édit de 1720, qui tenta de réduire encore le taux au *denier cinquante*, mais qui ne fut pas enregistré ; et un édit de 1724, qui établit le *denier trente*, mais dont l'application fut courte, car un autre édit de juin 1725, vint bientôt rétablir le *denier vingt*.

Il est bon de remarquer que le taux n'était ainsi réglé qu'en faveur du débiteur, c'est-à-dire du vendeur de la rente.

C'est lui qui avait besoin d'argent, c'est lui qu'il fallait protéger. Quant au créancier, à l'acquéreur de la rente, rien ne l'empêchait de payer un prix plus élevé que le taux légal ; d'acheter, par exemple, au denier vingt-cinq, au denier cinquante. Il n'était pas restituable contre un tel acte. — En cela il était traité plus rigoureusement que l'acheteur d'un héritage. Dumoulin, en effet, admettait ce dernier à la restitution, lorsqu'il justifiait d'une *lésion énorme* ; mais il n'y admettait, en aucun cas, l'acquéreur d'une rente, « car s'il est possible de dire que l'un a pu se tromper sur la valeur du fonds, il est impossible de prétendre que l'autre ait pu ignorer la valeur de la rente (1). »

(1) Du reste, la décision indulgente de Dumoulin à l'égard de l'acquéreur d'un héritage, n'est point passée dans le Code civil : l'art. 1683 pose une règle qui ne reçoit pas d'exception.

**10.** Une élévation trop grande du sort principal aurait pu toutefois renfermer un avantage indirect, une donation de ce qui avait été compté au delà du prix auquel on aurait pu se tenir. Si donc on achetait une rente au denier vingt-cinq, alors que la loi autorisait le denier vingt, il fallait que le débiteur fût capable de recevoir à titre gratuit; il fallait, pour la partie du prix qui était *donnée*, appliquer, le cas échéant, les règles de la réduction, et du rapport, etc.

**11.** Lorsque la rente avait été constituée au taux légal, c'eût été éluder la loi protectrice du débiteur que d'exiger de lui, directement ou indirectement, autre chose que l'obligation de la rente. Si le débiteur avait, par exemple, concédé au crédi-rentier, pour un certain temps ou jusqu'au rachat, la jouissance de quelque immeuble en compensation des arrérages, il y aurait eu lieu d'examiner si les fruits perçus n'avaient pas une valeur plus grande que les arrérages dûs ; et, en ce cas, de répéter ce qui avait été perçu de trop.

Lorsque le roi levait un impôt extraordinaire du dixième ou du vingtième *sur tous les revenus* de ses sujets, cet impôt devait atteindre les rentes comme les autres biens frugifères, et il devait définitivement rester à la charge du crédi-rentier. Mais le fisc, pour faire rentrer cet impôt, demandait au débi-rentier le dixième ou le vingtième du revenu de tous ses biens indistinctement, et par conséquent du capital de la rente aussi bien que de tout autre objet, sans s'informer si une rente était dûe sur ses revenus. On ne pouvait pas, d'autre part, réclamer le dixième du revenu de ce capital au crédi-rentier qui ne l'avait plus entre ses mains. Il arrivait donc, par la force des choses, que le débiteur payait pour le compte et en acquit du créancier, la fraction du revenu produit par la rente, que ce dernier devait au Roi. Les arrérages ne pouvaient, en conséquence, être exigés par le crédi-rentier que déduction faite des dixièmes ou vingtièmes en question. Mettre cette imposition à la charge du débiteur de la rente, lorsque la rente avait été constituée au taux légal, et stipuler de lui, en ce cas, qu'il ne retiendrait pas l'imposition sur les arrérages c'eut été encore exiger indirectement du débiteur plus que la loi ne permettait.

C'était une question que de savoir si, deux personnes constituant une rente, toujours au taux légitime, mais en se déclarant *solidaires* pour le paiement de cette rente, ajoutaient à leur dette normale quelque chose d'illicite. On décidait pourtant, que si la solidarité des constituants donnait une grande sûreté au créancier, elle n'augmentait pas, pour cela, la quantité de la dette ; pas plus que ne l'augmentent une hypothèque, une caution, le taux n'était donc point excédé dans ce cas.

Mais il était excédé, et il y avait stipulation illicite si l'on convenait : « que la rente augmenterait pour le cas où la loi viendrait à élever l'intérêt de l'argent et celui des rentes. » En effet, cette loi étant promulguée, le principal serait devenu moindre relativement aux arrérages dûs, le prix de constitution se serait trouvé diminué ; et le débiteur aurait, en fait, constitué la rente à un taux plus élevé que le taux qui avait lieu au temps du contrat ; ce qui est contraire aux principes du contrat de constitution. Car ce contrat est une vente ; et, dans toute vente, il est essentiel que le prix de la chose vendue se règle eu égard à ce qu'elle vaut au temps du contrat, et non pas eu égard à une valeur future et incertaine (1).

**12.** Voyons maintenant par quelle sanction était assuré le respect de la règle concernant le taux.

Cette sanction consistait, tantôt dans la nullité du contrat avec imputation des arrérages sur le principal, tantôt dans la simple réformation du contrat.

1° Le contrat était *annulé*, et le débiteur pouvait *imputer* les arrérages déjà payés sur le principal, lorsqu'il y avait eu contravention formelle et inexcusable à la loi sur le taux (2) : et aussi, lorsque le taux porté au contrat étant légal, le créancier avait stipulé,

(1) Pothier. *Rent. cont.*, n° 14.
(2) Pothier. *Rent çonst.*, n° 18.

par quelque clause particulière, un lucre manifeste et excessif, qui montrait qu'il avait voulu éluder la loi en paraissant la respecter ; par exemple, s'il avait stipulé, en paiement des arrérages, la jouissance d'un fond du constituant, *sans ce que celui-ci pût lui demander compte* (1).

Quand la nullité était prononcée, le constituant avait un droit d'option. Il pouvait, ou rembourser le principal déduction faite des arrérages imputés sur lui, ou bien, après avoir calculé ceux-ci, constituer une rente nouvelle au taux légitime pour ce qu'il restait devoir du principal.

Lorsque le débiteur optait pour le *remboursement réel*, Dumoulin accordait au créancier, sur tous ses biens, une hypothèque qui résultait du contrat de constitution, et qui avait date du jour de cet acte.

Lorsque le débiteur optait pour la *constitution d'une rente nouvelle* ayant pour capital l'ancien principal, arrérages déduits, Dumoulin reconnaissait au créancier la même hypothèque; dans les mêmes conditions de généralité, de date et de rang, mais pour le principal seulement de la rente nouvelle. Et, pour ce qui était des arrérages de cette dernière, il pensait que l'hypothèque affectée à leur garantie ne devait dater que du jour de la nouvelle constitution (2).

Pothier se séparait de Dumoulin sur ce dernier point, et voulait conserver l'hypothèque résultant du premier contrat, indistinctement pour le principal et pour les arrérages de la nouvelle rente ; « car, disait-il, l'obligation de la constituer faute de restituer la somme, était une obligation du premier contrat. »

Cette nullité avec imputation des arrérages avait lieu, même quand la rente avait été constituée au profit d'un incapable (3); car autrement les usuriers auraient pu, par l'interposition d'un mineur, d'un interdit, d'un absent au nom duquel ils auraient

(1) Pothier. *Loc. cit.*, n° 24.
(2) Dumoulin. *Tract. de usur.*, quœst. 15.
(3) Dumoulin. *Tract. de usur.*, quœst. 13.

paru contracter, violer impunément la loi qui règle le taux des rentes. De plus, c'est un principe de droit : « que l'injustice commise dans un contrat par celui qui contracte au nom d'un autre, pent être opposée par exception au mineur ou autre au nom duquel il a contracté, lorsque ce mineur ou autre veut se servir du contrat (1).

Et cette décision avait lieu quand même, par suite de l'insolvabilité du tuteur, le mineur n'aurait plus eu aucun recours contre lui, si ce n'est pourtant dans un cas, le cas : où les deniers des mineurs avaient été criés en justice et adjugés à rente par le juge au fur d'un denier formellement plus fort que le denier légal. On disait alors : *bonæ fidei professor est, qui auctore judice comparavit* (2) : et Pothier, dans cette espèce, concluait à la simple réformation du contrat (3).

2° *La simple réformation du contrat* intervenait dans tous les cas où la loi régulatrice du taux avait été violée, non plus d'une façon formelle et inexcusable, mais seulementd'une manière indirecte ; c'est-à-dire lorsque la rente avait été constituée au taux légal, mais que, par une clause particulière (telle que la clause de servir la rente sans retenue des dixièmes du roi), le créancier recevait quelque avantage au delà du taux (4).

Lorsque le contrat était réformé, le débiteur pouvait *répéter* ce qu'il avait payé de trop en arrérages ; mais il ne pouvait pas, comme au cas d'annulation, l'imputer sur le principal.

L'action en nullité et l'action en réformation étaient toutes deux perpétuelles et imprescriptibles. Car le temps ne fait qu'augmenter l'injustice au lieu de la diminuer (5) : et, de plus, on appliquait la maxime : « *L'usure ne se couvre jamais* (6). »

Le droit de *répéter les arrérages*, en cas de *réformation* du con-

(1) L. IV, §§ 18, 23, 24 et 25. D. *Del doli mali et met. except.*
(2) L. 137. *De reg jur.*
(3) Pothier. *Rent. const.*, n°° 21 et 22.
(4) Pothier. *Loc. cit.*, n° 23.
(5) *Idem*, n° 25.
(6) Dumoulin. *Tract., ae usur., quæst.* 15.

trat *se prescrivait* cependant *par trente ans ;* c'est-à-dire qu'il ne pouvait être exercé que pour des arrérages payés depuis trente ans au plus avant la demande, tandis que le droit de les imputer sur le principal ne se prescrivait pas. On ne pouvait plus alléguer ici la maxime : « *l'usure ne se couvre jamais* » : car cette maxime doit être entendue en ce sens, que le débiteur était toujours recevable à demander la nullité d'une convention usuraire et à se défendre de l'exécuter ; mais non en ce sens qu'il eut perpétuellement la répétition des usures qu'il avait indûment payées. Cette répétition devait se prescrire, puisque celle même des choses volées se prescrivait (1).

Mais quant aux actions en nullité et en réformation, nous le répétons, le créancier pour s'en préserver, ne pouvait pas se prévaloir de ce que la rente aurait été servie pendant trente ans au plus. Car si la longue prestation des arrérages faisait, en l'absence de tout titre, acquérir à l'*accipiens* le droit de rente (comme il sera expliqué plus loin), c'est parce qu'il y avait présomption légale, que ce dernier avait acheté son droit pour un prix légitime ; tandis que, dans l'espèce d'un titre où la loi du taux est violée, cette présomption se trouve détruite par le titre lui-même, et c'est le cas de la maxime : *Meliùs est non habere titulum, quam habere malum, aut vitiosum* (2).

**13.** — En quoi devaient consister les arrérages, et le prix de la Constitution. — 1º *En quoi devaient consister les arrérages.* — Jusques à Charles IX, on avait pu constituer à prix d'argent, des rentes, non-seulement d'une somme d'argent, mais encore d'une certaine quantité de grains ou autres espèces. — Ce roi, par un édit de novembre 1565, prohiba formellement les dernières, et convertit toutes les rentes de cette nature constituées antérieurement, en rentes d'une somme d'argent sur le pied du denier douzé de leur principal. La valeur des grains étant variable et

(1) Pothier. *Rent. const.*, n° 23.
(2) Pothier. *Loc. cit.*, n° 25.

incertaine, il était facile, dans ces sortes de constitutions, d'excéder le taux légitime et de voiler l'usure.

Depuis 1565, les arrérages de la rente constituée durent donc être promis et payés en argent.

2° *En quoi devait consister le prix de la constitution.* — Le prix avait à réunir un plus grand nombre de conditions que les arrérages. — Il devait d'abord *consister en argent :* c'est là, nous l'avons vu, un des principes *essentiels* que le contrat de constitution de rente tenait de la vente.

D'après Pothier, le prix devait encore être réellement compté, et toute clause par laquelle on serait convenu «que la rente commencerait à courir auparavant, » devait être nulle (1). — Mais, dans le système que nous avons cru devoir adopter et qui fait de la constitution de rente un contrat consensuel, cette numération réelle perd son caractère d'absolue nécessité.

*La quittance d'une dette,* contractée par le constituant envers l'acheteur de la rente, pouvait tenir lieu de la numération du prix soit qu'elle fût donnée au constituant, avant le contrat de constitution, soit qu'elle lui fût donnée par ce contrat même. Et il importait peu que la dette dont il était donné quittance en paiement de la rente fut antérieure, ou bien contemporaine, au contrat de constitution, c'est ainsi que le vendeur d'un héritage se faisait souvent, par le contrat même de vente, constituer une rente par l'acheteur en paiement du prix de l'héritage.

14. A ce sujet une question délicate s'était présentée à l'esprit de Dumoulin (2) : « Un marchand pouvait-il, comme le vendeur d'un héritage, se faire constituer une rente en paiement de la somme pour laquelle il avait vendu ses marchandises ? »

Ce grand jurisconsulte répondait négativement et il donnait denx raisons de son opinion : 1° le marchand retirant de la vente

(1) Pothier. *Rent. const.,* n° 29.
(2) Dumoulin. *Tract. de usur., quæst.* 22.

de ses marchandises le profit habituel aux détaillants, il ne devait pas lui être permis d'en retirer un second profit, en se faisant constituer une rente pour le prix ; 2° Ces sortes de Constitutions auraient pu être la matière de plusieurs fraudes ; un marchand eût obligé un homme qui avait besoin d'argent à acheter des marchandises qui lui eussent été inutiles, et qu'il eût été forcé de revendre à perte ; et, dans le cas où cet acheteur en aurait eu vraiment besoin, il les lui aurait vendues au-delà de leur valeur. Dans les deux cas, l'acheteur des marchandises aurait constitué une rente plus forte que le taux légitime, eu égard à la valeur effective qu'il aurait reçue pour le prix des marchandises.

A cette époque, en effet, s'était introduite la malheureuse et détestable pratique d'un contrat appelé *Mohatra*, par lequel celui qui avait besoin d'argent achetait des marchandises chèrement et à crédit, pour les revendre au même instant au marchand lui-même, argent comptant et à bon marché (1).

Pothier cependant observe que la décision de Dumoulin ne doit pas être suivie à la rigueur (2); surtout lorsque les marchandises sont à l'usage de l'acheteur,, et qu'elles lui ont été vendues au juste prix ; en un mot lorsqu'il n'y a pas fraude. — M. Bugnet se montre favorable à cette décision ; et il fait remarquer, en outre, que la conversion du prix en rente est même susceptible d'offrir un grand avantage à l'acheteur des marchandises, qui pourra, par le rachat, opérer sa libération en temps plus opportun (3).

**15**. Le prix de la constitution devait être une *somme principale*; une constitution de rente qui aurait été faite en paiement d'arrérages ou d'intérêts (même d'intérêts moratoires déjà dûs au crédirentier), eut été frappée de nullité avec imputation des arrérages

(1) Cette définition du Mohatra est donnée par Pascal, dans sa 8ᵐᵉ Provinciale.

(2) Pothier. *Rent. const,*, n° 35.

(3) M. Bugnet sur Pothier. *Cont. de const.*, n° 35.

sur le capital. — Il y aurait eu *anatocisme* contrairement aux lois qui défendaient *ne usuræ usurarum exigantur*. Le débiteur pouvait même déférer le serment au créancier sur le point de savoir « s'il n'était pas vrai que le prix de la nouvelle constitution fut en paiement des arrérages de l'ancienne (1).

Si la *dette*, en paiement de laquelle une rente était constituée, n'était pas encore exigible au temps du contrat de constitution, les arrérages de la rente ne devaient commencer à courir qu'à partir de l'échéance de la dette ; autrement le taux légitime aurait été dépassé, puisque l'acquéreur aurait stipulé, en outre des arrérages, un paiement anticipé.

En résumé, somme d'argent ou quittance d'une dette, en tous cas somme principale, tel devait être le prix de la constitution de rente.

**16.** Il ne faut pas oublier cependant de mentionner une rente d'une nature toute particulière, que l'on constituait à titre gratuit, sans recevoir de capital, *la rente par don et legs*. Cette rente était ordinairement créée en faveur des hospices, des fabriques, pour fondation de messes et obits, ou pour toute autre cause pie. On la constituait aussi pour cause de dot.

Dans ces divers cas, le contrat de constitution cessait d'être une vente ; il devenait une libéralité ; et, comme tel, il était soumis à toutes les règles de forme et de fonds qui dominent soit les donations, soit les testaments.

Il cessait d'être consensuel pour se plier *aux solennités* de la donation et du testament, il perdait aussi son caractère synallagmatique pour emprunter le caractère *unilatéral* des dispositions à titre gratuit.

*La rente par don et legs* n'était pas un trafic et un commerce d'argent (2) ; elle était un acte de bienfaisance ; aussi était-elle exempte des précautions que l'on avait introduites, par crainte de l'usure, dans les constitutions de rente à titre onéreux (3).

(1) Pothier. *Rent. const.*, n° 38.
(2) Loyseau. Liv. I, chap. 7, n° 1.
(3) *Idem.*

Et, par exemple, elle n'était *pas nécessairement et de sa nature rachetable ;* car la faculté de rachat n'avait été établie en faveur du débiteur d'une rente constituée que par crainte de l'usure. D'un autre côté, *le testateur pouvait astreindre le débiteur à racheter la rente,* dans un temps déterminé, et pour un prix déterminé, supérieur au taux légal ; ce qui était incompatible avec une constitution à titre onéreux, puisque l'obligation de racheter l'aurait fait dégénérer en prêt (1).

Ajoutons que les arrérages de la rente par don et legs ne tombaient pas sous le coup de la prescription de cinq ans, qui frappait les arrérages de la rente constituée à titre ouéreux (2).

**17.** — De l'aliénation du capital. — Le prix de la constitution devait être aliéné perpétuellement, et partant rester inexigible. C'est en cela surtout que ce contrat s'éloignait du prêt, et se rapprochait de la vente.

Il y avait pourtant certaines constitutions de rente dans lesquelles Dumoulin reconnaissait au créancier le droit de stipuler le rachat forcé.

Dumoulin se basait sur un arrêt de 1517, qu'il rapporte lui-même (*quæst.* 27), et qui décidait : « *Que si une rente est constituée pour prix d'un héritage,* ou *pour un retour de partage d'immeubles,* » par le contrat de vente ou par le partage, la clause que le débiteur sera tenu de racheter la rente au bout d'un certain temps, est valable ». Cet arrêt se justifie, dit Pothier (3), en ce que, dans les deux cas qu'il vise, la stipulation d'exigibilité est une clause du contrat de *vente* ou de *partage,* plutôt qu'une clause du contrat de *constitution.* Elle ne renferme d'ailleurs aucune injustice, puisqu'elle a le même effet que, si, sans faire aucune constitution de rente, il eut été stipulé que le retour, ou le prix, serait payé au bout de ce temps, avec les intérêts jusqu'au paiement, ce qui est

---

(1) Troplong. *Prêt.*, n° 427.
(2) Merlin. *Rép. Rent., p. Don et legs,* § 1.
(3) Pothier. *Rent. const.*, n° 47.

très-licite ; car, si les intérêts de purs deniers étaient interdits, les intérêts du prix d'un héritage ou d'un retour de partage étaient *ex naturâ contractûs* (1).

Dans les constitutions de rente ordinaire le principe de l'inexigibilité du capital ne fléchissait qu'en deux cas : 1º lorsque le constituant tombait en *faillite* ou en *déconfiture ;* 2º lorsque le constituant *manquait d'accomplir quelque condition* du contrat sans laquelle le créancier ne lui eut point livré son argent pour acquérir la rente (2), comme lorsqu'il avait promis de faire emploi, et qu'il ne le faisait pas ; ou bien, lorsqu'il avait hypothéqué à la rente un héritage qu'il prétendait franc de toute autre hypothèque, et qui ne l'était point.

Dans ces deux cas, il y avait *faute* ou *fausse déclaration* de la part du débiteur : il n'accomplissait pas les conditions sous lesquelles il avait reçu le prix de la constitution ; et il ne pouvait reprocher qu'à lui-même les faits en vertu desquels le remboursement lui était demandé.

La clause par laquelle on aurait stipulé le remboursement en vue de tout autre évènement que ces deux circonstances exceptionnelles, était illicite. Et Dumoulin ( *quæst.* 8 ) la repoussait « même lorsqu'elle aurait visé le cas de perte des hypothèques de la rente par suite d'un incendie ou tout autre accident de force majeure (3) ».

Quant à la résolution forcée du contrat provenant du nonpaiement des arrérages pendant un certain nombre d'années (résolution qu'admet l'article 1912 de notre Code civil) elle était vivement combattue par les canonistes ; et l'ordonnance de 1629 (code Michaud) vint même la prohiber en ces termes :

Art. 149. « Ayant reçu plainte qu'en aucuns de nos parlements,

(1) Pothier. *Vente*, nº 283.
(2) Pothier. *Rent. const.*, nº 114.
(3) Pothier. *Rent. const.,* nº 48.

» il se pratique un usage contraire à nos ordonnances, contrai-
» gnant le débiteur au rachat des rentes, à faute de paiement des
» arrérages, nous avons aboli et abolissons ledit usage et défendant
» à tous nos juges, tant de nos cours de parlement qu'autres, de
» contraindre lesdits débiteurs au rachat des rentes constituées,
» si non en cas de stellionat. »

Ajoutons, pour être exact, que cette ordonnance n'était suivie ni à Toulouse, ni en Bretagne ; et que la coutume était, par toute la France, d'insérer dans les contrats de constitution la clause : « Que, faute par le débiteur de servir la rente pendant deux ou trois années, le créancier pourrait en exiger le remboursement (1).

**18.** — IV. — DE LA FACULTÉ DE RACHAT. — Le débiteur pouvait toujours se libérer de la rente en remboursant au créancier le prix de la constitution.

Cette faculté était de l'*essence* du contrat :

D'où il suit :

1˙ Qu'elle était *imprescriptible* ;

2o Qu'elle était *toujours sous entendue* ;

3˙ *Qu'on ne pouvait y déroger*, à peine de nullité avec imputation des arrérages sur le principal ;

4o Qu'on devait regarder comme *nulle* toute clause qui tendrait à *restreindre ou à gêner*, de quelque façon que ce fût, l'exercice de cette faculté. Ainsi étaient nulles, la clause : « que le débiteur ne pourrait racheter qu'en indiquant un autre bon emploi des deniers de constitution » ; et la clause : « que le débiteur qui voudrait racheter serait tenu d'avertir le créancier un certain temps à l'avance (2).

Le *prix du rachat* ne pouvait pas excéder le prix de la consti-

(1) Troplong. *Prêt.*, n° 473.

(3) Pothier. n° 52.

tution. Sans cela, le créancier aurait pu, au cas de remboursement recevoir du débiteur quelque chose de plus que les arrérages fixés par la loi. Aussi annulait-on la clause : « que le débiteur, en cas d'une augmentation sur les espèces, ne pourrait racheter qu'en rendant le même nombre d'écus qu'il avait reçus » ; et la clause « qu'en cas de rachat, le débiteur paierait en entier l'année courante, bien que le terme n'en fut pas encore entièrement échu » (1).

Dans les contrats de vente, louage et autres, on pouvait stipuler : « que le créancier retiendrait en paiement, pour le prix de l'estimation qui en serait faite, les choses qu'on lui avait hypothéquées ou données en nantissement » (2). Un tel pacte ne pouvait être valable dans le contrat de constitution de rente. parce qu'il était de l'essence de ce contrat que le débiteur put toujours racheter la rente, en rendant le prix de la constitution (3).

### § 3. — Des divers pactes qui pouvaient être insérés dans les contrats de constitution de rente.

**19.** Ces pactes se rangeaient en trois catégories ; ils concernaient ou la sûreté du fond de la rente, ou les arrérages, ou le rachat.

I. — PACTES CONCERNANT LA SURETÉ DU FONDS DE LA RENTE. — Les principaux étaient :

**20.** 1° *La clause de passer acte devant notaire.* L'effet de ce pacte était que le débiteur s'obligeait de passer acte devant notaire à ses frais de la constitution de rente, à la réquisition du créancier ; et de lui fournir une grosse en parchemin.

(1) Pothier. n° 53.
(2) Pothier. n° 55.
(3) Pothier. *Rent. const.*, n° 55.

En cas de refus du débiteur, le créancier pouvait *l'assigner en reconnaissance du titre sous seing-privé,* et obtenir une sentence qui le condamnât à la prestation de la rente, aux frais de contrôle du billet et aux dépens de l'instance. Cette sentence donnait au créancier les mêmes droits d'hypothèque sur les biens du débiteur et les mêmes droits d'exécution, que lui aurait donnés l'acte devant notaire.

Toutefois cette sentence était sujette à la prescription de trente ans, tandis que dans certains pays qui avaient adopté la disposition de la loi *Quum notissimi* (1) sur la durée de l'hypothèque résultant des actes authentiques, le titre notarié n'était sujet qu'à la *prescription de quarante ans* contre l'obligé et ses héritiers.

Aussi reconnaissait-on, dans ces pays, que le créancier avait droit de ne pas se contenter de la sentence, et d'exiger en tout temps l'acte devant notaire ; tandis que dans les autres coutumes on décidait que le créancier, une fois la sentence obtenue, n'était plus recevable à demander l'exécution de la clause, n'ayant aucun intérêt à faire cette demande.

Cette clause était un acte accidentel du contrat, et ne devait point s'y suppléer si elle y avait été omise.

**21.** 2° La *clause d'assignat;* par laquelle le constituant assignait la rente à l'avoir et à prendre sur un certain héritage dont il se dessaisissait jusqu'à dûe concurrence, pour en saisir le créancier, déclarant le constituant ne posséder l'héritage, jusqu'à ladite concurrence, qu'à titre de constitut et de précaire.

Cette clause n'avait d'autre effet, selon Loyseau, que donner au créancier une *hypothèque spéciale* sur l'immeuble (2).

**22.** 3° *La clause de faire emploi, donner caution, ou autres sûretés.* Faire emploi, c'était consacrer le prix de la constitution à l'acquisition d'un certain héritage, ou au paiement d'une certaine dette, à l'effet de faire subroger le créancier de la rente aux pri-

(1) Cod. **VII.** 39, **7,** de *Præscript.*
(2) Pothier. *Rent. const.,* n° 64.

viléges du vendeur , ou au droits, actions et hypothèques du créancier payé.

On déposait les deniers chez un notaire, pour y rester jusqu'à
l'emploi ; ou bien on les livrait au débi-rentier, à la charge de
remplir cette obligation. Dans ce dernier cas, le créancier avait
la *condictio causâ datâ non secutâ*, pour le cas échéant, assigner le
constituant, et le faire condamner à rapporter l'acte d'emploi
dans un temps très-court, sinon à rendre l'argent qu'il avait
reçu (1).  .

Même solution lorsque le constituant avait reçu les deniers à
la charge de fournir une caution, ou une garantie d'un autre
genre, dans un délai déterminé, et qu'il manquait à sa promesse.

**23.** 4º *La clause par laquelle un héritage que le constituant
hypothéquait pour la sûreté de la rente était déclaré franc de toute autre
hypothèque.*

Si la déclaration de franchise était reconnue fausse et faite
de mauvaise foi, cette clause donnait au créancier l'action dérivant du *Stellionat* pour faire condamner le débiteur, *et par corps*,
à rapporter la décharge de l'hypothèque, sinon à racheter la
rente. Mais le créancier n'avait cette action qu'à la condition de
n'avoir pas connu lui-même les hypothèques frauduleusement
célées ; car s'il les avait connues, il ne pouvait se plaindre de ce
qu'on eut cherché à le tromper, *nemo sciens fallitur ;* bien plus, il
eut été lui-même suspect, n'ayant pas relevé le mensonge du constituant, d'avoir fait insérer cette clause pour se procurer une voie
d'exiger le rachat.

Il n'y avait pas lieu non plus à l'action de *Stellionat*, ni à la
contrainte par corps, lorsque la déclaration fausse du constituant
avait été faite de bonne foi : mais, comme il y avait toujours faute
de sa part à avoir affirmé ce dont il n'était pas certain, et que le
créancier n'avait aliéné ses deniers qu'en vue d'une garantie
hypothécaire complète et d'une hypothèque en premier rang, il
était juste que le créancier conservât, même dans ce cas, le droit

(1) Pothier. n° 67.

d'exiger ou la décharge de l'hypothèque, ou le rachat. Le juge pouvait être, de son côté, plus indulgent, et accorder, eu égard à la bonne foi, quelque délai pour le remboursement.

**24.** 5° *La clause par laquelle le créancier stipulait quelque chose du débiteur pour décharger de l'hypothèque un de ses héritages.*

D'après les principes posés plus haut, une pareille clause ne pouvait intervenir que dans une constitution faite sur un taux moindre que celui de l'ordonnance. — S'il n'en était pas ainsi, le constituant était admis à faire annuler la convention, et, en conséquence, à répéter la somme donnée ; à la charge néanmoins de rétablir l'hypothèque de l'héritage, si l'héritage était encore en sa possession.

Si l'héritage avait été aliéné par lui, il pouvait encore, non plus répéter la somme, mais la compenser avec des arrérages échus ou à échoir, jusqu'à dûe concurrence (1) ; et, dans le cas où il n'était pas échu assez d'arrérages pour que cette compensation pût avoir lieu au moment où il convenait au débiteur de racheter, le créancier était tenu de faire déduction de ce qui s'en manquait sur le principal.

Mais le créancier pouvait valablement recevoir une somme du *tiers détenteur* de l'immeuble hypothéqué pour prix de sa décharge ; de même qu'il le pouvait de la *caution* qu'il aurait libérée de son cautionnement ; pourvu néanmoins que l'abandon de ces garanties lui fit courir un véritable risque de perdre la rente par l'insolvabilité imminente du débiteur. Car alors, et seulement alors, la somme qu'aurait reçue le créancier pouvait être considérée comme le *prix des risques* dont il se chargeait, et dont il déchargeait d'autres personnes qui, sans cela, eussent été tenues de ces risques (2).

II. — PACTES CONCERNANT LES ARRÉRAGES. — Les principaux étaient :

(1) Pothier. *Rent. const.*, n° 76.
(2) Notre Code a décidé tout autrement dans l'art. 1288.

**25**. — 1º *La clause de délégation*, par laquelle le créancier stipulait qu'il serait payé des arrérages de sa rente sur les fermages ou loyers de l'héritage où la rente était assignée.

Cette clause donnait pouvoir au créancier d'exiger des locataires et fermiers de cet héritage les fermages et loyers en paiement de ses arrérages ; et la *signification* qu'il leur faisait de cette délégation équivalait à une *saisie-arrêt* des fermages et loyers en question (1).

**26**. — 2º *La clause de non-retention des dixièmes et vingtièmes.*— Ce qui a été dit des règles du taux a fait comprendre qu'une telle clause ne pouvait intervenir que dans une constitution faite sur un taux moindre que celui de l'ordonnance.

Si donc les sommes à payer par le débiteur pour impositions de ce genre, réunies aux arrérages stipulés de lui, formaient un total supérieur aux arrérages que le créancier avait pu légitimement stipuler, tout ce qui excédait ces derniers était susceptible de retention par le débiteur.

**27**. — 3º *La clause de payer par demi-terme ou d'avance*. — La légitimité de cette clause était contestée dans les constitutions faites au taux légal. «Elle aggrave, disait-on, la condition du débiteur, car on exige de lui quelque chose de plus que l'*apex usurarum*. »

Toutefois, Pothier (nº 85) la déclarait licite en ce que les arrérages étant dûs jour par jour, le débiteur n'avait pas à se plaindre de ce qu'au bout de six mois on lui demandât une demi-année d'arrérages.

Mais il en était bien autrement, ajoutait Pothier, de la clause de *payer chaque année d'avance ;* celle-là eût été vraiment usuraire. Le créancier aurait, en fait, retenu sur le prix de la constitution les arrérages de la première année ; et il eut fallu, pour qu'elle put être acceptée, que les arrérages stipulés ne fussent pas supérieurs à ceux qu'aurait produits au taux légitime, le principal déduction faite d'une annuité de la rente.

(1) Pothier. *Rent. const.*, nº 79.

III. — Pactes concernant le rachat. — **28.** Toutes les clauses tendant à restreindre ou à gêner l'exercice de la faculté de rachat étaient nulles, nous l'avons vu. Celles, au contraire, qui tendaient à le faliciter, étaient valables.

On pouvait stipuler entre autres clauses :

1° *Que le rachat aurait lieu pour une somme moindre que le prix de constitution ;* en observant toutefois, puisqu'il y avait là une libéralité du créancier, les règles relatives à la capacité de donner et de recevoir, à la réduction, au rapport, etc.

On pouvait stipuler encore :

2° *Que le rachat se ferait entre les mains d'une certaine personne aussi valablement qu'en celles du créancier ;*

Ou 3° *Que le rachat pourrait se faire en plusieurs paiements.*

## § 4. — De la nature des rentes constituées, et de leurs arrérages.

**29.** — I. De la Rente. — Depuis l'adoption de la théorie de Dumoulin sur le principe du rachat, la rente constituée, même avec assignat et hypothèque spéciale sur un immeuble, ne fut plus qu'une dette de la personne, un simple droit de créance ; et ne put, en aucun cas, être confondue avec la rente foncière. Le débiteur de la rente en était personnellement tenu sur tous ses biens. Y avait-il clause d'assignat, il était obligé hypothécairement sur le fonds assigné ; mais cette hypothèque n'était que l'accessoire de son obligation. L'héritage assigné périssait-il, l'obligation continuait à subsister ; l'hypothèque était perdue sans doute, mais la perte de l'accessoire n'avait pu entraîner celle du principal.

L'importance qu'elles durent acquérir et la grande place qu'elles tinrent dans les fortunes, valurent aux rentes constituées d'être rendues *immeubles* dans beaucoup de coutumes, en dépit de la maxime : *Actio ad mobile est mobilis.*

Dans les coutumes même où la rente constituée resta meuble, telles que les coutumes de Reims, Blois, Troyes, elle pouvait être grévée de substitution, tout comme les immeubles (1). Les coutumes de Paris et d'Orléans, qui lui donnaient la qualification d'immeuble, et qui faisaient à cet égard le droit commun, se fondaient sur cette raison : « Que la rente constituée n'avait pas pour objet une somme d'argent, le prix d'achat n'étant pas exigible ; mais bien des arrérages exigibles chaque an à perpétuité, jusqu'au rachat, arrérages qui ressemblaient aux revenus annuel et perpétuel que produisent les héritages pour ceux qui en sont propriétaires (2). »

Mais ce qui fit, bien mieux encore qu'un tel raisonnement, la fortune de cette opinion, c'est qu'elle fut suivie par les canonistes.

Ne se rattachant à rien d'immobile et de fixe, les rentes constituées n'avaient *pas de situation* ; c'étaient des droits personnels qui ne pouvaient être régis que par la loi de la personne à qui ils appartenaient. Elles étaient donc réputées meubles ou immeubles, suivant le système adopté par la coutume qui régissait le créancier. C'est, en effet, le créancier, et non le débiteur de la rente, qu'il fallait considérer à cet égard. Car, dit Pothier (n° 115), lorsqu'on demande si les rentes sont un bien meuble ou un bien immeuble, on les considère *comme biens* : or, c'est dans le patrimoine du rentier qu'elles sont un bien.

Si le créancier, d'abord domicilié dans un pays où la rente constituée était immeuble, transférait son domicile dans un pays où elle était meuble ; la rente, immeuble d'abord, devenait mobilière et réciproquement.

Si la rente constituée, appartenant d'abord à une personne régie par une coutume qui la réputait immeuble, passait ensuite à un successeur, soit à titre universel, soit à titre par-

(1) Ordonnance de 1747, titre I, art. 3.
(1) Pothier. n° 112.

ticulier , dont la coutume admettait le principe contraire ; elle devenait meuble, et *vice-versâ* (1).

Une des plus singulières applications de cette théorie était la suivante : Un habitant de Reims ou Blois (où la qualité de meuble était reconnue à la rente constituée) instituait-il pour son *successeur aux meubles* un habitant de Paris ou d'Orléaus (où l'immobilisation était admise) : toutes les rentes constituées du premier entraient dans le patrimoine du second. Mais y entraient-elles à titre de *propres*, ou bien à titre *d'acquets?* Sur ce point, grande controverse. Elles sont propres , disaient les uns, car dans la personne de l'héritier parisien , elles sont *immeubles*, et *immeubles venus de succession.* — Elles sont acquets, disaient les autres, car le propre doit être un *ancien héritage*, c'est-à-dire qu'il doit avoir eu la qualité ·d'immeuble anciennement et avant la transmission, dans la personne du *de cujus.*

Suivant Pothier, qui ne se prononce pas (n° 117), ce dernier avis était celui de Boullenais et de l'annotateur de Lebrun, qui rapporte à son appui un arrêt du 14 mai 1697 , et une sentence des requêtes du 10 avril 1710.

Toutefois, le créancier d'une rente immeuble, qui aurait concédé sur elle une hypothèque, n'aurait pas pu ensuite, eu lui enlevant le caractère immobilier, soit par un changement de domicile, soit par la transmission qu'il en aurait faite à une autre personne, dépouiller ses créanciers de leur droit de suite sur la rente hypothéquée. Ainsi jugea un arrêt de 1687. (2)

· Certaines rentes constituées avaient pourtant une situation, et se trouvaient régies par la coutume du pays où le bureau de paiement était établi, au lieu d'être régies par celle du domicile du créancier. Telles étaient les *rentes sur le Roi.* (3)

La rente constituée, n'étant qu'une créance, même dans les pays d'immobilisation, se *divisait de plein droit* entre les héritiers, soit du créancier, soit du débiteur.

(1) Pothier, *Loc. cit.*, n°° 116, 117.
(2) Pothier. n° 118.
(3) Pothier. *Rent. const.*, n° 189.

Il ne faudrait pas néaumoins conclure de là que chaque héritier du débiteur pût *racheter isolément* sa part héréditaire ; la division produite par le décès du débiteur n'avait pas pour effet de faire d'une rente plusieurs rentes ; et nous verrons plus loin, en parlant de la faculté de rachat, que cette faculté était indivisible.

**30.** — II. Des arrérages. — Les arrérages *étaient dûs chaque jour*, mais ils n'étaient dûs ainsi que sous la condition que le débiteur conserverait l'utilité soit du capital, soit du revenu, pendant tout le cours de l'année dans laquelle ils échéaient ; ils ne pouvaient être exigés, à moins de clause contraire et licite, qu'*après l'année révolue*.

Les arrérages étaient-ils *quérables* ou *portables*? A cet égard, Dumoulin distinguait le cas où le débiteur et le créancier étaient *ejusdem fori*, du cas où ils n'avaient pas un domicile commun : dans le premier, il la déclarait portable à moins de stipulation contraire (1) ; dans le second, il la déclarait quérable.

Les arrérages n'étaient dûs que sous la déduction des impositions extraordinaires établies par le Roi sur le revenu, à moins qu'il n'y eut clause licite de non-rétention ; comme il a été expliqué plus haut. Mais le débiteur n'aurait pu retenir d'autres impositions que celles établies sur la rente même et qu'il avait payées en acquit du crédi-rentier.

Ainsi, les impositions extraordinaires qui auraient été établies sur l'héritage, *objet de l'assignat* (2), restaient à la charge du débiteur.

**31.** Les arrérages étaient soumis à *deux sortes de prescriptions.*

(1) *Tract. de usur., quœst.* 9.

(2) Telles étaient les impositions extraordinaires établies sur tous les héritages d'une paroisse pour les réparations de l'église ou du presbytère, ou sur les héritages voisins d'un grand chemin pour la refection de ce chemin. — Nous aurons occasion de voir que le créancier d'une rente foncière devait contribuer avec le débiteur de cette rente au paiement de telles impositions, mais il y avait pour ce, des motifs qui n'étaient pas applicables au créancier d'une rente constituée.

La première (qui s'appliquait aussi aux arrérages des autres rentes) consistait en ce que les *quittances de trois années consécutives* d'arrérages formaient une présomption de paiement des annuités précédentes, une fin de non-recevoir contre la demande que le créancier aurait faite de celles-ci.

La seconde consistait en ce que, si le créancier laissait *accumuler plus de cinq années* d'arrérages, il ne pouvait plus exiger que les cinq dernières, et devait être débouté de la demande du surplus, *sans même que le débiteur eut besoin d'invoquer cette présomption* (1). Cette seconde prescription procédait d'une ordonnance de Louis XII. de l'an 1510, où il est dit ; « Qu'il arrivait souvent que les créanciers de ces rentes, après avoir laissé accumuler beaucoup d'arrérages, qui excédaient le capital, faisaient vendre, pour en avoir le paiement, les biens de leurs débiteurs, qu'ils réduisaient ainsi à la mendicité. »

L'ordonnance avait soin d'ajouter que la « prescription ne s'appliquait pas aux rentes *foncières* » (2).

**32.** Mais la question pouvait être posée (et elle le fut) de savoir si la prescription devait s'appliquer aux rentes *constituées pour prix d'un héritage* (3).

On disait, pour les soustraire à tant de rigueur ; que la constitution de rente pour prix d'un héritage n'était pas un contrat odieux comme ceux qu'avait voulu restreindre l'ordonnance ; qu'une pareille constitution était favorable et n'était jamais nuisible au constituant, puisque s'il n'eut pas constitué la rente, il aurait dû les intérêts du prix dès son entrée en jouissance, intérêts qui n'étaient pas sujets à la courte prescription de cinq ans ; que l'acheteur à la faveur d'une telle prescription, pourrait avoir tout à la fois la jouissance de l'héritage, et celle du prix qu'il n'avait pas encore payé.

(1) Pothier. *Rent. const.*, n° 133.

(2) Pothier. *Loc. cit.*

(3) Nous avons déjà vu que les rentes constituées ainsi pouvaient établir sous la condition favorable au créancier, qu'elles seraient rachetées au bout d'un certain temps.

Mais Pothier (138) rapporte qu'un arrêt du 13 juin 1679 refusa de faire à la règle de l'ordonnance aucune autre exception que celle faite par l'ordonnance elle-même en faveur des rentes foncières ; et que cette jurisprudence fut toujours suivie au Châtelet d'Orléans. Il ajoute néanmoins « que la question souffrait grande difficulté. »

La prescription quinquennale des arrérages avait lieu, même contre les incapables, les successions vacantes, l'Eglise, les communautés, les hôpitaux, etc. Sauf leur recours contre ceux qui auraient dû faire les diligences pour l'interrompre (1).

**33.** — III. — Dans le doute sur la nature d'une rente, devait-on la présumer constituée a purs deniers et rachetable ? — Dumoulin soutenait que le créancier, lorsque l'on ignorait la nature de la rente, ne devait pas être obligé d'en souffrir le rachat. Les arguments étaient :

1º Que la rente constituée étant la seule rachetable parmi les nombreuses rentes connues alors (telles que les rentes créées par bail d'héritage, ou pour retour de partage et d'échange, ou pour cause de donation, de legs, de dot, lesquelles ne comportaient point la faculté de rachat), il n'y avait pas la lieu de présumer que la rente dont le débiteur offrait le rachat appartint à la première espèce plutôt qu'à toutes les autres.

2º C'était au débiteur, qui voulait faire accepter le rachat, de prouver le fondement de sa prétention, en vertu de la règle ; *ei qui dicit incumbit probatio.*

3º Personne, de droit commun, n'étant obligé de se défaire de ce qui lui appartient, le créancier à qui appartenait la rente ne pouvait être obligé de l'aliéner que si l'on justifiait qu'elle était rachetable.

Néanmoins, dit Pothier (nº 166) le sentiment contraire prévalut dans la jurisprudence, qui en donna les raisons suivantes :

(1) Pothier. *Loc. cit.*, 139.

1° Dans le doute sur la nature d'un droit, on doit le réputer de la nature la moins onéreuse pour le débiteur, et qui tend le plus à sa libération : *Semper in obscuris quod minimum est sequimuro* (1) *Propensiores esse debemus ad liberationem* (2).

2° Les rentes constituées à prix d'argent sont les plus communes; la présomption doit être pour elles.

3° Les créanciers n'auraient qu'à cacher les titres de leurs rentes pour mettre les débiteurs dans l'impossibilité d'exercer leur droit de rachat, faute de pouvoir établir que la rente est constituée, ces derniers n'ayant pas les titres qui les justifient, et ignorant souvent, lorsque la rente est ancienne, où ils ont été passés

4° Quand même le créancier serait de bonne foi, il doit s'imputer à faute de n'avoir point les titres : le débiteur n'en doit point souffrir.

La rente dont on ignorait la nature était donc rachetable ; telle est du moins l'opinion qui triompha. Mais sur quel pied devait alors se faire le rachat ? — On déterminait le prix du rachat en établissant la plus ancienne existence connue de la reute, et en recherchant le taux qui avait lieu à cette époque, ce dernier était le taux présumé de la constitution; ce devait être aussi le taux du rachat.

## § 5. — Comment s'établissait le droit de rente constituée.

**34.** L'existence de la rente constituée pouvait résulter d'autres faits que la représentation du titre primordial. A défaut de celui-ci les actes récognitifs pouvaient constituer au moyen de preuve.

Ici, comme en matière d'obligations ordinaires, Pothier distinguait, d'après Dumoulin, deux sortes de reconnaissances : les

(1) L. 9. D. *De reg. jur.*
(2) L. 47. D. *De Obl. et act.*

reconnaisances *ex certâ scientiâ*, appelées aussi *in formâ speciali et dispositivâ*, où la teneur de l'acte primordial était reproduite ; et les reconnaissances *in formâ communi*, dans lesquelles on se chargeait et on se reconnaissait débiteur d'une rente déjà constituée, mais sans reproduire la teneur du contrat de constitution.

Les premières faisaient foi de leur contenu par elles-mêmes. Les secondes ne suffisaient point pour obliger leur auteur à la prestation de la rente, lorsqu'il n'y en avait qu'une seule ; il en allait ; pour suppléer le titre primordial, *trois* ou un plus grand nombre passées par des personnes qui s'étaient succédé l'une à l'autre. *Deux* auraient pu cependant suffire, d'après Pothier, selon les circonstances ; surtout lorsqu'étant passées à un temps éloigné l'une de l'autre elles établissaient une possession de 30 ans.

**35.** Dumoulin enseignait encore et Pothier le dit après lui (n° 157), que le droit de rente s'établissait quelque fois même au pétitoire *sans le titre primitif*, et sans aucune déclaration d'hypothèques, par le rapport de simples actes de la prestation des arrérages ; et il distinguait trois cas :

1° *Si la prestation des arrérages avait duré dix ans et plus*, sans doute elle ne faisait pas acquérir le droit de rente : mais elle établissait, en faveur de l'*accipiens*, une présomption que le *solvens* devait renverser par la preuve contraire, pour refuser le service de la rente.

2° Si la prestation des arrérages avait eu lieu *pendant trente ans et plus*, elle formait, non plus une simple présomption *juris tantum*, mais une présomption *juris et de jure*, un droit de prescription produisant la propriété. Dans ces deux premiers cas, il fallait que les quittances produites par l'*accipiens* fussent *causatæ tanquâm de reditu perpetuo*, c'est-à-dire portassent « que la somme avait été payée pour arrérages d'une rente perpétuelle. »

3° Si la prestation des arrérages avait duré *cent ans et plus*, non-seulement elle formait prescription comme la prestation trentenaire ; mais encore cet effet n'était point subordonné à la teneur des quittances, qui n'avaient plus besoin d'être *causatæ*, il suffisait qu'elles fussent *uniformes*.

Mais ce n'est pas ici le siége de la matière des Preuves et des Présomptions. Cette matière rentre bien plutôt dans un *traité des obligations en général*. C'est là que l'on doit chercher des explications plus étendues, dont la longueur nous égarerait hors des limites où nous devons nous renfermer.

### § 6. — De quelles manières s'éteignait la rente constituée, et spécialement du rachat.

**36.** La rente constituée s'éteignait d'abord par divers modes qui lui étaient communs avec les autres obligations, savoir : la *remise* faite par le créancier, la *novation*, la *confusion*, les *prescriptions* de trente et quarante ans, et enfin par un mode spécial et le plus naturel de tous, le Rachat, dont nous ne pouvons laisser dans l'ombre les particularités.

A un point de vue, le rachat n'est autre chose qu'un paiement. Il n'était pas dû, c'est vrai, puisqu'il n'était pas exigible ; mais, comme le paiement, il libérait d'une obligation et opérait l'extinction d'une dette. Comme le paiement, il ne pouvait être fait que par certaines personnes, et qu'à certaines personnes. Il s'effectuait par les mêmes moyens que le paiement : et l'on pourrait presque renvoyer pour la théorie de l'un à celle de l'autre. Mais, comme nous l'avons dit, le rachat tenait certains traits spéciaux de la nature des rentes constitués.

**37.** — I. PAR QUI LE RACHAT POUVAIT ÊTRE FAIT.— La rente pouvait être rachetée, non-seulement par le débiteur ou par ses héritiers ; non-seulement par ceux qui étaient *tenus avec lui ou pour lui*, comme la caution ou le tiers détenteur de l'immeuble hypothéqué à la rente ; mais encore par toute personne *ayant intérêt* à ce que le rachat eut lieu. Entrons dans quelques détails.

Pour le *débiteur et ses héritiers*, il n'est pas besoin d'explication, le rachat était essentiel dans le contrat de constitution, il était imprescriptible, ils n'avaient pu y renoncer.

Pour la *caution* et le *tiers-détenteur*, leur droit de racheter venait de ce que la faculté de rachat était inséparable de l'obligation de rente constituée, et appartenait à tous ceux qui, à un titre quelconque, pouvaient être tenus de cette obligation. Le créancier était obligé de les *subroger* à tous ses droits, s'ils le requéraient, et devait leur remettre la grosse de son contrat.

Passons à ceux qui *avaient intérêt* au rachat :

C'était d'abord le *créancier hypothécaire postérieur* en hypothèque au créancier de la rente, lorsque les actes de ce dernier pouvaient nuire à ses droits, et qu'il pouvait lui être avantageux de se faire subroger à la première hypothèque pour assurer la sienne. Plus favorisé en cela que ne l'étaient et la caution et le tiers-détenteur, lesquels devaient requérir la subrogation, (1) ce créancier hypothécaire, s'il opérait ce rachat, était *subrogé de plein droit*. La raison en était, dit Pothier, que ce créancier n'étant aucunement tenu de la rente, ne pouvait avoir fait le rachat que dans l'unique intention d'être subrogé à une hypothèque qui faisait obstacle à la sienne.

Mais le crédi-rentier lui-même, ayant hypothèque en premier rang, pouvait avoir intérêt à rembourser un second crédirentier auquel le débiteur commun aurait concédé sur l'immeuble déjà affecté à la rente une hypothèque en second ordre. Il pouvait offrir au crédi-rentier postérieur de lui racheter sa rente en l'acquit du débiteur commun. Et il pouvait faire cette offre, alors même que le créancier postérieur n'avait fait de son côté aucune offre de le rembourser lui-même. Le droit de mettre le crédirentier postérieur *hors d'intérêt* se justifiait assez pour le premier crédi-rentier, par cette considération, que le second avait le pouvoir, en vertu de son hypothèque, de faire saisir l'héritage du débiteur, et d'arriver par là à consommer en frais le gage commun.

(1) Pothier. *Rent. const.*, n° 177. Cette différence n'existe plus sous le Code civil. Voy. *art.* 1251.

Quant aux autres personnes *étrangères* et non intéressées au rachat, elles pouvaient bien, en cas de poursuites dirigées contre le débiteur de la rente, offrir les arrérages qui faisaient l'objet des poursuites, et obliger le créancier à les recevoir; mais elles ne pouvaient pas l'obliger à recevoir le rachat, à moins qu'elles ne voulussent l'effectuer pour en décharger le débiteur et éteindre la rente, sans prétendre la faire revivre à leur profit. (1)

Le créaucier *chirographaire* du débiteur de la rente, ne différait pas, à cet égard, des autres personnes étrangères, il n'avait pas, comme le créancier hypothécaire, l'intérêt de conserver sa garantie, *ut confirmet suum pignus,* il ne pouvait ni offrir le rachat, ni se faire subroger.

**38.** — II. A QUI LE RACHAT POUVAIT ÊTRE FAIT. — Le rachat devrait être fait au créancier même de la rente, s'il avait la libre disposition de ses biens. Si c'était un mineur ou un interdit, à son tuteur ou son curateur. Si c'était une femme mariée, soit à elle-même avec l'autorisation de son mari, soit au mari, suivant les cas. Les rentes dûes à des communautés, fabriques, hôpitaux, etc., se rachetaient aux administrateurs de ces corps.

S'il y avait un usufruitier de la rente, il devait être appelé au remboursement; sans quoi le débiteur eut continué d'être tenu de la rente envers lui pour toute la durée de l'usufruit, sauf son recours contre le propriétaire de la rente. — De même, le remboursement ne pouvait se faire au préjudice d'une saisie-arrêt. (2)

**39.** — III. DE L'INDIVISIBILITÉ DU RACHAT. — Dumoulin, (3) comprenait parmi les diverses espèces d'indivisibilité celle de la faculté de rachat.

Sans doute l'obligation des arrérages était susceptible de division comme une dette ordinaire; mais il n'en était pas de même du rachat. Cela tenait, dit Dumoulin, à ce que le rachat n'était

(1) Pothier. *Loc. cit.,* n° 179.

(2) Pothier. *Cont. de const.,* 190.

(3) *Tract. de divid. et individ.,* partie 3, n° 23.

pas *in obligatione*, comme les arrérages, mais bien *in facultate solutionis et redemptionis*. La division de l'obligation de la rente n'empêchait pas cette rente de conserver sa nature et les qualités qui
résultaient de sa constitution. Elle avait été créée sous la condition
qu'elle ne serait rachetable que moyennant le remboursement
total du prix de constitution : le rachat n'eut été d'ailleurs que la
résolution du contrat de constitution, et la remise des choses dans
l'état où elles se trouvaient avant le contrat. Or, qu'avait à ce
moment le créancier? Le prix entier de la rente. C'est donc une
somme entière qu'il fallait lui rendre, et non une somme divisée.

Puis enfin, il n'y avait pas plusieurs rentes parce qu'il y avait
plusieurs débiteurs de la rente. Il n'y en avait toujours qu'une,
dont chacun des codébiteurs était tenu pour sa part.

Il fallait pourtant raisonner différemment, dans le cas où le
créancier unique de la rente laissait plusieurs héritiers. Chacun
d'eux n'ayant succédé qu'à une part de la rente, n'avait aucun
intérêt à ce qu'elle fut rachetée en entier ; et, dès qu'on lui offrait
le rachat de sa part, il n'avait pas à exiger qu'on lui offrit aussi
le rachat de la part de ses cohéritiers. Il n'aurait pu forcer le débiteur à racheter la rente entière que s'il fut devenu propriétaire du
tout en acquérant les parts de ses cohéritiers (1).

Et même on rencontrait un cas où, quoi qu'il eut plusieurs
successeurs du débiteur, il y avait lieu à un remboursement partiel. C'était le cas où le principal devenait exigible par le fait de
l'un d'eux, *ex accidenti*, comme par sa faillite. Le principal n'était
alors exigible que pour la part afférente au failli dans la rente.
Quant aux autres parts, elles restaient inexigibles, car c'était seulement la faculté qu'avait le débiteur de racheter qui était indivisible : l'obligation de la rente, tant en arrérages qu'en principal, lorsqu'elle devenait exigible, devenait par cela même une
obligation divisible comme toutes les autres obligations qui ont
pour objet une somme d'argent (2).

(1) Pothier. *Rent. const.*, n° 191. Et aussi *Trait. des obl.* Part. 2, ch. 4.
art. 2, § 5.
(2) Pothier. *Rent. const.*, 192.

**40.** — IV. — DE CE QUI DEVAIT ÊTRE REMBOURSÉ. — Le débiteur de la rente n'était recevable au rachat, qu'en payant avec le principal, tous les arrérages qui étaient dûs, et qui avaient couru jusqu'au jour du rachat. L'imputation de ce qui avait été payé se faisait d'abord sur les arrérages, conformément aux règles établies pour les intérêts, lorsqu'il était permis d'en stipuler.

Quand une rente était constituée *par don et legs*, et que le testateur en ordonnait le remboursement, il était bon, de sa part, de déterminer le capital du rachat. A défaut de cette indication, le donataire ou légataire de la rente ne pouvait exiger pour le remboursement rien au delà du capital que représentaient les arrérages multipliés par le chiffre du denier légal. De même le débiteur de la rente donnée ou léguée ne pouvait rien offrir au dessous de ce taux.

**41.** — V. — DES DIFFÉRENTES ESPÈCES DE RACHAT. — Pothier distinguait trois espèces de rachat :

1º *Le remboursement ou paiement réel du principal.*

2º *La consignation après les offres,* lorsque le créancier avait refusé de les recevoir.

3º *Le rachat par compensation.*

Les deux premiers modes avaient des règles parfaitement semblables à celles des deux modes analogues de paiement (1).

Le troisième offrait quelques singularités.

En effet, dans cette matière la *compensation* ne pouvait pas avoir lieu de plein droit, à l'instant, *ex hoc ipso,* ainsi qu'elle a lieu dans les obligations. Car si l'on supposait que le débiteur de la rente fut devenu créancier du crédi-rentier pour une somme liquide exigible, ce n'était pas assez : il eût fallu autre chose ; il eût fallu que le principal, c'est-à-dire la somme à payer pour le

(1) Pothier. Nº 203.

rachat, fut exigible aussi. Or, quand le principal devenait-il exigible ? Il ne le devenait que tout autant qu'il plaisait au débiteur de racheter la rente. La compensation se trouvait donc subordonnée à la volonté du débiteur de la rente, et à la déclaration qu'il devait faire de son intention de racheter et de compenser le principal avec la somme qui lui était due. Jusqu'à cette déclaration, les arrérages de la rente couraient toujours.

Une seconde particularité de la compensation appliquée à une rente constituée, c'est que dans les obligations ordinaires il n'était nécessaire pour que la compensation eût lieu, que les deux sommes liquides et exigibles fussent égales ; tandis que, étant données une rente et une somme d'argent due par le rentier au débiteur de cette rente, et la somme en question étant plus petite que le capital à payer pour le rachat de la rente, permettre la compensation, c'eût été imposer au rentier un rachat partiel. Il fallait donc, pour qu'une rente constituée pût entrer en compensation avec une dette ordinaire, que le montant de celle-ci fut ou supérieur, ou au moins égal, à la somme qui devait être comptée pour le rachat.

Si le crédi-rentier devenait à son tour débiteur d'un autre principal de rente envers le débi-rentier, celui-ci ne pourrait invoquer la compensation que tout autant que le premier aurait déjà offert le rachat de la rente dont il est débiteur. Le rachat n'étant pas exigible, il n'y aurait pas, sans cette offre, de compensation possible.

# CHAPITRE DEUXIÈME

## Droit intermédiaire.

**42.** Nous devons maintenant jeter un coup d'œil sur la législation intermédiaire ; sans doute les lois de cette époque de transition n'eurent guère à s'occuper de la rente constituée ; sans doute les changements qu'elles y apportèrent furent minimes ; mais le décret de la Constituante en date du 2 octobre 1789 exerça sur ses destinées une influence directe. Cette loi permit le prêt à intérêt à 5 pour cent. Dès lors il n'y eut plus de placements de fonds en rentes constituées le prêt qui admettait l'exigiblté du capital était beaucoup plus avantageux pour ceux qui avaient de l'argent à placer.

Après ce décret, vint la loi du 11 avril 1793 qui laissait au prêteur une liberté absolue pour fixer le taux de l'intérêt de façon que la rente constituée ne perdit pas seulement sa première et principale raison d'être, son utilité au point de vue de la circulation du numéraire, mais encore elle offrait, avec ses règles sévères contre l'usure, avec ses arrérages, avec l'inexigibilité de son capital, un contraste désavantageux pour elle avec le prêt, bien moins de commodité et bien plus de lenteur dans les rapports d'affaires, un encouragement moindre à l'essort de l'argent et un appât bien plus faible à l'ambition des capitalistes.

Mais on peut se demander si cette liberté des taux de l'intérêt put s'appliquer aux arrérages des rentes constituées sous l'empire de la législation intermédiaire. Nous ne savons pas si en pratique cette question s'est posée, mais nous croyons qu'en tous cas elle eut dû se résoudre par l'affirmative : Si dans l'ancien droit le taux de la rente était fixé par la loi, c'était par crainte de l'usure. Cette crainte a disparu puisque le législateur permet le prêt à intérêt à un taux illimité, dès lors, il n'y a plus de raison pour limiter le taux des rentes constituées.

Du reste, la loi révolutionnaire qui déclarait illimité le taux de l'intérêt avait eue pour cause unique la crise financière du moment, le besoin de rappeler les capitaux par l'attrait d'une production sans bornes, et le principe qu'elle avait posé devait à tort ou à raison disparaître avec les circonstances difficiles qui l'avaient enfantée, avec le retour de l'ordre et du calme, avec l'apparition d'idées économiques nouvelles.

**43**. Jusqu'ici nous avons vu l'influence que la législation intermédiaire avait eu sur la rente constituée tout en s'occupant du prêt à intérêt. Voyons maintenant les quelques actes législatifs qui s'occupèrent directement de la rente.

Dans l'ancien droit le rachat était indivisible, la loi du 20 août 1792 statua dans son article 2 que toutes les rentes indistinctement pourront se racheter divisément « les co-débiteurs solidaires de cens ou de redevances annuelles fixes, même de rentes foncières, pourront racheter divisément leur portion contributière des dites redevances, rentes et droits fixes, en se conformant à ce qui sera prescrit par les articles suivants, sans que, sous prétexte de solidarité, ils pussent être contraints de rembourser au delà de leur quote-part. » Il ressort de cette loi, que les rentes constituées pourront être rachetées divisément.

La loi du 1er floréal an III (section 3, art. 28), décide que les rentes constituées perpétuelles seront liquidées au denier vingt du capital des revenus effectifs, sans aucune déduction pour les contributions publiques. Avant cette loi, le débiteur qui voulait racheter, devait, on se le rappelle, rembourser le capital, c'est-à-dire, le prix qui avait été payé par le créancier pour acquérir la rente. Lorsque la rente avait été constituée avec clause de non retenue des contributions publiques, elle n'avait pu être constituée au denier vingt, par conséquent, le remboursement ne se faisait pas sur le pied d'un capital correspondant aux arrérages multipliés par le denier vingt. La loi du 1er floréal introduisait donc un droit nouveau, en établissant que le rachat se fera au denier vingt du capital des revenus effectifs, sans aucune déduction pour les contributions publiques.

Sous les coutumes, la rente constituée était généralemnt considérée comme immeuble, elle pouvait, par conséquent, être hypothéquée. La loi du 11 frimaire an VII, article 7 porte : « Les rentes constituées, les rentes foncières et autres prestations que la loi a déclarées rachetables, ne pourront plus à l'avenir être frappées d'hypothèques » Ainsi, d'après la loi de frimaire, la rente constituée n'est plus susceptible d'hypothèque.

**44.** La loi du 17 juillet 1793 abolit les rentes seigneuriales. Une rente constituée à prix d'argent peut-elle être réputée rente seigneuriale et abolie comme telle, sous prétexte que par le titre qui la crée, le créancier s'est réservé un droit féodal ?

Un jugement du tribunal civil de Valogne, du 10 juin 1809, confirmé en appel par la Cour de Caen, déclara abolie une . telle rente comme mélangée de droits féodaux ; mais la Cour de Cassation annula l'arrêt de la Cour de Caen, se fondant sur les motifs suivants : La rente dont il s'agit a été constituée à prix d'argent, moyennant un capital ; une rente de cette espèce est essentiellement différente de la rente foncière qui, sous l'ancien droit, n'était pas rachetable de sa nature. Or, la loi du 17 juillet 1793, ainsi que toutes les lois abolitives du régime féodal n'ont entendu supprimer que les rentes ou redevances foncières, qui lors de leur établissement étaient mélangées de droits féodaux ou censuels ; cette suppression ne s'étend pas aux rentes constituées. Le Conseil d'Etat a reconnu et adopté cette distinction par son avis du 29 vendémiaire an XII, approuvé le 25 brumaire suivant et confirmé par la loi du 25 ventôse de la même année (art. 54) (1).

(1) Merlin. Rep. de Jur., v° , *Rente constituée.*

# CHAPITRE TROISIÈME

## Droit actuel.

**45.** Nous avons insisté à dessein sur le contrat de constitution de rente dans l'ancien droit, nous proposant de mettre cette législation en regard de celle du Code, notre tache sera maintenant plus facile à remplir, car il est moins long de dire ce que le Code a modifié dans le contrat dont nous nous occupons que de répéter tout ce qu'il a maintenu.

Les rédacteurs du Code trouvèrent donc le contrat de constitution de rente abandonné dans la pratique. Ils l'ont maintenu en y apportant quelques légères modifications que nous signalerons bientôt. Aujourd'hui, à défaut de son utilité primitive pour les particuliers, la rente constituée a l'avantage d'offrir au crédit de l'Etat des ressources bien préférables à celles de l'emprunt.

Ce qu'il faut le plus remarquer dans la législation du Code civil à l'égard du contrat de constitution de rente, c'est que la matière de ce contrat s'y trouve placée sous la rubrique du prêt à intérêt. Nous croyons qu'il est important de se former une idée nette et précise de la portée et des conséquences de ce classement.

**46.** Il ne signifie pas, selon nous, qu'il était été rien changé à l'ancienne manière de constituer et d'acquérir la rente. Il ne signifie pas que le contrat de constitution de rente ait perdu aujourd'hui les caractères qu'il empruntait dans l'ancien droit au contrat de vente. Sans doute beaucoup d'écrivains et surtout ceux qui, d'après Pothier, font de la constitution de rente un contrat *réel* et *unila-*

*téral,* voient dans le rapprochement que fait le Code, la confirmation et le triomphe de leur idée. Mais nous, qui nous passionnons un peu moins pour la rubrique, qui avons cru, d'ailleurs, devoir adopter d'autres principes à ce sujet, nous devons aussi penser que le législateur moderne a voulu simplement, en réunissant la constitution de rente au prêt, constater avec impartialité des ressemblances qui, du reste, n'ont plus rien d'inquiétant. A quoi bon, en effet, dissimuler aujourd'hui, qu'il y a des points de ressemblance entre le contrat de rente et le prêt à intérêt ? Tous deux sont permis maintenant, le Code a pu et a voulu faire aveu de leurs rapports intimes, aveu que l'on ne pouvait se permettre autrefois. Anciennement, on était forcé de dire que le contrat de rente constituée n'avait rien de commun avec le prêt ; que c'était une vente et rien qu'une vente. Aujourd'hui, le Code ne répète pas : « C'est une vente ». A quoi bon répéter un détail que personne ne doit avoir perdu de vue ? Il ajoute seulement : « C'est une vente qui présente plusieurs traits communs avec le prêt à intérêt » et il place ce contrat sous la rubrique du prêt.

Quels sont les points communs dont nous parlons ?

C'est que la rente, comme le prêt, rend l'argent frugifère ; les arrérages sont de véritables intérêts (et encore l'art. 1155 C. civ. établit-il entre eux une notable différence) ; le taux légal de la rente est le même que le taux légal du prêt (1), l'usure est également exclue de l'une et de l'autre de ces contrats ; dans tous deux le remboursement sera fait du capital aliéné par le créancier, et de rien au delà ; le remboursement opère extinction de la dette des intérêts aussi bien que la dette des arrérages.

En dehors de ces traits communs existant déjà et sous le rapport du mode de contracter, le Code a-t-il voulu rien ajouter aux ressemblances de la rente constituée et du prêt à intérêt ? Nous ne le pensons pas. Aussi, dirons-nous, que le contrat de constitution de rente n'a point varié, pas plus que n'ont varié ses formes ; que

_______

(1) Le taux légal des rentes constituées par l'Etat a été modifié par décret du 16 mars 1852.

ce contrat, d'après nous, consensuel et bilatéral autrefois, n'a jamais cessé d'avoir ces deux qualités, de même que le contrat n'a pas perdu le caractère particulier qui rend inexigible le capital de la rente constituée.

Pourquoi donc vouloir faire du contrat de constitution de rente un contrat réel ? Parce qu'il est qualifié prêt par l'art. 1909, et que le prêt est contrat réel. Si, dans l'article 1909, on veut voir une définition précise de la rente, rapprochons en l'art. 1892, qui nous donne la définition du prêt de consommation : Le prêt de consommation, dit cet article, est un contrat par lequel l'une des parties livre à l'autre une certaine quantité de choses qui se consomment par l'usage à la charge par cette dernière de lui en *rendre* autant de même espèce et qualité. » Ainsi, le prêt consiste d'une part à livrer, de l'autre à rendre. Cette définition peut-elle s'appliquer au contrat de constitution de rente. Evidemment non. Il ne faut donc pas voir dans l'art. 1909 une définition de la rente constituée cet article signifie seulement que les arrérages de la rente constituée sont soumis aux mêmes règles que les intérêts du prêt et que la rente constituée est comme le prêt destiné à faire fructifier les capitaux. Tel est l'article 1909. Les articles 1911 et 1919 nous montrent encore que les rédacteurs du Code considèrent la constitution de rente comme une vente ; car ils parlent du rachat, s'il n'y a pas vente il ne peut y avoir rachat ; s'il y a vente, le contrat est consensuel. M. Troplong admet bien que c'est une vente, mais suivant lui cette vente diffère des ventes ordinaires. Elle n'est point parfaite par le consentement des parties. C'est le système de Pothier, système que nous croyons avoir suffisamment combattu antérieurement.

Faut-il puiser dans le langage usuel une dernière preuve de ce que nous avançons. Nos rentes sur l'Etat ne sont autre chose que des rentes constituées ; or, lorsqu'un particulier veut devenir créancier de l'Etat, comment nomme-t-on l'opération à laquelle il veut se livrer ? Dit-on qu'il prête ? Non, on dit qu'il achète la rente.

Cette distinction est venue et restée dans les mots parcequ'elle était dans les choses.

En somme, les arguments qui nous ont déterminée lorsque nous étudions le contrat de l ancien droit subsistent et nous déterminent encore aujourd'hui. (1) Nous ne songeons pas à nier que le prêt soit un contrat réel comme l'était le *Mutuum* à Rome, mais ce n'est pas une raison pour nous d'admettre que le contrat de constitution de rente soit devenu tel.

Quant à notre seconde conviction « que le contrat de constitution de rente est synallagmatique», nous pouvons à l'appui des raisons précédemment données appeler certains aveux précieux des adversaires de notre système.

Voici par exemple M. Troplong (Prêt N⁰ 472) qui, expliquant les articles 1912 et 1913 cod. civ. et voulant les justifier, nous les montre comme une double application du principe de la résolution tacite posé dans l'article 1184 cod. civ., mais embarras nait de ce que l'article 1184 n'a été fait, dans ses termes mêmes, que pour les contrats *synallagmatiques*. M. Troplong, pour concilier l'explication qu'il donne de la *commise* avec son idée, que le contrat de constitution de rente est *unilatéral*, se voit obligé de dénaturer le texte de l'article 1184; d'en effacer, pour ainsi dire, le mot « *synallagmatique* », de recourir à une série de raisonnements basés sur l'équité, le bon sens et la bonne foi, de donner une explication historique de l'article 1184, comme s'il n'eut pas été plus simple de dire : oui, la commise des articles 1912 et 1913 dérive de l'article 1184, mais cela tient à ce que le contrat de constitution de rente est synallagmatique.

Il existe encore en faveur de notre opinion un argument que nous ne donnons que pour la forme, considérant du reste notre thèse comme suffisamment prouvée par les explications précédentes. Cet argument est celui-ci : Nos adversaires ne sont-ils pas d'ailleurs obligés de reconnaître que le prêt lui-même, à un point de vue du moins, est bilatéral, puisqu'on trouve au Code

(1) Voyez code civil, art. 1652-2°

une section (articles 1888 à 1891) intitulée des *Obligations du préteur?* Si faible que soit cet argument, il existe, et il existe surtout pour ceux-là qui veulent à tout prix et en tous points assimiler la rente constituée au prêt.

Nous ne nous dissimulons pas qu'en soutenant cette double théorie, nous venons nous heurter contre des auteurs nombreux et justement estimés, mais notre faiblesse et notre obscurité nous rassurent. Si les idées opposées à notre théorie sont définitivement acquises à la science, ce n'est pas notre conviction ou notre illusion qui pourront les renverser.

Il faut, au contraire, s'empresser de reconnaître que des articles 1905 et 1909 combinés résulte ce principe nouveau « que le capital de constitution peut consister soit en argent, soit en denrées ou autres choses mobilières. » Le Code par là même a donné une solution à la controverse rapportée plus haut entre Dumoulin et Pothier, sur le point de savoir, si les marchands pouvaient se faire constituer une rente pour prix des marchandises vendues.

Si le capital de constitution était un immeuble on retomberait sous l'application de l'article 530 du Code civil, dont nous nous occuperons nécessairement en traitant de la rente foncière.

**47.** Dans l'ancien droit nous avons vu la faculté de rachat placée si haut que l'on regardait comme nulles toutes les clauses qui tendaient d'une façon plus ou moins directe à la restreindre ou à la géner. Le Code se montre moins rigoureux à l'égard du rentier, et l'article 1911 permet de stipuler « que le créancier sera prévenu du rachat à un certain terme d'avance » ou « que le rachat n'aura pas lieu pendant un certain délai, lequel toutefois, ne peut excéder dix ans. » La condition qui enchaînerait la liberté du débiteur au-delà de dix années ne serait pas nulle, elle devrait seulement être réduite à ce maximum invariable (1).

Si la convention portait que la rente ne serait rachetable en aucun temps, il ne faudrait pas annuler le contrat comme le faisait

(1) Troplong. *Prêt*, n° 438. — Arg. de 1660. C. civ.

Pothier, mais la clause prohibant le rachat serait annulée (arg. de l'art. 530). Peut-être pourrait-on dire par argument d'analogie de l'article 1660 que la clause sera valable pour dix ans. De ce que la faculté de rachat est, de nos jours, comme autrefois essentielle et imprescriptible, il ne faut pas conclure, que si le débiteur a stipulé la faculté de rembourser en plusieurs paiements, ce dernier droit ne soit pas sujet à prescription. Il procède, lui, non plus de la loi et de l'intérêt public, mais d'une simple convention qui ne saurait avoir plus de durée que toute autre obligation ou action résultant d'un contrat.

La clause qui fixerait un chiffre de rachat, supérieur au chiffre de la constitution, serait nulle comme usuraire ; mais il ne semble pas exact de dire, comme le fait M. Mourlon (1), que le rachat ne peut se faire que sur le pied du taux légal, car si une rente a été constituée au-dessous du taux légal, par exemple à quatre pour cent, nous ne voyons pas pourquoi on ne pourrait pas convenir que le rachat se fera sur le même pied et non pas à cinq pour cent.

**48**. Les articles 1912 et 1913 nous présentent la théorie actuelle de la résolution du contrat de constitution de rente, de ce que l'on appelait autrefois la *conversion de la rente en obligation pure et simple* et qu'on nomme aussi la *commise*.

Cette résolution se produit dans trois circonstances :

1o Si le débiteur cesse de remplir ses obligations pendant deux années consécutives (art. 1912, 1o) ;

2o S'il ne fournit pas les sûretés promises au créancier. (Art. 1912 2o) ;

3o S'il tombe en faillite ou en déconfiture. (Art. 1913).

Nous les examinerons successivement.

**49**. En introduisant la *résolution pour défaut de paiement des arrérages pendant deux années*, le Code, on le voit, a fait passer dans la loi ce que les canonistes avaient toujours repoussé, ce

(1) Mourlon. *Répétitions écrites*, Tome 3, p. 400.

que l'ordonnance de 1629, art. 149 s'efforçait d'interdire, mais ce qui pénétrait sous forme de clause, en France, dans la plupart des contrats de constitution de rente. Quelques questions ont été soulevées sur l'application de l'article 1912 — 1°

Voyons d'abord quel sera le point de départ des deux années. Un arrêt de la cour de Caen du 26 juillet 1820 a jugé que c'était deux ans à partir de la première échéance d'arrérages. Le débiteur a pour obligation de payer des arrérages ; quand aura-t-il manqué de remplir son obligation ? lorsque les arrérages seront échus. C'est donc à partir de ce moment de l'échéance qu'il faut calculer les deux années. L'arrêt de la cour de Caen a été cassé par un arrêt de cassation du 12 novembre 1822. La pensée de la loi paraît en effet être que le créancier peut demander le rem_ boursement lorsqu'il est dû deux années d'arrérages.

**50.** La seule expiration du délai de deux années opère-t-elle la résolution de plein droit, sans sommation, et de telle façon que le débiteur ne puisse plus être reçu à purger la demeure par des offres ? Tous les auteurs et les arrêts distinguent le cas où la rente est *portable* du cas où elle est quérable. Dans le premier cas, ils ne font pas doute de l'affirmative, pourvu, cela va sans dire, que ce ne soit point par la faute du créancier, — comme par un changement de domicile non communiqué au débiteur, — que le débiteur a manqué d'exactitude. (1)

Dans le second cas, la rente étant quérable et c'est aujourd'hui le droit commun (art. 1847 C. civ.), la jurisprudence a établi que le créancier qui prétend avoir droit au remboursement, doit prouver par des moyens réguliers, qu'il s'est présenté au domicile du débiteur afin de recevoir le paiement. Un fait du créancier est nécessaire : il faut une sommation; il faut, en outre, qu'elle ait été faite par un huissier muni des pièces nécessaires pour recevoir le paiement et en donner quittance. (2) C'est par là que le créancier prouvera sa diligence et la faute de son adversaire. Dans ce

(1) Troplong. *Prêt*, 474 et 478.
(2) Troplong. *Prêt*. n° 480.

système l'article 1912 n'a aucun rapport avec l'article 1184 pour le cas de rente portable. Nous croyons, au contraire, que cet article 1912 n'est qu'une application de l'article 1184 ainsi que nous l'avons déjà dit ; il y déroge, il est vrai, mais seulement sur ce point que dans les contrats ordinaires on peut demander la résolution dès qu'il y a manquement d'une partie à ses engagements, tandis que le créancier de la rente ne peut demander la résolution du contrat que lorsque le débiteur a laissé s'écouler deux années sans remplir ses obligations. La cour de cassation dit que l'article 1184 n'est pas applicable parce qu'il s'agit d'un prêt qui est un contrat unilatéral, et que la disposition de l'article 1184 ne concerne que les contrats synallagmatiques. Dans l'opinion que nous avons adoptée, cet argument ne peut pas se produire, puisque suivant nous le contrat de constitution de rente serait un contrat synallagmatique. Nous ne croyons pas, du reste, que l'article 1184 doive s'appliquer uniquement aux contrats synallagmatiques : il doit s'appliquer à tous les contrats à titre onéreux, même unilatéraux. La raison de décider est la même pour tous les contrats à titre onéreux. Les rédacteurs du Code ont fait une coufusion entre les contrats à titre onéreux et les contrats synallagmatiques.

Si l'article 1912 est une application de l'article 1184, il faut en conclure que le contrat de constitution de rente n'est pas résolu de plein droit par le seul défaut de paiement des arrérages pendent deux années et que toujours, que la rente soit quérable ou qu'elle soit portable, la résolution doit en être prononcée en justice et que le juge peut accorder des délais.

**51.** Une question plus grave et plus débattue s'élève à propos de savoir si la commise de l'article 1912 — 1° doit s'appliquer au débiteur d'une rente stipulée *à titre gratuit* comme elle s'applique au débiteur d'une rente stipulée à prix d'argent.

Autrefois les rentes constituées par des dons et legs ou pour dot, n'étaient pas rachetables et leurs arrérages ne se prescrivaient pas par cinq ans. Aujourd'hui, elles rentrent, sous ces deux rapports, dans le droit commun, le Code ne fait pas de distinction et pose en termes généraux toutes ses règles sur les rentes constituées.

Dans l'ancien droit nul doute que cette résolution forcée ne leur fût pas applicable. Mais depuis le Code, la Cour de cassation, pàr un arrêt de la Chambre civile du 12 juillet 1813, a décidé que le donataire d'une telle rente pouvait demander la résolution du contrat de constitution pour manquement du paiement de deux années d'arrérages. Il fut ainsi jugé contre les conclusions de M. l'avocat-général Joubert. Cet arrêt a soulevé de vives critiques, dont voici à peu près le résumé :

» Dans le système de l'arrêt, l'article 1912 dépasse de beaucoup en rigueur tout ce que l'article 1184 nous dit des résolutions tacites. Cette rigueur doit se restreindre plutòt que s'étendre ; *Odia restringenda*, elle n'est passée dans la loi qu'à l'égard des rentes constituées, moyennant un prix, il ne peut en être question pour les constitutions gratuites ; « Que serait-ce dans l'espèce qu'admettre la résolution tacite ? Ce serait remettre les choses dans l'état où elles étaient avant la donation, c'est-à-dire, libérer purement et simplement le donateur du service de la rente, puisque, n'ayant reçu aucun prix, il n'aurait rien à restituer. Ce serait le récompenser d'une rétractation répréhensible de sa libéralité (1).

» Faire résoudre la donation pour manquement à ses engagements, ce serait l'autoriser à donner et à retenir. N'a-t-on pas contre lui l'action ordinaire pour le forcer à exécuter sa promesse ? N'est-il pas clair que la résolution ne saurait avoir lieu que lorsque c'est le donataire qui n'execute pas les charges de la donation (2)

D'après le système de la Cour de cassation, si le capital n'a pas été fixé par la constitution de rente, il faut s'en référer au taux légal. Le débiteur est censé avoir remis au créancier de

(1) Conclusions de M. l'avocat général Joubert. (Arrêt précité.)
(2) Trolong, n° 446.

la rente une somme et l'avoir ensuite reçue de lui à charge de payer une rente.

» L'application d'un tel système de résolution à un donateur serait un oubli coupable de justes égards et d'une légitime reconnaissance.

» En vain veut-on tirer avantage de ce que la rente de dons et legs est devenue aujourd'hui rachetable comme la rente constituée à titre onéreux. Sans doute, mais c'est dans l'intérêt du débiteur que le principe du rachat a été porté ; il ne faut pas le tourner contre lui. »

M. Duranton (1) combat aussi le système de l'arrêt, mais en faisant une distinction entre le cas où c'est le donateur lui-même qui est en faute et le cas où le manquement provient du fait des héritiers. Il repousse la résolution appliquée au donateur, mais il la reconnaît applicable aux héritiers débiteurs de la rente constituée à titre gratuit par leur auteur.

Quant à nous, en nous portant, à nos risques et périls, défenseur d'une théorie peu répandue sur la nature du contrat de constitution de rente, nous avons acquis le droit de montrer combien l'adoption de cette théorie rendrait simple et facile la question qui a été posée.

Nous avons cherché à établir que la constitution de rente est un contrat synallagmatique. Nous avons ensuite observé que ce contrat devient unilatéral lorsque la rente est établie gratuitement, nous avons enfin reconnu avec M. Troplong lui-même que l'article 1912 est une dérivation directe de l'article 1184 du Code civil. Cela étant posé, peut-il y avoir la moindre difficulté dans la réponse à faire à cette demande. L'article 1912 s'applique-t-il aux rentes constituées à titre gratuit ? Non certes ! il n'y a plus qu'à dire, la rente dont il s'agit n'étant ni à titre onéreux ni issue d'un contrat synallagmatique ne saurait recevoir l'application de l'article 1912 dérivation de l'article 1184 qui ne peut s'appliquer qu'aux contrats synallagmatiques ou aux contrats à titre

(1) Duranton. Tome XVII, n° 6.22

onéreux. Avec un tel système, MM. Joubert et Troplong auraient peut-être eu moins de peine à se rendre compte de leur senti- ment sur la question qui vient d'être traitée, peut-être aussi la cour de cassation eût-elle évité les critiques qui ont assailli son arrêt.

**52.** L'article 1912 1º s'applique-t-il aux rentes constituées, avant 1789 ? Le débiteur d'une rente constituée avant cette époque pourra-t-il être contraint à rembourser le capital s'il restait deux ans sans payer les arrérages ? La jurisprudence suivie en cela par plusieurs auteurs se prononce pour l'affirmative (1). Le remboursement forcé, dit-on, rentre dans les voies d'exécution à l'égard desquelles il faut suivre la legislation en vigueur, non à l'époque du contrat, mais à l'époque où s'élève la contestation. L'opinion contraire est préférable, à notre avis : d'après les auteurs et les arrêts eux-mêmes, l'art. 1912 suppose une clause sous-entendue à laquelle une clause contraire pourrait fort bien déroger. Ce n'est donc pas une voie d'exécution, comme on le prétend, c'est une question d'interprétation ; donc la seule loi applicable est celle du temps et du lieu où le contrat est passé (2).

Du reste, comme la disposition reproduite par l'article 1912 1º était déjà dans l'ancien droit, d'un usage à peu près général, la question offre peu d'intérêt, et il est vrai de dire que même, dans notre système, il y aura peu de rentes ou le non-paiement des arrérages pendant deux années ou quelques fois un temps plus long (puisque dans l'ancien droit le délai varie de deux à cinq ans) n'amène pas la résolution du contrat.

**53.** Le second cas de résolution forcée est celui où *le débiteur a manqué de fournir les sûretés* promises (art. 1912, 2·).

Cette résolution doit-elle être étendue au cas où le débiteur

(1) Arrêt de cass. 25 nov. 1839. Voy. aussi Merlin. Rep., *v· const* § 1?, n· 3.

(2) Voy. en ce sens M. Demolombe. T. I, n· 55. Voy. aussi arrêt. Tou- louse, 6 mars 1811.

aura *diminué ces suretés*, comme, en dégradant l'immeuble hypothéqué, en détruisant les maisons, en coupant les futaies sans les remplacer, en se laissant exproprier? M. Troplong (*prêt* n⁰ 489), bien que l'article 1912 ne parle que du cas où les suretés *ne sont pas fournies*, penche pour l'affirmative en s'appuyant, partie sur l'avis de Pothier, partie sur l'article 1188 du code civil d'après lequel la diminution des suretés suffit par faire perdre le bénéfice du terme.

La diminution des suretés résulte-t-elle de l'aliénation volontaire de l'immeuble hypothéqué? c'est encore une question controversée; en général, on décide l'affirmative toutes les fois que la possibilité de la purge serait laissée à l'acheteur, et menacerait ainsi le créancier d'un remboursement partiel. Si, dans l'acte d'acquisition, l'acheteur s'était engagé à ne point payer ou bien si le prix que l'acheteur devra fournir pour la purge était supérieur ou seulement égal à la créance garantie par l'hypothèque, on ne dirait plus que les suretés sont diminuées et on refuserait au créancier le droit de demander la résolution.

Que décider si la diminution des suretés ne provient pas du fait du débiteur; si elle résulte d'un cas fortuit ou d'une force majeure, la résolution du contrat pourra-t-elle encore être demandée? L'article 1188 du code civil ne fait pas perdre en ce cas le bénéfice du terme. Mais, d'autre part, l'article 2131 permet au créancier de demander immédiatement son remboursement ou d'obtenir un supplément d'hypothèque. Il faut conclure de la combinaison de ces deux articles que le remboursement pourra dans l'espèce, être poursuivi; mais que le débiteur pourra s'y soustraire en rétablissant les suretés premières par un supplément d'hypothèque.

**54.** La résolution prononcée par l'article 1912-2⁰ ne s'opère pas de plein droit d'après certains auteurs; et M. Duranton (1), entre autres, pense que les suretés promises qu'on a manqué de fournir, pourront être offertes après *la demande en franchissement*

(1) Tome XVII, n° 626.

*de la rente* ; et que le tribunal pourrait même accorder un délai dans lequel elles seraient fournies. Le manquement en effet ne sera pas toujours volontaire ; il peut n'y avoir pas eu de la faute de la part du débiteur, peut-être est-on encore en contestations sur le point de savoir si le débiteur a, ou n'a pas suffisamment rempli ses obligations à cet égard ; et ces diverses raisons qui ont motivé la disposition de l'article 1184 sont également applicables ici. Dans l'ancien droit, le débiteur pouvait, par une offre, faire cesser les poursuites, pourvu qu'il payât les dépens (1).

A propos de ce second cas de commise, on se demande encore si le débiteur d'une rente par dons et legs encourrait la résolution pour manquement à la promesse de fournir des suretés. M. Troplong (2) croit qu'il y aurait abus d'interprétation à étendre cette commise à un tel cas. De quoi se plaindrait donc le donateur ? De ce qu'on ne lui donne pas des suretés qu'il pouvait se dispenser de promettre, et sans la promesse desquelles il aurait certainement contracté ? Toutefois, M. Troplong apporte un tempérament à cette décision, qui serait trop absolue, si c'était un héritier grévé de la rente par le donateur qui refusât des suretés, ou fit disparaître les gages, et il décide que la résolution pourrait être demandée contre cet héritier. Quant à nous nous faisons au sujet de cette espèce, la même série des raisonnements que dans l'espèce de la commise de l'article 1912 1o.

**55.** La troisième cause de résolution énoncée dans l'article 1913, ne peut donner lieu à de grandes controverses. Cet article n'est qu'une application à la rente constituée des principes posés dans le Code civil (art. 1188), dans le Code de commerce (art. 448), et dans le Code de procédure civile (art. 124).

« Appliquera-t-on l'article 1913 à la rente de dons et legs ? Peut-être devrait-on s'arrêter devant la considération suivante: permettre de demander la résolution contre le donateur failli, ce serait

(1) Duparc Paulain. Tome III, page 67, n° 34.
(2) Troplong. N° 494.

accorder au donataire d'une rente constituée, un droit que la loi ne donne pas à l'acheteur d'une rente viagère. Mais M. Troplong est d'avis qu'il faudrait résoudre encore la question par la distinction déjà faite entre le cas où l'on se trouve en face du donateur lui-même, et le cas où l'on se trouve en face d'un héritier grévé par lui de la rente. (1)

**56.** Nous terminerons cette matière en mentionnant quelques autres points importants où le Code s'est écarté de l'ancien droit.

Le taux de la rente constituée est celui du prêt à intérêt (art. 1909, C. civ.). Lorsque fut fait le Code, le taux de l'intérêt était illimité, mais cette législation fut changée par la loi du 3 Septembre 1807. Article 1" « L'intérêt conventionnel ne pourra excéder en matière civile cinq pour cent ni en matière eommerciale six pour cent, le tout sans retenue. » Les mots *sans retenue* font allusion à la retenue que le débiteur d'une rente constituée pouvait faire dans l'ancien droit sur les arrérages de la rente à raison des contributions qu'il a payées en l'acquit du créancier.

Le taux n'est fixé que dans l'intérêt du constituant ; le créancier par conséquent, peut acheter une rente au dessous du taux légal.

Dans l'ancien droit la violation de la loi sur le taux de l'intérêt avait pour sanction, tantôt la nullité du contrat avec computation des arrérages payés sur le capital, tantôt la simple réformation du contrat. Aujourd'hui, on se contenterait d'annuler la clause usuraire, ou de réduire les arrérages au taux légal, si ce taux avait été dépassé. Si le débiteur a payé plus qu'il ne devait légalement, le créancier sera condamné à restituer cet excédant (art. 3, loi du 3 septembre 1807).

Nous avons vu que le capital de la rente constituée peut consister en denrées ; c'est ce qui résulte des articles 1905 et 1909 combinés et de l'article 7 de la loi de ventôse, an XII.

(1) Troplong. *Prêt*, n° 498.

Dans ce cas, la loi de 1807, sur le taux de l'intérêt n'est pas applicable ; cette loi ne limite que le taux de l'intérêt de l'argent.

Les arrérages de la rente constituée peuvent aussi consister en denrées. Dans l'ancien droit, il en était autrement ; c'était par suite d'une crainte exagérée de l'usure. Aujourd'hui, une semblable constitution de rente est permise ; c'est une conséquence de la loi de 1793, qui laissait le taux de l'intérêt à l'arbitraire des parties. La loi de 1807 n'a pas fait revivre la défense de la loi de 1565, seulement les arrérages au dessus des rentes constituées moyennant un capital en argent, doivent être réduits chaque année, d'après les mercuriales, au taux qu'elles déterminent. C'est l'avis de Merlin. Ne vaudrait-il pas mieux laisser quelque chose à l'aléa et ne restreindre une semblable stipulation au taux légal que dans le cas où l'on y découvrirait une usure déguisée.

L'*Anatocisme* est permis aujourd'hui dans les limites tracées par les articles 1154 et 1155 du Code civil. On peut donc constituer une rente en paiement d'intérêts ou d'arrérages, si les premiers sont échus et dûs pour un an et si les seconds sont simplement échus.

Toutes les rentes constituées sont meubles sous le Code aux termes de l'article 529. C'est conforme à la nature du droit qui appartient au créancier de la rente. Que lui doit-on? Des arrérages qui sont mobiliers ; le droit aux arrérages doit donc être mobilier.

Les arrérages des rentes constituées étaient dans l'ancien droit soumis à deux sortes de prescriptions, le code n'en a conservé qu'une, la prescription de cinq années, qu'il a étendue à toutes les rentes (art. 2277). Quant à la seconde, la fin de non recevoir qui résultait autrefois de la présentation *des quittances de trois années successives*, le Code ne renferme aucun texte qui l'établisse. Les présomptions légales étant de droit étroit et ne devant s'admettre que dans les cas expressément indiqués par la loi, il faut conclure de ce silence qu'il ne saurait résulter aujourd'hui d'un tel fait qu'une présomption abandonnée à la sagesse du Juge (1).

**57.** Le moyen d'acquérir la rente, qui résultait d'après Dumoulin et Pothier, *des longues prestations d'arrérages,* pourrait-il être invoqué sous le Code. M. Troplong (2) reproduit la théorie de Pothier sans se demander si elle est compatible avec nos lois sur la prescription.

M. Bugnet (3) fait observer que les conditions exigées pour la prescription afin d'acquérir (art. 2229 c. civ.) paraissent complément incompatibles à l'acquisition d'un pareil droit; l'élément essentiel, c'est-à-dire la *possession* ne pouvant se rencontrer, la prescription ne peut avoir lieu. » Inutile d'ajouter que nous nous rangeons entièrement à cet avis.

Le droit de rente est divisible, de même l'obligation du débiteur. Que décider pour la faculté de rachat ? Dans le cas de faillite d'un des débiteurs, pas de difficultés. Le rachat et divisible ; c'est qu'alors le rachat n'est plus une faculté dont le débiteur se sert contre le créancier; c'est au contraire le créancier qui agit contre le débiteur et exige de lui ce qu'il doit.

Mais s'il y a plusieurs débiteurs ou si le débiteur vient à mourir laissant plusieurs héritiers, pourront-ils racheter divisément ? Quelques auteurs ont soutenu que, sous le Code, la faculté de rachat n'est plus indivisible. M. Zachariae assimilant la rente au prêt à intérêt, lui applique l'article 1220. Il fait de la faculté de rachat une obligation, cependant ce n'est pas une obligation , mais M. Zachariae est entrainé par le principe qu'il admet tout d'abord que la rente est assimilée au prêt par le Code.

MM. Delvincourt (4) et Duranton (5) appuient cette théorie que

(1) M. Bugnet sur Pothier, n° 132.
(2) Troplong. *Prêt*, n° 451.
(3) M. Bugnet. Notes sur Pothier. *Rente. const.*, n° 153.
(4) M. Delvincourt. Tome III. Notes p. 416.
(5) M. Duranton. Tome XVII, n° 613.

Follerus (1) avait déjà émise dans l'ancien droit en s'appuyant sur d'autres motifs.

Il nous paraît difficile qu'une théorie semblable, résiste aux raisons, rapportées plus haut, de Dumoulin et Pothier, au puissant argument d'analogie qu'on tire des articles 667 et 1670 du Code Civil, et enfin aux inductions que présentent, à l'appui de l'opinion ancienne, les articles 872 et 1254 du même Code. Nous devons cependant faire remarquer qu'on peut encore invoquer en faveur de l'opinion de M. Zachariae, la loi du 20 août 1792, déclarant rachetables divisément toutes les rentes, loi qui n'a pas été abrogée explicitement.

**58.** La rente s'éteint par les mêmes modes que les autres obligations. Mais il n'y a rien, dans ces modes d'extinction de particulier à la rente; nous parlerons seulement de la prescription à propos de laquelle une question s'élève.

Quel est le point de départ de la prescription de la rente ? Est-ce la date du titre constitutif, ou bien la date de la première échéance d'arrérages ? Certains auteurs sont de ce dernier avis parce que, disent-ils, jusque-là il n'y a pas eu négligence de la part du créancier. Ce système a été approuvé par un arrêt de la cour de Bordeaux en date du 16 juillet 1851.

Toutefois nous adopterons la première opinion.

La question était controversée dans notre ancienne jurisprudence, mais les travaux préparatoires du Code nous indiquent clairement la pensée du législateur. L'article 2263 n'existait pas dans le premier projet, il fut proposé, lors de la discussion. L'auteur de la proposition demandait que le créancier eût un délai d'un an pour exercer son action, pour cela, disait-il, il faut que le créancier puisse agir vingt-neuf ans après la date du titre constitutif. Dans la pensée du proposant, le délai de trente ans commençait à partir de la date du titre constitutif.

Le Conseil d'État adopta cette réclamation. Le tribunat proposa

_______________

(1) Follerus. *Traité du Cont. de const.* Tome 6, part. 12.

une modification ; il voulut donner deux ans au créancier pour interrompre la prescription ; voilà pourquoi l'article 2263 permet de demander un titre nouvel vingt-huit ans après la date du titre constitutif. Dans l'opinion de nos adversaires, la rectification du tribunat ne se comprend plus ; en effet, si la prescription ne commençait qu'un an après la date du titre constitutif, le créancier aurait eu, d'après la première proposition, les deux ans que demandait le tribunat.

# DEUXIÈME PARTIE

---

## De la Rente foncière

*Notions historiques.*

**59.** Dans l'ancien droit, *la rente foncière* n'avait de ressemblance avec la rente constituée que sous deux rapports : 1° en ce qu'elle était également perpétuelle : 2° en ce qu'elle produisait également des arrérages qui s'acquéraient jour par jour, qui étaient dûs chaque jour pour un trois cent soixante-cinquième, mais qui ne pouvaient être exigés ou offerts qu'après l'année révolue.

En dehors de ces deux points de contact, nul autre rapport ne les unissait. Elles n'avaient ni la même origine, ni la même nature, ni par conséquent des règles identiques.

Tandis que la rente constituée fut un expédient mis en usage pour éluder la prohibition du prêt à intérêts, la rente foncière fut une des plus remarquables combinaisons de la propriété immobilière.

Tandis que la première était un simple droit de créance, un droit personnel essentiellement rachetable, immeuble dans plusieurs coutumes, c'est vrai, mais resté meuble dans les autres ; la seconde était un droit réel, une charge réservée sur un fonds, une obligation dont l'héritage était débiteur, non-remboursable de sa nature, immeuble dans tous les pays comme la chose sur laquelle on l'avait retenue.

Les arrérages mêmes de ces deux espèces de rente, bien qu'ils fussent soumis à des règles communes d'acquisition et de prestation, n'étaient pas considérés de la même manière, en ce qui touchait à leur prescription, ni en ce qui touchait à l'anatocisme.

Sous le code Civil, les deux rentes perpétuelles ont des traits de similitude infiniment plus nombreux ; et les rares différences qui les séparent encore n'atteignent plus que les conditions de l'exercice du rachat, et les garanties qui assurent le droit du crédi-rentier.

Mais que de phases n'eut pas à traverser la rente foncière avant d'arriver à ce degré de simplification ! La série de ses transformations offre les plus curieux aperçus à l'observation historique.

Ce n'est même pas sans hésitation et sans scrupule que l'on peut, de nos jours, faire revivre la dénomination de *rente foncière*, pour qualifier la prestation périodique et perpétuelle que stipulera l'aliénateur d'un immeuble, comme prix ou comme condition de l'aliénation, aux termes de l'art. 530 du code civil.

Le code, en effet, n'a pas de nom, pour ce qu'il a conservé de l'ancienne rente foncière ; il n'a pour désigner ce débris qu'une périphrase ; et nous avons à regretter qu'un terme nouveau n'ait pas été créé pour rendre un nouvel ensemble d'idées.

**60.** Le contrat qui donnait naissance à la rente foncière, s'appelait BAIL A RENTE.

Pothier définissait le Bail à rente : « Un contrat par lequel l'une des parties *baille et cède* à l'autre un héritage ou quelque droit immobilier , et s'oblige de le lui faire avoir à titre de propriétaire , sous la réserve qu'il fait, d'un droit de rente annuelle d'une cerfaine somme de fruits , *qu'il retient* sur ledit héritage, et que l'autre partie s'oblige réciproquement envers elle de lui payer tant qu'elle possèdera ledit héritage. »

Nous aurons à revenir sur chacun des nombreux détails que cette définition renferme. Pour le moment , nous nous arrêtons à celui qui caractérise principalement le contrat , et qui nous le présente comme produisant une aliénation faite moyennant une redevance.

Le bail à rente emportait donc translation du *dominium* de la chose concédée *ad reditum*. En cela on peut dire qu'il ne fut point pratiqué par les Romains ; car nous savons que dans leur emphytéose , le droit communiqué au preneur , quelque réel et quelque large qu'il fut, n'était point la propriété.

Cependant la rente foncière ne fut pas une création spontanée dans notre droit. Elle se rattachait à quelque chose d'antérieur, de préexistant ; et certes , l'on ne doit pas hésiter à ranger le droit emphytéotique parmi les causes génératrices dont elle dérive d'une façon plus ou moins directe.

L'emphytéose ne passa pas immédiatement dans le droit français ; car la Gaule était déjà détachée de l'empire, lorsque Justinien promulgua ses compilations. Elle fut alors presque ignorée; elle sommeilla jusqu'à ce moment où l'influence ecclésiastique, combinée avec d'autres évènements, ressuscita quelques-unes des traditions romaines.

Ce qu'on trouve en France avant l'apparition de l'emphytéose, c'est la *Locatairie perpétuelle* , connue surtout dans les pays de droit écrit, et appliquée presque exclusivement aux biens de l'Eglise. Mais le droit du locataire perpétuel n'avait ni le caractère réel, ni l'étendue qui ont été signalés dans le droit de l'emphytéose.

On peut consulter, pour s'en convaincre, la jurisprudence du parlement de Toulouse (1).

On trouve aussi, — et c'est encore une forme spéciale à l'Eglise. — les concessions de *Précaire* qui différaient d'abord de l'emphy, théose par l'absence de toute réalité dans le droit du prenenr; et différent ensuite de la locatairie perpétuelle par le caractère ordinairement viager de ce même droit.

La Précaire fut, en outre, souvent forcée, et l'on vit des rois employer ce moyen pour mettre la main sur les possessions ecclésiastiques. Charles Martel imposa à l'Eglise de semblables concessions au profit de ses leudes.

Souvent aussi, ce contrat intervenait à la suite d'une démission de biens que faisait quelque fidèle aux mains de l'Eglise, pour les tenir ensuite d'elle à titre de précaire.

Ni la locatairie perpétuelle, ni la précaire, n'étaient la reproduction complète et fidèle de l'emphytéose.

Mais parmi les combinaisons de la propriété foncière que présentait notre ancien droit lorsque vint la féodalité, il en est une qui offrait avec l'emphytéose les rapports les plus frappants et les plus intimes: *c'est le bail à Cens*

L'emphytéose répondait admirablement aux besoins de l'organisation féodale. Elle s'harmonisait à merveille avec la double hiérarchie des personnes et des terres qui formait la base de ce système politique. L'idéc romaine des longues concessions avec réserve d'un domaine supérieur trouva dans le droit de cette époque la plus heureuse application.

L'emphythéose fut donc englobée dans le système féodal : elle finit même par se confondre si complètement avec le bail à Cens, que, dans la pratique, l'une et l'autre expression, furent indifféremment employées (2). Plus tard seulement, les efforts des jurisconsultes tendirent à faire cesser cette synonymie et cette confusion; et, dans certaines coutumes, on appliqua le mot *bail à Cens*

(1) Journal du Palais. *Bail à locat. perpét.*
(2) Journal du Palais. *Emphyteose*, n° 35.

aux concessions *d'héritages nobles*, réservant le mot *emphythéose* pour les fonds roturiers (1)

Mais dans l'une comme dans l'autre de ces deux concessious on trouve la réserve du *dominium* faite par le concédant. Si l'emphythéose avait une obligation double, savoir le paiement du canon et le paiement de l'impôt, l'obligation du preneur est également complexe; on y distingue, en effet, deux éléments, le *chef-cens*, ou cens proprement dit, établi comme signe recognitif de la seigneurie, imprescriptible comme tout droit féodal, et le *sur-cens*, prestation ordinaire, purement foncière, sujette à prescription (2) Il y avait une saisie censuelle, de même qu'il y avait une *commise emphytéotique*. Il y avait dans l'emphytéose un droit de *prélation* et un droit de *mutation* établis en faveur du concédant; nous trouvons dans la censive le droit de mutation appelé *lods et ventes*, et un droit de préférence appelé *retrait censier*, lequel, pour n'être pas de droit commun, comme l'était le retrait féodal, n'en était pas moins généralement admis. Dans quelques coutumes, il est vrai, la censive payait un droit de mutation par succession, appelé *rélévoison* ou *mi-lods*, que ne payait pas le fonds donné en emphythéose, mais ces coutumes étaient en très petit nombre.

Le bail à Cens était donc, à peu de chose près, calqué sur le bail emphythéotique,

Le *dominium* seigneurial avait emprunté les attributs du *dominium* retenu par le concédant romain.

A la suite, et l'on pourrait dire à l'ombre, du bail à Cens, prit naissance et se développa une forme nouvelle de la propriété ; nous voulons parler du *bail à rente simple.*

Le *bail à rente*, tel qu'il a été défini plus haut n'est autre chose que le *bail à cens dépouillé de son caractère féodal.*

Qu'on suppose, par un effort de l'esprit, une censive pourvue de toute relation seigneuriale, où la redevance ne serait plus le signe de la réserve de seigneurie, mais seulement le paiement de la

(1) Journal du Palais. *Loc. cit.*
(2) Journal du Palais. *Bail à cens.*

jouissance ; ou le chef-cens aurait disparu et où il ne resterait plus que le sur-cens ; où la rente ne serait plus portable et deviendrait quérable ; sans droit de *lods et ventes,* ni retrait censier, ni saisie censuelle ; n'aura-t-on pas le bail à rente simple ?

Cette croyance nous paraît d'autant plus fondée qu'une grande obscurité plane sur la nature de la souveraineté que retenait le seigneur censier. La censive étant une tenure d'ordre inférieur, le droit seigneurial était loin d'offrir chez elle ce caractère imposant et sévère, ces liens serrés. ces devoirs impérieux de respect et de fidélité, qui forment le fond de la souveraineté du fieffeux. Le censitaire ne prêtait pas hommage comme le vassal ; sa position était trop humble, il ne devait que l'*aveu de la censive.*

Enfin aux XIIe et XIIIe siècles, le mouvement d'émancipation des villes et des campagnes se traduisit par une transformation de tenures serviles ou censives. Des concessions censitaires nées de pareils évènements ne pouvait enfanter que des rapports seigneuriaux bien relachés, et ne durent mettre qu'une autorité bien faible et bien restreinte aux mains du seigneur censier.

Tout cela nous porte à penser. que le droit retenu par le seigneur censier, ce droit si peu connu, que certains ont appelé *domaine direct*, que d'Argentré comparaît au brouillard planant sur le marais, dont Hervey faisait une relation réelle et nullement personnelle ; — Tout nous porte à penser, disons-nous, que ce droit a dû perdre peu à peu son cachet, sa tournure féodale, dégénérer insensiblement, s'altérer, s'amoindrir, et, en beaucoup de cas, faire place à un droit nouveau et plus simple, au droit purement réel et immobilier que retient et réserve le bailleur à rente simple.

Nous ajouterons que, placés en face d'un sol à repeupler, en face de grands travaux de dessèchement et de défrichement à faire, les seigneurs eurent à se dessaisir de plus en plus de leurs droits pour élargir et assurer chaque jour davantage les droits des preneurs. Il fallait offrir à ceux-ci une possession plus stable pour les intéresser plus vivement à la culture ; en un mot les propriétaires d'héritages nobles durent finir par abandonner de leur propriété l'honorable aussi bien que l'utile dans les concessions de leurs fonds.

Nous dirons enfin que les applications du bail à rente simple durent être multipliées, par cette faculté qu'y trouvèrent les populations rurales d'acquérir la pleine propriété moyennant une simple redevance, et les propriétaires de s'assurer un revenu annuel, à eux-mêmes et à leurs successeurs, tout en se débarrassant des ennuis, des charges de la possession, et des soins de la culture.

Si nous n'avons pas été historien infidèle, ou appréciateur imprudent des faits, nous espérons avoir fait saisir cette affinité étroite qui unit dans notre idée, l'emphytéose et le bail à rente (1).

**61.** Mais cet aperçu ne serait pas complet si nous ne signalions maintenant les différences qui séparaient encore le contrat français et le contrat romain.

Il n'y avait pas chez nos jurisconsultes du moyen-âge une grande unité d'appréciation sur l'étendue qu'il fallait donner au droit de l'emphytéote.

D'Argentré (2) et Domat (3), faisaient la distinction du domaine direct et du domaine utile, calquée sur une division bien connue des actions romaines ; et ils disaient que le bailleur d'emphytéose avait conservé le premier de ces domaines, et transmis le second.

Dumoulin (4) et Loyseau (5), (dont M. Duvergier (6) repro-

(1) Le mot Bail à rente était plus généralement employé pour exprimer le contrat dont nous traçons l'histoire : mais cette dénomination n'était pas universelle. Des contrats en tout point semblables au Bail à rente s'appelaient, en Alsace, *Bail à rente Colongère* ; en Bretagne, *Bail à Covenant*, etc.

La rente, tant seigneuriale que foncière, s'appelait *Champart* (Campipars), quand elle consistait en une part des fruits du fonds concédé.

(2) Sur *Bretagne*, art. 209.

(3) Livre 1er, 11, A. 4. Sect. 10, n° 6.

(4) Sur Paris, § 78. Glos. 4, n° 5.

(5) *Traité du Déguerpis.* Liv. 1er, ch. 5, n° 1.

(6) Contin. de Toullier. T. III, n° 145.

duit aujourd'hui l'opinion), faisaient la même distinction mais n'accordaient le domaine utile qu'à l'emphytéote perpétuel, reléguant au rôle de locataire l'emphytéote temporaire.

Cujas (1) et Doneau (2), repoussaient cette distinction des deux domaines, inconnue selon eux à Rome, et ne voulaient rien admettre en dehors du système de Zénon, complété par Justinien. M. Troplong (3), professe aujourd'hui cette doctrine.

Dans tous les cas, l'emphytéote n'était point propriétaire à la manière du preneur d'un fonds arrenté, c'était là une première différence.

L'emphytéote acquérait les fruits, profitait de la chasse, de la pèche, de l'alluvion ; mais, pour ce qui est du trésor, Voët (4), est le seul auteur qui ait cru devoir le lui attribuer.

Quant aux concessions d'hypothèques, servitudes et autres charges réelles qu'aurait faites l'emphytéote, elles étaient résolues par le retour du fond entre les mains du propriétaire ; *soluto jure dantis, solvitur jus accipentis* (5) ; — Tandis que le *dominium* parfait qui avait été transmis au preneur à rente donnait lieu, pour celui-ci, à des résultats tout opposés dans ces diverses questions.

Ne prenant la chose qu'à la condition de l'améliorer, ou du moins de ne pas la rendre pire, l'emphytéote ne pouvait ouvrir des mines et carrières, abattre les hautes futaies, changer la superficie du sol ; en un mot altérer, détériorer, appauvrir le fonds. Telle était du moins la jurisprudence la plus reçue (6) ; tandis que le preneur à rente, propriétaire du fonds, jouissait pour tous ces actes d'une liberté presque absolue. Le preneur à rente pouvait changer la forme de l'héritage, pourvu qu'il le convertît en une forme également utile et assurant aussi bien que la première la rente réservée sur le fonds.

(1) Sur L. 74, D. *De rei vindic.*
(2) IX, 13, §§ 1, 2, 3.
(3) *Louage.* N° 33.
(4) Voët. *Si ager rectig.*, n° 11.
(5) Voët. *Si aver vectg.*, n° 24.
(6) Journal du Palais. *Emphyt.*, n°ˢ 48 et suiv.

Loyseau même (1), allait jusqu'à dire « que le bailleur n'ayant. d'intérêt que pour la sûreté de sa rente et pour l'exécution des autres obligations du preneur, ce dernier ne pouvait pas être empêché de supprimer une partie des bâtiments même sans rien suppléer à leur place, pourvu qu'il offrît au bailleur de s'obliger à lui fournir sa rente à toujours, sous de bonnes hypothèques.

L'aliénation du fonds emphytéotique était subordonnée à la dénonciation qui en devait être faite au propriétaire, à des droits de préférence et de mutation établis au profit de celui-ci. Rien de pareil n'était de l'essence du bail à rente.

La commise emphytéotique atteignait l'emphytéote qui restait trois ans sans payer le canon. Le paiement de la rente, nous le verrons, était assuré par d'autres moyens.

L'obligation du canon était personnelle et tous les biens de l'emphytéote répondaient de son exécution; tandis que la rente était dûe par le fonds lui-même, d'où la faculté pour le preneur de se libérer en cessant de posséder le fonds.

Du reste, en ce qui touche les trois derniers points que nous venons de relever, l'ancienne jurisprudence, inspirée par les déci-sions canoniques s'imposait la tâche d'adoucir la position de l'emphytéote.

Ainsi, Dumoulin (2) enseigne que l'on n'appliquerait pas avec rigueur les règles qui mettaient obstacle à la libre aliénation du fonds emphytéotique. Quant à la commise, on autorisait le juge à accorder, après la citation, un délai de grâce pour le paiement des canons arriérés ; et l'on décidait encore que le pacte commis-soire, dans l'emphytéose, comme dans la vente et le bail à rente, ne recevrait aucune exécution sans l'intervention de justice (3). Enfin, on admit encore que l'emphytéote pourrait se libérer du canon par le déguerpissement (4).

(1) *Du Deguerpis.* Liv. 4, ch. 5, n° 6.
(2) Sur Paris. § 20. Glos. 5, n° 7.
(3) Loyseau. *Offices.* Liv. 1", ch. 13, n° 4
(4) Troplong. *Louage*, n° 46.

La jurisprudence s'appliquait donc ouvertement à élargir le droit de l'emphytéote et à rendre ses obligations moins lourdes. Nous aurons lieu de constater, d'un autre côté, que par des clauses usuelles, on tendait généralement, dans la pratique, à restreindre les droits du preneur à rente pour mieux assurer les droits du bailleur : de façon que les deux contrats, l'emphytéose et le bail à rente, marchèrent, en fait, non pas vers une entière confusion, mais vers un rapprochement de jour en jour plus sensible.

Quel que soit l'attrait qui s'attacherait, sans nul doute, à la continuation d'une comparaison semblable, nous ne la pousserons pas plus loin. Nous ne suivrons pas l'emphytéose à travers les orages de la Révolution française. Nous n'agiterons pas cette question délicate, de savoir si l'emphytéose a pu pénétrer dans notre Code civil qui n'en prononce nulle part le nom : il suffit de l'avoir utilisée peur éclairer les origines du bail à rente.

Après avoir établi si longuement la généalogie de ce dernier contrat, il faut songer enfin à rechercher ses règles et ses effets.

**62.** L'étude du bail à rente formera comme celle du contrat de constitution de rente, l'objet de trois chapitres, correspondant chacun à l'une des trois grandes périodes du Droit français.

# CHAPITRE PREMIER

## De la rente foncière sous les coutumes

**63**. — Dans six paragraphes nous verrons successivement :

1º La nature du contrat de bail à rente.

2º Les obligations et actions qui en résultaient.

3' Les différentes clauses qui pouvaient y être insérées ;

4º Les droits et actions attribués au créancier de cette rente foncière.

5º La nature des rentes foncières, et de leurs arrérages ;

6' Les différentes sortes d'extinction de cette sorte de rente.

### § 1 De la nature du bail à rente.

**64** Nous avons déjà donné la définition de ce contrat.

Il importe de dégager nettement tous les éléments que cette définition contient.

Nous savons déjà que le bail à rente renfermait une translation de propriété opérée en vue d'une redevance que le preneur s'engageait à payer tant qu'il posséderait l'héritage arrenté.

À cette notion il faut joindre les suivantes :

Le bailleur, bien qu'il aliénât le *dominium*, ne s'en dépouillait néanmoins que sous la réserve du droit d'exiger une rente. Ce droit, étant retenu sur le *dominium*, constituait une participation à la propriété même qui avait été transférée au preneur, une sorte de co-propriété sur le fonds baillé à rente.

La rente n'étant autre chose qu'une portion de la propriété, restait attachée au fonds aliéné, et formait une obligation de l'héritage lui-même. Le possesseur de l'héritage se trouvait sans doute obligé au paiement de cette dette, mais ce n'était qu'accessoirement, et parceque, disait Loyseau (1) « la chose qui est « inanimée, ne peut payer sa dette sans le ministère de quelqu'un. »

Quiconque possédait le fonds arrenté était donc tenu pour ainsi dire *solutionis gratiâ*, du service de la rente pendant toute la durée de sa possession. En résumé, la rente était une dette de fonds, et le service de la rente une charge de possession.

Le bail à rente, on le voit, tenait beaucoup de la vente, et Pothier soutient même qu'il était, comme la vente, rescindable pour *lésion d'outre moitié*. (1) Mais il différait de la vente, en ce que le bailleur ne transférait pas, comme le vendeur, le droit entier qu'il avait dans la chose, puisqu'il se réservait le droit de rente ; en ce que la perte totale de l'héritage était pour le bailleur ; puisque c'est le fonds arrenté qui était proprement débiteur de la rente, tandis que, dans la vente, la perte totale était pour l'acheteur, en vertu de la règle *debitor corporis certi interitû ejus liberatur* : en ce que le prix, dans la vente, devait essentiellement consister en argent, tandis que la rente pouvait consister soit en prestations d'argent, soit en prestations naturelles; en ce que le prix, dans la vente était du par l'acheteur personnellement, tandis que la rente était dûe par le fonds, et seulement *solutionis gratiâ* par le preneur, et finalement en ce que, si l'ancien droit permettait, à l'instar des lois romaines, la vente de la chose d'autrui il était impossible de concevoir qu'on pût bailler à rente un héritage dont on n'était pas propriétaire (3) Comment, en effet, aurait-on retenu quelque chose là où l'on n'avait rien ?

(1) *Traité du Déguerpis*. Liv. 1ᵉʳ ch. 3, nᵒ 11.
(2) Pothier. *Bail à rente*, nᵒ 46.
(3) Pothier. *Loc. cit.*, nᵒ 46

Le bail à rente tenait aussi beaucoup du louage ; c'est même sous la rubrique des *contrats anal gues au louage* que le plaçait Pothier. Nous retrouvons ici la double similitude de l'emphytéose.

Le bail à rente ressemblait au louage, en ce que le bailleur avait, pour se faire payer de la rente, les mêmes droits à peu près que le bailleur à ferme ou à loyer.

Mais il différait du louage, en ce que le locateur n'altérait pas, ne diminuait pas son droit de propriété comme le bailleur à rente ; en ce que la perte partielle de la chose, ou la diminution des revenus produits par elle, ne pouvait jamais, dans le bail à rente, donner lieu, comme dans le bail à ferme, à une diminution du prix (1) ; et plus généralement, en ce que les obligations du bailleur et du preneur à rente n'étaient pas les mêmes que les obligations du locateur et du locataire.

Enfin, le bail à rente tenait, sous certains autres rapports, et de la vente et du louage tout à la fois. Comme ces deux contrats, il ne se formait pas sans le concours de trois éléments essentiels, savoir : 1o un *objet*, un héritage baillé à rente ; 2o *un prix*, une rente que le bailleur retenait et que le preneur s'obligeait à payer ; 3· le *consentement des parties*, tant sur l'héritage que sur la rente. Comme ces deux contrats, le bail à rente était *du droit des gens, synallagmatique, commutatif et de bonne foi.* (2)

Mais il n'etait pas, comme la vente et le louage, consensuel ; il était *réel*, et ne devenait parfait que par la tradition. (3) Il eut été. en effet, impossible de retenir un droit sur une chose dont on ne s'était pas encore dessaisi.

Le bail à rente pouvrait intervenir, et la rente foncière pouvait être réservée dans un *partage* ou dans une *licitation*, pourvu que

(1) Loyseau (*Traité de Déguerpis. Loc*) soutenait pourtant que le preneur à rente qui aurait été en temps de guerre, réellement dépossédé pendant une ou plusieurs années, pouvait, pour ces années-là, demander une réduction des arrérages.

(2) Pothier. *Bail à rente,* n· 2.

(3) Pothier. n° 5.

la rente réservée formât directement le prix de l'aliénation ou de la soulte ; car si l'on eût commencé par convenir d'une somme d'argent pour ce prix ou pour cette soulte; on aurait établi une rente constituée et non pas une rente foncière. (1)

### § II. — Des obligations qui résultaient du bail à rente.

**65.** Le bail à rente étant un contrat synallagmatique, engendrait des obligations *ultro citroque*, pour le bailleur comme pour le preneur.

1° *Des obligations du bailleur*. Le bailleur étant tenu de toutes les obligations du vendeur, lesquelles se résumaient en ces mots : faire avoir la chose à l'acquéreur *præstare ei foudum habere licere* : c'est-à-dire mettre le preneur et le maintenir en la possesssion paisible et utile du fonds. Cela comprenait la *délivrance* et la *garantie*, soit des évictions, soit des charges réelles et cachées non déclarées dans le bail, soit des défauts non apparents de la chose. (2)

Le bailleur, bien qu'il eut cessé d'être propriétaire du fonds, était néanmoins tenu de contribuer à certaines impositions extraordinaires, Loyseau distinguait, parmi ces impositions, celles qui tournaient en pure charge et perte, de celles qui tournaient au profit et à l'augmentation de l'héritage ; et il faisait contribuer le créancier aux premières seulement. (3)

2° *Des obligations du preneur*. Le preneur avait pour obligations :

1° De payer la rente pendant tout le temps qu'il posséderait l'héritage.

2° D'entretenir l'héritage en bon état, non seulement de répations locatives, mais encore de grosses réparations ; ce qui ne comprenait pas cependant, au dire de Loyseau (4), le cas de

(1) Merlin. Rep. *Rcnt. fonc*, § 1", n° 1".
(2) Pothier. *Loc. cit.*, n° 32.
(3) Pothier. -*Loc. cit.*. n° 107.
(4) *Traité du Déguerpis*, liv. 5, ch. 8.

réédification complète des choses qui seraient devenues caduques par vétusté et non par défaut d'entretien ;

3° De rendre à la fin du bail ( si le bail n'était pas fait à perpé tuité ) les choses en bon état. (1)

A ces diverses obligations, il faut ajouter, tant pour l'une des parties que pour l'autre, toutes les obligations, qui résultent de la bonne foi, c'est-à-dire l'abstention de toute fraude, reticence, mensonge, etc. Nous savons en effet, que le bail à rente est un contrat de bonne foi, comme la vente et le louage.

## § III. Des différentes clauses qui pourraient entrer dans le bail à rente.

**66** Le bail à rentes comportait des clauses en faveur du bailleur et des clauses en faveur du preneur.

I. DES CLAUSES EN FAVEUR DU BAILLEUR. Les principales étaient :

1° *La clause de fournir des deniers d'entrée* ; par laquelle le preneur s'engageait à donner au bailleur une somme d'argent ou d'autres choses mobilières, en outre du paiement annuel de la rente. Dans ce cas, dit Pothier, le bail à rente était mêlé de vente. Les deniers d'entrée étaient comptés dans le calcul de la lésion d'outre-moitié ; et il y avait lieu, pour le seigneur du fonds, aux profits de vente proportionnellement à la valeur des deniers. Plusieurs coutumes admettaient même que cette clause pouvait donner lieu au retrait (2)

2° *La clause de fournir et de faire valoir* ; par laquelle le preneur s'obligeait envers le bailleur à payer à perpétuité la rente créée dans le bail, pour le cas où le bailleur ne pourrait en être payé sur l'héritage baillé à rente.

Ainsi, le premier renonçait à l'avantage de pouvoir être libéré

(1) Pothier, n° 45.

. (2) La coutume d'Orléans admettait le retrait lorsque les deniers d'entrée excédaient la valeur de la moitié de l'héritage.

de la rente, soit par l'aliénation du fonds arrenté, soit par le déguerpissement, soit même par la perte totale du fonds. Le premier qui par la nature du contrat n'était obligé qu'occasionnellement et *propter rem*, se trouvait, par l'effet de cette clause, obligé *propter personam*; mais son obligation, même en ce cas, ne laissait pas d'être *subsidiaire* à l'obligation du fonds. Et lorsqu'on lui demandait les arrérages de la rente courus depuis qu'il avait cessé de posséder le fonds, il pouvait invoquer la *discussion* de ceux qui avaient possédé l'héritage après lui, et qui, pour le temps de leur possession, se trouvaient être les principaux débiteurs de la rente. (1)

Un effet de cette clause, c'est encore que l'héritier du preneur, soit médiat, soit immédiat, pouvait être obligé à passer une reconnaissance, quoiqu'il ne fut point possesseur de l'héritage arrenté. Mais il n'avait pas, dans l'acte de reconnaissance, à s'obliger directement au paiement de la rente; il avait seulement à reconnaître qu'en la qualité d'héritier du preneur, il était tenu de l'obligation de fournir et faire valoir la rente; et, en conséquence, à s'obliger au paiement de sa part héréditaire personnellement, et hypothécairement pour le tout, s'il était bien tenant; son obligation restant toujours *subsidiaire*. (2)

3° *La clause de payer la rente à toujours et à perpétuité.* — D'après Loyseau (liv. 4, chap. 11, n° 1), cette clause équivalait à celle qui précède. Loyseau prend soin de dire qu'il ne fallait pas en entendre les termes *pro subjecta materia*, c'est-à-dire subordonner leur interprétation à la nature du bail à rente.

Ainsi, les mots « à toujours » ne doivent pas donner à comprendre que le preneur eut voulu s'obliger *à toujours seulement, tant qu'il serait possesseur de l'héritage*; car, si ces mots n'avaient pas eu une autre signification; il eut été inutile de les introduire sous forme de clause; ce qu'ils auraient exprimé étant de la nature du contrat.

(1) Loyseau, liv. 4. ch 13 n° 3.
(2) Pothier, n° 52.

4· *La clause d'améliorer l'héritage de façon qu'il vaille toujours la rente et plus ;* c'est-à-dire de suppléer toujours ce que l'héritage produirait de moins que la rente. (1)

De là pour le preneur, l'engagement de devoir *subsidiairement* la rente, soit après l'aliénation si les nouveaux possesseurs étaient insolvables ; soit par le déguerpissement, si le créancier de la rente ne pouvait s'en faire payer sur l'héritage. (2)

Mais l'obligation qui résultait de cette clause s'éteignait par la destruction totale de l'héritage ; car le preneur ne pouvait avoir à améliorer ce qui n'existait plus. (3) En cela elle différait des deux précédentes.

5· *La clause de payer les arrérages de la rente sans aucune diminution.* Le bailleur, nous l'avons vu, était contribuable à certaines impositions extraordinaires, telles que tailles d'églises, tailles pour les chemins, tailles pour les fortifications (4); telles encore que les dixièmes et vingtièmes levés par le Roi sur le revenu de ses sujets. La clause dont il est question avait pour but de mettre à la charge du preneur et de ses successeurs l'acquittement de la part dont pouvaient être tenus dans ces impositions le bailleur ou ses successeurs, créanciers de la rente.

On n'examinait pas ici, comme pour la rente constituée, si les arrérages excédaient un taux légal, il n'y avait pas, il ne pouvait pas y avoir de taux pour les rentes foncières, dans lesquelles l'usure n'était pas à redouter.

**67.** II. — Des clauses en faveur du preneur. — Les principales étaient :

1· *La clause que la rente créée par le bail pourrait être rachetée.*

De même que le rachat était de l'essence de la rente constituée de même l'irrédimibilité était de nature de la rente foncière.

Si donc le preneur voulait se réserver ou réserver à ses suc-

(1) Loyseau, liv. 4, ch. 12, n· 11.

(2) Coutume de Senlis, art. 286 ; *Sens,* art. 337. — Loyseau, *loc cit.*

(3) Pothier, *Bail à rente,* n· 56.

(4) Pothier, n· 107.

cesseurs, lafaculté de dégréver l'héritage de la rente en payant une certaine somme, il devait recourir à une convention spéciale sur ce sujet.

Par cette clause, le bailleur s'engageait à décharger le fonds, dès que le preneur, ou ses successeurs lui payeraient la somme convenue pour le rachat.

Cette clause n'enlevait pas à la rente son caractère de foncialité ; la rente n'en continuait pas moins à représenter une portion de fonds.

L'obligation de souffrir le rachat passait au tiers acquéreur de la rente ; car la rente, ayant été créée sous la condition de cette obligation, était, et devait rester, affectée de cette obligation ; le cessionnaire ne pouvait d'ailleurs avoir plus de droit que n'en avait le cédant, réciproquement la faculté de racheter la rente passait au tiers acquéreur de l'immeuble ; car ce dernier acquérait tous les droits qui appartenaient à son vendeur à l'occasion de cet immeuble.

N'oublions pas que la faculté de rachat était en cette matière, purement accidentelle, et non pas essentielle comme dans la rente constituée. Aussi, tandis que le rachat de la rente constituée était imprescriptible, le *rachat stipulé* de la rente foncière restait *sujet à la prescription* de trente ou quarante ans, prescription commune à tous les droits personnels.

2o *La clause par laquelle le bailleur d'un héritage féodal se chargeait de sa foi.*

Cette clause rentrait dans l'expédient appelé *jeu de fief*, que l'on employait, lors de la vente d'un héritage féodal, pour sauvegarder l'intérêt du seigneur fieffeux, lequel aurait pu se trouver compromis par un changement inaccepté de vassal.

Mais il faut observer que le bail fait avec une telle clause n'était plus un bail à rente simple. En effet, le bailleur, qui se retenait sa foi, ne pouvait être reçu à la porter qu'en qualité de seigneur de l'héritage. Il fallait donc qu'il eût conservé la seigneurie. Ainsi le bailleur, dans l'espèce, réservait sur le fonds autre chose que le droit de rente foncière ; il réservait aussi le droit seigneurial. Il n'y avait plus de bail à rente ; il y avait, grâce à cette clause, un vrai bail à cens (1).

## § 4. — Des actions qui compétaient aux créanciers de rentes foncières ; et des divers droits qui leur garantissaient le paiement de la rente.

**68**. Les créanciers de rentes foncières avaient différentes actions contre les possesseurs des fonds arrentés. Ils avaient, de plus, des droits sur les fruits de ces fonds et sur les meubles qui s'y trouvaient (2).

I. — DES ACTIONS QUI COMPÉTAIENT AUX CRÉANCIERS DE RENTE FONCIÈRE CONTRE LES POSSESSEURS DU FONDS ARRENTÉ.

Ces actions étaient au nombre de trois, savoir : L'action personnelle, l'action hypothécaire, et l'action mixte.

1o *De l'action personnelle.*

L'action personnelle était accordée au créancier de la rente pour le paiement des arrérages courus pendant que l'héritage avait été possédé, soit *contre le preneur* lui-même, qui s'était engagé à payer la rente tant qu'il posséderait l'héritage (3) ; soit contre le *tiers-détenteur* du fonds baillé à rente, qui était engagé, lui par un quasi-contrat résultant de ce fait, qu'il n'avait pas ignoré la rente dont l'héritage acquis par lui était grévé.

Cette action atteignait aussi *les héritiers*, tant du preneur que du tiers-détenteur, dans les conditions suivantes :

Pour les arrérages qui avaient couru pendant la possession de leur auteur, ceux-là même d'entre les héritiers qui ne succédaient pas à l'héritage grévé de la rente, en étaient tenus, personnellement pour leur part héréditaire ; et hypothécairement pour le tout,

(1) Pothier, n° 79.

(2) Pothier, n° 80.

(3) V. ci-dessus : Défin. du bail à rente.

s'ils avaient succédé à des immeubles hypothéqués du chef du défunt pour la sûreté de la rente, ces arrérages étaient une dette personnelle du défunt.

Quant aux arrérages courus seulement depuis l'ouverture de la succession du preneur, soit du tiers-détenteur, ceux-là seuls de leurs hérétiers qui succédaient au fonds arrenté en étaient tenus en leur qualité de possesseurs de ce fonds, et non plus comme continuateurs de la personne du *de cujus*.

2° *De l'action hypothécaire.*

C'est l'héritage, nous l'avons dit, souvent, qui était proprement débiteur de la rente ; c'est l'héritage qui était principalement affecté au paiement de tous les arrérages qui en pouvaient être dûs. Quant au possesseur de l'héritage, il n'était tenu personnellement des arrérages que pour le temps où il avait retiré les fruits et les services de l'héritage, que pendant la durée de sa possession.

Mais si des arrérages avaient manqué d'être payés par les précédents possesseurs, bien que ces derniers fussent toujours tenus personnellement de ces arrérages, le fonds lui-même ne continuait pas moins à en être débiteur et à répondre du droit de rente qui était réservé sur lui. La faculté qu'il avait d'agir contre l'ancien possesseur ne privait aucunement le créancier de la rente du droit d'agir contre l'immeuble.

Telle est l'action immobilière à laquelle Loyseau donnait le nom d'*hypothécaire.*

Il ne faudrait pas cependant la confondre avec l'action qui résulte de l'hypothèque ; elle ressemblait à cette dernière en ce que le tiers détenteur du fonds arrenté était dans l'obligation de *délaisser ou de payer ;* mais elle avait cela de plus, que le tiers détenteur du fonds arrenté ne pouvait pas, comme le détenteur de l'immeuble hypothéqué, renvoyer le créancier de la rente discuter les précédents possesseurs ; puisque le fonds était, même avant eux, débiteur de la rente.

Le tiers-détenteur de l'immeuble arrenté pouvait toutefois

requérir du créancier la subrogation ; et l'eut-il omis, qu'il avait encore contre les précédents possesseurs l'action *negotiorum gestorum*, ayant fait leur affaire en payant leur dette personnelle.

L'action hypothécaire pouvait être nécessaire au créancier de la rente, même pour obtenir des arrérages présentement courants. Il pouvait, en effet, se trouver en face d'un *possesseur de bonne foi* qui ignorait l'existence de la rente. Un tel possesseur ne pouvait être actionné personnellement ; il avait cru sincèrement que le fonds lui appartenait en franchise et sans nulle charge ; il avait donc pu faire tous les fruits siens. Dès lors, le créancier de la rente devrait, s'il voulait obtenir les arrérages courus pendant cette possession de bonne foi, s'adresser à l'immeuble, qui n'avait pas cessé, lui, de devoir la rente et d'être affecté à son paiement. Le créancier forçait ainsi le possesseur de bonne foi à payer les arrérages ou à délaisser.

3° *De l'action mixte :*

L'action mixte était donnée contre le possesseur, afin qu'il fut condamné à *passer titre nouvel de la rente et à la continuer à l'avenir.*

Loyseau l'appelait « mixte » parce qu'elle tenait à la fois de l'action réelle et de l'action personnelle. D'une part, en effet, elle avait pour objet la réclamation d'un droit réel, *jus in re* ; elle suivait l'héritage, et s'intentait contre quiconque le possédait. D'autre part, elle contenait la conclusion de l'action personnelle, *eum dare oportere.*

L'action mixte était accordée contre tout détenteur de l'héritage arrenté, sauf pourtant le cas où cet héritage était un fief et se trouvait tenu par un seigneur à la suite d'une *saisie féodale.* En ce cas, le droit du seigneur dans le fief se trouvait être plus ancien que le droit du rentier ; et de plus, le seigneur, ne tenant pas de ses vassaux son droit dans l'héritage, ne pouvait être obligé à propos des charges que les vassaux y avait imposées (1).

(1) Pothier. *Bail à rente*, n° 102.

**69.** II. DES AUTRES DROITS DU CRÉANCIER DE RENTE FONCIÈRE.

Nous avons déjà fait pressentir que ces droits étaient à peu près les mêmes que les droits du locataire.

Le créancier de rente foncière avait effectivement :

1o *Une espèce de droit de gage*, sur les fruits des terres et sur les meubles servant à l'exploitation des maisons ou métairies, sans distinguer, pour ces derniers, s'ils appartenaient ou non au possesseur du fonds arrenté (1).

2o Un droit *de préférence* aux autres créanciers sur les dits effets (2).

3o *Un droit de suite*, lequel devait être exercé dans un court délai (3) ;

4ᵉ *Différents droits de gagerie ou d'exécution*, suivant les diverses coutumes (4) ;

5ᵉ Enfin (et ceci était tout spécial aux baux de biens ruraux), l'ordonnance de 1667 (art. 7) accordait, par exception, aux bailleurs de ces sortes de biens, encore que leur créance fut purement civile, la faculté de stipuler la contrainte par corps, et d'enlever ainsi au preneur le bénéfice de la cession de biens.

(1) Pothier. *Bail à rente*, nᵉ 103.

(2) *Ibid.*

(3) Dans la coutume d'Orléans, ce délai était de huit jours pour les meubles garnissant la maison et de quarante jours pour les meubles garnissant la ferme.

(4) *Droit d'exécution* dans la coutume d'Orléans, c'est à dire droit de faire saisir les meubles par ministère d'un sergent, de les faire garder de force et de les vendre à l'encan pour le paiement des trois derniers termes d'arrérage dûs.

*Droit de gagerie*, dans la coutume de Paris, moins favorable que le précédent aux seigneurs d'hôtel et de métairie, car il ne leur donnait plus la faculté de faire prendre, saisir, enlever et exécuter les meubles *sans titre exécutoire*, mais seulement la faculté de les *saisir et arrêter*. c'est-à-dire de leur donner un simple gardien, sans pouvoir les déplacer ni procéder à la vente.

Les droits du créancier de rente foncière différaient pourtant des droits du locateur, dans le cas de location de l'immeuble arrenté. Le créancier de rente foncière, en effet, ne pouvait exercer aucun droit sur les meubles du locataire ou fermier, ni sur les fruits perçus par ce dernier, il pouvait seulement arrêter les fermes et loyers, sur lesquels il était préféré aux autres créanciers de son débiteur ; tandis que le locateur principal dont l'immeuble était sous-loué par le locataire, avait un droit de gage qui s'étendait même aux fruits perçus par le sous-locataire et aux meubles appartenant au sous fermier (1).

La raison de cette différence, d'après Pothier, c'est que la personne qui prenait un héritage à loyer ou à ferme pouvait savoir facilement que son locateur était lui-même locataire, tandis qu'elle ne devait pas le supposer facilement propriétaire moyennant une rente. En d'autres termes, cette personne, qui n'avait guère pu ignorer que les fruits par elle perçus et les meubles à elle appartenant tomberaient sous les droit d'un locateur, avait dû, au contraire, ne pas prévoir que derrière son locateur se trouverait un bailleur à rente (2).

### § 5. De la nature des rentes foncières et de leurs arrérages.

**70.** Des conditions mêmes dans lesquelles s'établirait le droit de rente foncière, dérivaient pour elle des caractères propres que ne pouvait pas avoir la rente constituée.

La rente foncière était une co-propriété réservée par le bailleur sur l'immeuble qu'il aliénait. Il suit de là que la rente foncière était Immeuble, et la règle *actio ad immobile immobilis est* recevait ici une entière application. Cette rente était, par conséquent, susceptible *d'être hypothéquée.*

(1) Pothier, *Bail à terme,* n° 103, et *Louage,* n° 233.

2) Pothier, n° 103.

La rente foncière était, de plus, IRREMBOURSABLE. Car en souffrir le remboursement, c'eut été souffrir que le bailleur put être exproprié , contre la règle *Nemo cogitur rem suam vendere.*

La rente foncière était encore INDIVISIBLE. Dûe par l'héritage, elle était dûe sur tout l'héritage comme sur chaque partie de l'héritage. Le fonds pouvait périr presque en entier, la rente était représentée par ce qui en restait ; plusieurs étaient-ils co-héritiers ou co-acquéreurs du fonds, chacun d'eux se trouvait, vis-à-vis du créancier, tenu du service de la rente entière. Ils ne jouissaient pas même du *bénéfice de division* ; ils pouvaient, tout au plus, exiger du créancier de la rente une *subrogation* dans ses droits et actions. Et Pothier ajoute que, les droits résultant de cette subrogation ne devaient être exercés contre les codétenteurs de l'immeuble arrenté que dans la mesure de la part que chacun d'eux possédait sur cette immeuble. La raison en était, selon Pothier, que si le codétenteur poursuivi eut eu un recours pour le tout contre les autres, on serait tombé dans un cercle vicieux d'actions (1).

**71.** Pour ce qui est des arrérages de la rente foncière, ils s'acquéraient et se payaient d'après la même règle que les arrérages de la rente constituée ; ils étaient également sujets à la prescription résultant des *quittances de trois années consécutives* ; mais, à la différence des arrérages constitués, ils pouvaient produire des intérêts ; ils étaient considérés moins comme une somme d'argent que comme la représentation des fruits de l'héritage baillé à rente ; on ne voyait pas en eux des *usuræ*, on n'avait pas à redouter l'anatocisme.

A la différence encore des arrérages de rente constituée, les arrérages de la rente foncière ne tombaient pas sous le coup de la prescription quinquennale. Nous avons vu comment et pourquoi l'ordonnance de Louis XII ne les atteignait pas ; ils restaient donc soumis au droit commun, c'est-à-dire à la prescription trentenaire.

(1) Pothier, *bail à rente*, n° 89.

Enfin, tandis que les codébiteurs d'une rente constituée n'étant tenus des arrérages que chacun pour sa part, nous venons de voir que les codétenteurs de l'immeuble arrenté étaient tenus des arrérages chacun pour le tout.

### § 6. — Comment s'éteignait la rente foncière.

**72.** La rente foncière s'éteignait par la rescision ou la résolution du contrat dont elle résultait ; puis par certains modes communs à tous les droits réels que l'on a sur les immeubles.

I. — DE LA RESCISION ET DE LA RÉSOLUTION DE BAIL A RENTE.

Le bail à rente pouvait être rescindé pour les différents vices qui donnaient lieu à la rescision des autres contrats, c'est-à-dire par erreur, violence, dol ; et aussi, d'après Pothier (no 46), pour lésion d'outre-moitié.

Le bail à rente était sujet à résolution comme les contrats synallagmatiques en général, pour inexécution des obligations de l'une ou l'autre des parties ; et, comme la vente en particulier, par suite des diverses clauses résolutoires qu'on pouvait y apposer.

**73.** II. — DES MODES D'EXTINCTION COMMUNS A LA RENTE FONCIÈRE ET AUX AUTRES DROITS RÉELS.

Ces modes étaient : la renonciation du créancier, la perte de l'héritage, la prescription, le déguerpissement, la confusion, le rachat, lorsqu'il était convenu ou permis par la loi, la purge.

1o *De la renonciation du créancier à la rente.*

La renonciation pouvait être *expresse* ou *tacite* ; suivant qu'elle résultait d'une déclaration formelle faite par le créancier dans un acte ; ou suivant qu'elle s'induisait de quelque autre fait du credi-rentier, tel que le consentement qu'il aurait donné à la vente, donation ou échange de l'immeuble arrenté, sans faire aucune réserve de son droit de rente (1).

(1) Merlin, rép., V* *Hypothèques.*

2º *De la perte du fonds arrenté.*

La rente étant un droit retenu sur le fonds, il n'était pas concevable qu'elle pût survivre à l'objet dont elle faisait partie.

3º *De la prescription.*

La rente foncière était sujette à deux espèces de prescriptions ;

Savoir : la prescription *acquisitive*, et la prescription *libératoire*. La première résultait de la possession du détenteur qui avait possédé l'héritage comme franc de la rente foncière. La seconde résultait du non-usage du créancier.

La prescription acquisitive, basée sur la *possession*, et en même temps sur la *bonne foi*, ne pouvait être invoquée ni par le preneur, qui s'était engagé à payer la rente tant qu'il posséderait ; ni par les tiers-détenteurs qui avaient acquis l'héritage avec la connaissance de la rente, et qui se trouvaient ainsi liés par un quasi-contrat. Les héritiers médiats ou immédiats, soit du preneur, soit de ces tiers-détenteurs, ne pouvaient pas davantage prescrire la rente ; car ils tombaient sous l'application de la règle *hæres succedit in virtutes et vitia possessionis defuncti*, leur possession n'étant que la continuation de la possession de leur auteur.

Il fallait donc, pour prescrire le droit de rente par la possession du fonds arrenté, être un détenteur autre que le preneur à rente ou qu'un acquéreur connaissant la rente, et autre qu'un de leurs successeurs à titre universel. Il fallait être *possesseur à titre particulier*, et, de plus, posséder l'héritage *comme franc* de la rente dont il était grevé.

En outre de ces deux conditions, celui qui prétendait avoir prescrit le droit de rente devait encore apporter une possession de *dix* ou *vingt ans* et *non interrompue* ni de fait ni de droit Il devait produire un *titre d'acquisition* qui ne contint pas mention de la rente. Il devait enfin établir que la *prescription pouvait courir* contre le créancier de la rente.

La prescription libératoire, basée sur le *non-usage* du crédirentier, ne nécessitait point la possession ni la bonne foi. Elle pouvait être invoquée par le preneur lui-même : à plus forte raison pouvait-elle l'être par le tiers détenteur, qu'il fut ou non successeur à titre particulier ; qu'il eut ou non connu l'existence de la rente.

La prescription libératoire avait lieu par trente ans, et par quarante, lorsque la rente avait été établie par un acte devant notaire, dans les pays où la loi *quum notissimi* était reçue.

4o *Déguerpissement.*

Le déguerpissement est l'abandon du fonds que faisait le possesseur, soit à l'ancien propriétaire, soit à ses représentants.

Ceux-ci ne pouvaient conserver une portion de propriété sur la chose dont la propriété entière rentrait entre leurs mains

5o *De la confusion.*

Lorsque le débiteur de la rente était devenu lui-même propriétaire du fonds, il ne pouvait être son propre créancier.

**74.** 6' *Du rachat de la rente.*

Le rachat, bien qu'il ne fut pas de la nature du bail à rente, pouvait être stipulé par le débi-rentier dans le contrat. Quelquefois même il dérivait de la loi ou de la coutume.

En effet, plusieurs dérogations furent, à diverses époques, et pour cause d'utilité publique, apportées au principe de l'irrédimibilité des rentes foncières. Ces dérogations concernaient les rentes foncières établies sur les *maisons des villes.*

Il arrivait que les propriétaires des maisons grevées de plusieurs rentes qei en absorbaient le revenu, laissaient tomber ces édifices en ruines. De là, une ordonnance de Charles **VII**, rendue en l'an 1441 et portant « qne toute rente dûe sur les maisons de la ville et des faubourgs de Paris serait rachetable au denier douze. » Un édit de Mai 1553, et une déclaration dv dernier février suivant, étendirent ce privilége aux maisons de toutes les villes du royaume.

Ce droit de rachat légal ne devait pas être confondu avec le droit de rachat couventionnel ; car, reposant sur l'intérêt public, il était imprescriptible, et il ne pouvait y être dérogé par les stipulations des particuliers ; toutes choses qui n'avaient pas lieu à propos du rachat convenu entre les parties.

La faculté légale de rachat, ainsi généralisée à toutes les maisons des villes françaises, ne souffrit qu'une seule exception introduite au sujet des *maisons baillées à rente par l'Eglise*. C'est ce qui résulte d'une déclaration de Charles IX, de 1568, et de l'article 20 d'un édit de décembre 1606. Et encore ces actes royaux ne maintinrent-ils pas en tous lieux le privilége d'irrédimibilité accordé aux rentes que réservait l'église sur les maisons urbaines aliénées par elle. Les rentes établies sur les maisons ecclésiastiques restèrent rachetables dans les pays où la coutume reconnaissait expressément pour elles la faculté de rachat ; Telles étaient les coutumes de Paris et d'Orléans. On disait, en ces deux pays, que l'église n'avait pas à se plaindre de la faveur accordée aux possesseurs des maisons arrentées par elle, parce que les gens d'église, ayant pris part aux *enquêtes par tourbe* et à la réformation de la coutume, étaient censés avoir approuvé la disposition du rachat, dès lors qu'ils n'avaient point protesté contre elle. (1) Mais il paraît que cette doctrine n'était pas bien établie ; car Loysel nous dit: « Rentes foncières dûes aux ecclésiastiques ne sont rachetables, ores qu'elles fussent dûes sur maisons de ville, même de Paris, les ordonnances des rois François Ier et Henri II ayant pour ce regard été réformées par celle du roi Charles IX, suivie et confirmée par les arrêts. »

**75**. 7º — *De la purge.*

La purge des rentes foncières avait lieu par divers modes :

Par l'*opposition à fin d'annuler* faite à la saisie réelle et aux criées (2) soit par rapport à la *forme*, pour vice dans la procédure suivie ; soit par rapport à la matière, quand la saisie et les criées avaient été faites pour choses qui n'étaient pas dûes par la saisie (3).

(1) Merlin, rep. *Rent. fon.* § 1, nº 8.
(2) Merlin, Rep., V. *criées.*
(3) Merlin. Rep. *opp. aux criées.*

Cette opposition appartenait au saisi lui-même et à ses créanciers. Le saisi devait la faire avant le *congé d'adjuger* conformément à l'assignation en interposition du décret (1) ; tandis que ses créanciers, qui n'avaient pas été appelés comme lui, possesseur et débiteur, ni mis en demeure pour proposer leurs moyens de nullité pouvaient exercer le droit d'opposition jusqu'à l'adjudication.

*Par le décret forcé* de l'héritage arrenté.

On nommait *décret* l'acte par lequel les créanciers faisaient vendre les immeubles de leur débiteur en justice, au plus offrant et dernier enchérisseur. Le décret forcé intervenait toujours à la suite d'une saisie réelle (2). Les divers créanciers du saisi étaient avertis par des criées d'avoir à faire une opposition au décret ; à défaut de cette opposition, ils étaient légalement présumés avoir eu connaissance de la vente, et avoir fait remise de leur droit. L'adjudicataire recevait donc l'immeuble purgé, et l'on disait même que nulle propriété n'était plus solide que la propriété acquise sur décret forcé.

*Par le décret volontaire.*

Les avantages que conférait le décret forcé à l'adjudicataire du fond décrété, inspirèrent l'idée d'une nouvelle espèce de décret, le décret volontaire. L'acquéreur d'un immeuble redoutait-il l'éviction, ou craignait-il de n'avoir pas ses sûretés, il faisait alors consentir une obligation en brevet, au profit d'un tiers, par celui qui voulait vendre l'immeuble ; le tiers fournissait au vendeur une contre-lettre, et puis, en vertu de son titre apparent, le vendeur ne payant pas la dette fictive, il poursuivait la vente du fonds. L'acquéreur s'en rendait alors adjudicataire, et l'immeuble se trouvait, de la sorte, libre dans les mains de ce dernier. Pour plus de précaution, l'acquéreur, tout en se réservant le décret volontaire, stipulait toujours que le prix d'acquisition

---

(1) Merlin, loc. lit.
(2) Merlin, Rep., *Décret d'immeubles*, § 2.

ne serait payé qu'après que le décret aurait été scellé sans opposition (1).

Mais les longueurs et les formalités compliquées du décret volontaire génèrent bientôt le commerce des rentes sur le roi, lesquelles rentes se trouvaient tellement divisées, que les frais du décret absorbaient souvent une partie du capital. Le décret volontaire, qui purgeait « *tous les droits réels ou fonciers* sauf les droits seigneuriaux » (2), qui éteignait, par conséquent, les hypothèques et les servitudes ; le décret volontaire, disons-nous, fut aboli par l'édit du mois de juin 1771, qui lui substitua un nouveau mode de purge sur aliénation volontaire, à savoir les *lettres de ratification* (3). L'obtention de ces lettres était subordonnée à des formalités moins longues et moins difficiles. Aux criées étaient substitués le simple dépôt au greffe, des baillages ou sénéchaussées, du contrat portant aliénation, et l'exposition de ce contrat pendant deux mois au tableau de l'auditoire (4).

Mais ce fut, et c'est encore, une grave question que celle de savoir « si les lettres de ratification, qui, aux termes de l'art. 7 du préambule de l'édit, *remplaçaient le décret volontaire*, pouvaient, comme ce dernier, purger un immeuble d'un droit de rente foncière, aussi bien que de tout autre droit réel ou foncier. »

Le Parlement de Paris répondait affirmativement à cette question : Il s'appuyait sur l'article 7 du préambule de l'édit de juin 1771 ; il rappelait que le décret volontaire, qu'on avait prétendu remplacer par les lettres de ratification, avait pour effet de purger les rentes foncières ; il admettait, de plus, que le droit du créancier de rente foncière n'était point une propriété qu'il fut impossible d'anéantir par la purge, vu que l'édit des hypothèques ne considérait ce droit « que comme un simple droit de privilége et d'hypothèque (5). »

(1) Merlin, Rép., *Décr.*, § 1.
(2) Merlin, *Loc. cit.*
(3) Merlin, Rep. *Hypothèque*, sect. 1, § 13, VIII.
(4) Merlin, *Loc. cit.*
(5) Merlin, Rep. *Hypoth.*, sect. 1, § 16.

Ce n'était point là, cependant, la doctrine des jurisconsultes. Brohard, commentateur de l'édit des hypothèques, persistait à voir dans le droit du créancier de rente foncière une propriété véritable, impossible à purger par un mode que l'édit n'indiquait pas expressément comme pouvant produire un tel effet. Et Merlin fit triompher ce dernier avis dans un arrêt de la Cour de cassation du 12 pluviôse an XI.

Rien n'autorisait donc à dire avec une entière certitude que les lettres de ratification eussent, comme l'avait le décret volontaire, la propriété de purger les rentes foncières : ce point était sujet à contestation.

**76**. Si, en nous résumant, nous comparons, dans l'ancien droit, les rentes foncières aux rentes constituées, nous voyons que la rente foncière, comme la rente constituée, produit des arrérages qui s'acquièrent jour par jour. Mais de nombreuses différences séparent ces deux espèces de rentes. Les rentes foncières sont dûes par l'héritage, les rentes constituées par le débiteur. Les arrérages des rentes foncières ne sont pas prescriptibles, comme ceux des rentes constituées, par cinq ans, mais par trente ans. Les intérêts des arrérages des rentes foncières sont dûs depuis le jour de la demeure ; les arrérages des rentes constituées ne produiront pas d'intérêts. Les rentes foncières ne sont pas rachetables, sauf exception. Les rentes constituées sont essentiellement rachetables.

## CHAPITRE DEUXIÈME.

### De la rente foncière sous le droit intermédiaire.

**77**. Après avoir tracé les règles du bail à rente dans l'ancien droit, nous voici donc arrivé aux changements radicaux que lui fit subir la Révolution et que formula le droit intermédiaire.

On sait le réveil philosophique qui remplit le XVIIIe siècle, on sait quelles proportions prirent, vers sa fin, la haine d'un régime odieux et vieilli, et le besoin d'élever les institutions au niveau des progrès de l'esprit humain. Ces aspirations, longtemps contenues, se combinèrent avec des besoins et des instincts économiques nouveaux, elles éclatèrent à un jour donné et non contentes de faire table rase de tous les droits féodaux, symboles de barbarie, d'ignorance et d'oppression, elles voulurent encore anéantir tout ce qui aurait pu rappeler l'ancien ordre des choses, réveiller les tristes souvenirs du passé, ou permettre à des hommes encore naïfs et inexpérimentés dans la liberté, de se replacer indirectement et à leur insu sous domination de leur semblable.

Sans doute, la Constituante n'abolit pas la rente foncière sans indemnité, comme elle avait fait pour le cens, la foi, la dime etc., elle déclara seulement que « toute rente foncière pourrait-être rachetée » ; mais d'autres lois vinrent ensuite mutiler cette rente, de telle façon que le droit du bailleur ou de ses successeurs ne put plus devenir en leurs mains une arme funeste, un moyen d'asservissement, un instrument de vexation ou d'exploitation contre le détenteur du fond arrenté.

Qu'on nous permette par deux courtes citations, de montrer l'esprit et le but de ceux qui frappèrent de la sorte la rente foncière.

Le consul Cambacéres s'exprimait ainsi dans la séance du Conseil d'Etat du 7 pluviose an XII « l'assemblée constituante, lorsqu'elle opina pour le libre rachat des rentes foncières, avait à .lutter contre la classe des privilégiés qui était en même temps celle des grands propriétaires ; elle l'attaqua en attaquant la propriété dont cette classe tirait sa force ; par ce moyen elle s'est attaché le Tiers-Etat qu'elle voulait opposer aux privilégiés. »

Le citoyen Crétet dans la même séance répondait aux orateurs qui avaient fait l'apologie de la rente foncière : « J'ignore si le défrichement des terres ou d'autres avantages sont dús au bail à rente ; mais je sais que ce contrat a été dans les mains des usurpateurs, un moyen puissant pour tenir le propriétaire sous leur dépendance, qu'il a toujours produit des inégalités énormes, le bailleur enlevant au preneur tout le fruit de ses travaux, pour lui laisser l'indigence avec le vain titre de propriétaire. »

Nous n'avons pas à nous prononcer sur la valeur des arguments dirigés contre le bail à rente, nous devons seulement constater qu'ils révélaient une double tendance politique et économique, aspirant à détruire tout ce qui de loin ou de près se rattachait aux droits seigneuriaux.

**78.** Depuis 1789 jusqu'en l'an VIII, quatre lois furent successivement promulguées qui portèrent chacune leur coup au vieil édifice du bail à rente.

La première fut la loi du 9 août 1789 ; elle posa en termes généraux le principe du rachat des rentes foncières, renvoyant à un nouvel acte de l'assemblée nationale le soin d'en régler les détails et le mode d'exécution.

La seconde fut la loi du 29 décembre 1790 dont la tache fut complexe.

Elle reproduisit le même principe et déclara rachetables toutes les rentes foncières, soit en nature soit en argent de quelque espèce qu'elles soient, quelle que soit leur origine, à quelques personnes qu'elles soient dúes « gens de main-morte, domaine, apanagistes, ordre de Malte, mêmes les rentes de dons et legs, pour cause pie ou de fondation; ainsi que les champarts de toute espèce et sous toute dénomination. » (Art. 1.). Cette loi défendit en outre de créer à l'avenir aucune redevance foncière non remboursable, mais elle permit les baux à rentes ou emphytéose non perpétuels, lesquels seraient exécutés pour toute leur durée et pourraient être faits pour *quatre'vingt-dix neuf ans* et au-dessous, ainsi que les *beaux à vie*, même sur plusieurs têtes, pourvu qu'elles n'excédassent pas le nombre *trois*. Elle déclara rachetables également les redevances provenant du contrat connu en certains pays sous les noms de *Locatairies perpétuelles*. Toutefois, de cette atteinte portée à la nature des rentes foncières, il ne faut pas conclure, comme l'ont fait certains auteurs, que ces rentes aient perdu leur caractère immobilier; tout au contraire il leur a été conservé par la loi de 1790; l'article 3 du titre V est conçu en ces termes. « La faculté de racheter les rentes foncières ne changera pareillement rien à leur nature immobilière, ni quant à la loi qui les régissait; en conséquence elles continueront d'être soumises aux mêmes principes, lois et usages que ci-devant, quant à l'ordre des successions et quant aux dispositions entre-vifs et testamentaires et aux aliénations à titre onéreux. »

Le bailleur pourra donc agir soit contre le preneur personnellement, soit hypothécairement sur le fonds aliéné, comme il en avait la faculté sous l'empire du droit ancien, et le possesseur pourra toujours déguerpir l'immeuble, lorsqu'il ne sera pas personnellement engagé.

**79.** La loi de 1790 en conservant aux rentes leur caractère immobilier a aussi maintenu toutes les conséquences qui en découlent. S'occupant d'abord des intérêts de l'agriculture et du crédit foncier, elle décide ( titre V art. 1.) que la faculté de rachat accordée aux débiteurs des rentes foncières, ne dérogera en rien aux droits dont les bailleurs à rente ont joui jusqu'alors; qu'en conséquence les créanciers bailleurs continueront d'exercer les mêmes actions hypothécaires, personnelles ou mixtes avec les mêmes priviléges qui leur étaient accordés par les lois, coutumes et statuts antérieurs.

Puis passant aux intérêts des tiers, elle déclare de même, (titre VI, art. 1.) que la faculté de rachat des rentes foncières, ne changera rien aux droits que les lois, coutumes et usages donnaient aux créanciers hypothécaires ou chirographaires, lesquels continueront à les exercer comme par le passé.

La loi de 1790 ne prohibe pas non plus pour l'avenir l'établissement de nouvelles rentes foncières concernant leur caractère immobilier, mais elle y apporte un changement qui donne au contrat un caractère étrange.

Le droit du bailleur sera-t-il réel ou personnel?

La loi de 1790 ne s'occupe que de la durée, tant des rentes foncières existant, que de celles qui pourront être crées pour l'avenir; mais rien n'indique quelle nature elle prétend leur donner. La faculté, accordée au débiteur, de rembourser la rente à sa volonté semble incompatible avec l'idée que la rente foncière est un démembrement de propriété; car dès l'instant qu'une personne peut être forcée d'abandonner son droit au gré d'un tiers, on ne peut pas dire qu'elle ait un droit réel. On ne peut guère expliquer cette anomalie qu'en se reportant à l'époque de la confection de la loi, alors que la principale préoccupation du législateur était l'affranchissement du sol, il s'est peut être trop hâté de le proclamer, sans se rendre bien compte de l'incertitude que cette innovation allait jeter sur la nature des rentes. En outre décréter le rachat des rentes foncières même antérieurement constituées, c'était donner à la loi un effet rétroactif; mais telle était la nécessité du moment: cette mesure n'aurait pu avoir un effet salutaire, si les rentes foncières qui existaient alors en si grand nombre, n'y avaient été comprises.

Aux termes de l'article 1er du titre II de la loi dont nous nous occupons, le droit d'exercer le rachat appartient à tout propriétaire. Il semble que cette faculté soit réservée à lui seul. Mais ce n'est pas d'une manière aussi restrictive qu'il faut entendre cette disposition. Il est dans l'esprit du législateur de faciliter l'affranchissement des fonds grévés de rente, le rachat sera donc permis à toute personne qui y aura intérêt. Ainsi le vendeur, devant à son acheteur la garantie des charges réelles qui pèsent sur l'immeuble, pourra lui-même racheter. Le propriétaire n'est indiqué seul dans la loi de 1790 que parce qu'il est le plus intéressé au rachat. Aussi trouve-t-on dans l'article 1 du titre V la dénomination de débiteur, pour désigner celui qui peut exercer le rachat.

La loi du 29 Décembre 1790 (tit. II, art. 1er) permet le rachat partiel : le possesseur de plusieurs héritages situés dans une même commune et grévés d'une rente au profit d'un même individu, peut libérer de la rente chacun de ces fonds séparément. Cependant si les différents immeubles appartenant à la même personne « sont tenus d'une rente ou d'une redevance foncière solidaire » le rachat doit être total. La rente doit encore être rachetée en entier, quand le fonds est possédé par plusieurs individus, sous l'engagement solidaire du service de cette rente. Dans ce cas, si le rachat total est offert par l'un des débiteurs solidaires, le créancier ne peut se refuser au remboursement sans renoncer à la solidarité vis-à-vis de ses coobligés. Au reste la loi de 1790 reproduit une disposition de l'ancien droit qui est encore en vigueur anjourd'hui, c'est que « le redevable qui aura fait le remboursement total demeurera subrogé aux droits du créancier, pour les exercer contre les codébiteurs, mais sans aucune solidarité; et chacun des autres codébiteurs pourra racheter sa portion divisément. »

Si aucun engagement solidaire de servir la rente ne lie les différentes personnes qui possèdent un fonds grévé de cette charge, chacune d'elles peut racheter divisément la rente au prorata de la portion dont elle est tenue : on reste alors dans les termes du droit commun.

**80.** Les différentes dispositions dont il vient d'être parlé ont été modifiées par la loi du 20 août 1792. L'article 1er du titre II abolit cette solidarité pour le paiement des rentes et autres redevances foncières. Ainsi, soit que la solidarité résulte de la détention par une même personne de différents immeubles grévés d'une même rente (cas prévus par la fin de l'article 1ᵉʳ du titre II de la loi de 1790), soit qu'elle résulte d'un engagement solidaire entre plusieurs co-propriétaires d'un fonds chargé d'une rente, elle est supprimée par la loi de 1792, c'est ce qui résulte de l'article 2 de cette loi qui accorde aux débiteurs solidaires de rentes foncières perpétuelles la faculté de les racheter à l'avenir divisément, au prorata de la part dont chacun d'eux est tenu.

La portion contributive de la part de chacun des débiteurs solidaires au paiement de la rente, grévant un fonds divisé entre eux sera déterminée au moyen « d'une reconnaissance ou autres actes faits par les possesseurs des dits droits..... des quittances données par les possesseurs des droits, leurs receveurs ou agents, et les collecteurs de rôles ou rentiers. lorsque cette quotité y sera déterminée » (titre II, art. 3.) Si l'immeuble arrenté est indivis, « les codébiteurs, seront tenus de faire préalablement constater et vérifier à frais communs et proportionnellement à la part qui appartient à chacun dans les fonds grévés, la quotité des dits droits solidaires, à laquelle ils ont individuellement soumis, contradictoirement avec le propriétaire des dits droits ou lui dûment appelé..... » (art. 4).

Les dispositions de la loi de 1792 s'appliquent aux droits créés avant sa publication. Les expressions de l'article 1ᵉʳ de cette loi, « sous quelque dénomination qu'ils existent. » en sont une preuve; quant aux rentes qui devaient être créées à l'avenir, la loi de 1792 leur était à plus forte raison applicable; car le législateur, dans le but d'affranchir le territoire des charges qui le grévaient, a facilité aux débiteurs les moyens de se libérer contrairement au principe de la non-rétroactivité des lois, la même faveur ne peut être contestée à ceux qui, après l'établissement du principe de cet affranchissement, auraient consenti de nouvelles redevances sur leurs propriétés.

La disposition de la loi de 1792 n'est que le développement de la faculté de rachat établie pour le passé et pour l'avenir par l'article 1<sup>er</sup> du titre I de la loi de 1790. Il ne nous paraît donc pas douteux, malgré l'opinion contraire de certains auteurs, que la loi de 1792 ne fut destinée à régler les rentes créées à l'avenir.

Pour terminer l'examen de la loi de 1792, ajoutons qu'elle réduisit à *cinq années* le temps nécessaire pour la *prescription des arrérages*, assimilant ainsi en un point nouveau, les arrérages de toute la rente foncière avec les arrérages de la rente constituée.

**81.** Revenons à la loi de 1790.

Le capital du rachat est déterminé, soit par la convention des parties, soit par la loi à défaut de convention.

Quand les parties sont maîtresses de leurs droits, elles peuvent traiter de gré à gré pour telle somme et sous telles conditions qu'il leur plaira. Elles ne pourront attaquer sous prétexte de tésion leur convention ainsi faite. Les tuteurs, les grévés de substitution, les maris pour les dots inaliénables des femmes ne pourront liquider le rachat des rentes appartenant aux mineurs, aux interdits, aux substitués et aux femmes, qu'en la forme et au taux prescrits par le titre III de la loi et à la charge de remploi. Le redevable, qui ne voudra point demeurer garant du remploi, pourra consigner le prix du rachat, qui ne sera délivré aux personnes qui sont assujetties au remploi qu'en vertu d'une ordonnance du juge (titre II, art. 4).

Lorsque les parties maîtresses de leurs droits ne s'accordent pas sur le prix du rachat, et dans le cas où elles ne peuvent traiter du rachat gré à gré, le rachat se fait suivant les règles et le taux ci-après déterminés.

Les rentes en argent seront remboursables au denier vingt; celles en grains, denrées, volailles, fruits, etc., au denier vingt-cinq de leur produit annuel. Il sera ajouté un dixième auxdits capitaux à l'égard des rentes qui ont été créées sous la condition de la non-retenue des dixièmes, vingtièmes, et autres impositions royales (titre III art. 1 et 2). Cette addition du dixième au capital des rentes créées sous la condition de non-retenue, tient à ce que cette condition était comprise dans le contrat originaire et que les parties étaient convenues d'une rente inférieure à l'équivalent des fruits annuels de l'immeuble. Si donc ce n'est que dans un acte postérieur au contrat de rente qu'a été stipulée la condition de non-retenue, il n'y aura pas lieu à l'augmentation du dixième.

Lorsque les contrats de rentes purement foncières contiendront l'obligation imposée au preneur ou à ses successeurs de payer au créancier un droit casuel en cas de mutation, et de même que dans les pays où cette obligation est établie par les lois, le redevable doit payer un second capital de rachat à raison de ces droits casuels, dont le taux est fixé par la loi du 3 mai 1790 (titre III art. 5).

Les droits casuels ont été abolis purement et simplement par la loi du 17 juillet 1793 (art. 1er) à moins de preuve d'une origine foncière ; c'est donc dans ce dernier cas seulement que l'article 5 de la loi de 1790 pourra désormais recevoir son application.

L'évaluation du produit annuel des rentes en grains, denrées ou fruits se fera par experts nommés de gré à gré ou par le juge (titre III, art. 6).

« A l'égard des redevances en grains, il sera formé une année commune de leur valeur, d'après le prix des grains de même nature, relevé sur les registres du marché du lieu, où devait se faire le paiement, ou du marché plus voisin, s'il n'y en a pas dans le lieu. Pour former l'année commune ; on prendra les quatorze années antérieures à l'époque du rachat ; on retranchera les deux plus fortes et les deux plus faibles et l'année commune sera formée sur les dix années restantes (titre III art. 7).

Il en sera de même pour les redevances en volailles, et autres denrées de cette nature dans les lieux où leur prix est porté sur les registres des marchés. A l'égard des lieux où il n'est point d'usage de tenir des registres du prix de vente de ces sortes de denrées, l'évaluation des rentes de cette espèce sera faite d'après le tableau estimatif qui aura été formé, en exécution de l'art. 1ᵉʳ du décret du 3 mai, par le directoire du district du lieu où devait se faire le paiement; lequel tableau servira pendant dix ans, de taux pour l'estimation du produit annuel desdites redevances, le tout sans déroger aux évaluations portées par les titres, coutumes et règlements (tit. III art. 8).

La seconde disposition de cet article est transitoire, les dix ans écoulés, il a donc fallu s'en rapporter au tribunal qui jugera si, dans les circonstances de la cause, il y a lieu d'établir le prix par une enquête ou de charger des experts d'en faire estimation.

Lorsqu'il s'agit de rentes qui consistent en une certaine portion de fruits récoltés annuellement sur les fonds, l'article 10 de la loi, établit une opération plus compliquée. Il porte « quant aux rentes et redevances foncières qui consistent en une certaine portion des fruits récoltés annuellement sur le fonds, il sera procédé par experts que les parties nommeront, ou qui seront nommés d'office par le juge, à une évaluation de ce que le fonds peut produire dans une année commune. La quotité de la redevance annuelle sera ensuite fixée dans la proportion de l'année commune, et ce produit annuel sera évalué en la forme prescrite par l'article 6 ci-dessus pour l'évaluation des rentes en grains. » —Pour évaluer ce que le fonds peut produire année commune les experts ne sont pas astreints à suivre les règles tracées dans l'article 7. D'abord le renvoi à l'article 6 qui renvoie lui-même à l'article 7, n'est fait que dans la disposition finale de l'article 10. En outre il porte simplement : *Évaluation de ce que le fonds peut produire*, et non pas, *Évaluation de ce que le fonds a produit en nature dans les quatorze années antérieures*. C'est donc à l'arbitrage et à la conscience des experts, que la loi a abandonné le mode de procéder à l'évaluation. Cette évaluation faite, on procèdera au moyen d'un simple compte, à la fixation de la quotité de la redevance annuelle dans la proportion de l'année commune. Le produit annuel de la rente sera évalué en argent au moyen d'une nouvelle année commune qui cette fois sera établie conformément aux prescriptions de l'article 7. « Si le rachat a lieu entre parties maitresses de traiter de gré à gré, le redevable pourra faire aux créanciers, par acte extrajudiciaire, une offre réelle, d'une somme déterminée. En cas de refus d'accepter l'offre, les frais de l'expertise qui deviendra nécessaire, seront supportés par celui qui aura refusé l'offre ou par celui qui l'aura faite selon que l'offre sera jugée suffisante ou non (art 11). Le redevable doit faire constater le refus du créancier avant de le faire citer en conciliation, car avant d'arriver aux procédures judiciaires, il est nécessaire de faire constater que les parties n'ont pu s'entendre.

Le rachat doit comprendre tous les arrérages actuellement dûs tant pour les années antérieures que pour les années courantes (art 14).

L'article 15 porte que les rentes ne s'arrérageront pas ; cette disposition a été implicitement abrogée par la loi du 20 août 1792 (titre III article 1°) qui établit la prescription quinquennale des arrérages.

L'abolition des droits seigneuriaux a rendu sans objet le titre V de la loi de 1790. Nous ne nous y arrêterons pas.

**82.** Nous avons vu que la faculté de rachat des rentes foncières, établie par la loi de 1790 n'avait pas enlevé à celles-ci leur nature réelle et immobilière. Ces caractères subsistèrent jusqu'à la loi du 18 brumaire, an VII, sur le régime hypothécaire.

Cette loi, la quatrième qui apportera une innovation au droit de rente foncière, introduisit plus d'homogénéité dans la législation des rentes, en déclarant que toutes les rentes, soit constituées, soit foncières et les autres prestations déclarées rachetables par la loi ne pourront plus à l'avenir être frappées d'hypothèques (article 7). Par là, elle enlevait à la rente foncière son caractère réel et foncier que les lois de 1789 et de 1790 ne lui avaient point ravi, bien qu'elles eussent introduit le principe du rachat.

La rente foncière n'était plus, dès lors, qu'uue sinple créance hypothécaire; elle ne constituait plus une charge et une dette de l'héritage; le possesseur du fonds aliéné avec retenue de rente n'était plus obligé *propter rem* et de plein droit d'acquitter la rente; il était seulement tenu de souffrir l'exercice de l'action hypothécaire et le droit de rente avait désormais besoin pour se conserver d'être inscrit comme le droit d'hypothèque.

Les hypothèques établies sur les rentes, antérieurement à la loi brumaire an VII, continuèrent donc à subsister, car faire tomber les hypothèques existant sur les rentes foncières alors très fréquentes, c'eut été compromettre des intérêts trop nombreux et trop graves.

Cette loi détermina donc la nature de droit personnel qui doit être attribué aux rentes créées après sa promulgation. Toute rente créée à l'avenir ne peut donc être qu'un droit de créance, mais celles nées avant et depuis la loi de 1790 jusqu'à celle du 11 brumaire an VII n'en conservèrent pas moins leur caractère indéterminé.

Toutefois le législateur de brumaire an VII, qui dépouilla la rente foncière du droit d'être suivie hypothécairement, n'allait pas jusqu'à la déclarer meuble. En cela, il mettait en oubli ce principe « que la nature d'un droit se termine par la nature de son objet. » Il avait fait de la rente foncière un droit portant sur une simple somme d'argent, *ad rem mobilem*; et néanmoins, il lui laissait sa qualité d'immeuble. On n'aperçut donc pas sous le droit intermédiaire, ou du moins, on ne proclama pas une conséquence naturelle pourtant des principes nouvellement introduits, conséquence qui n'est autre que la *mobilisation* des rentes foncières. Le soin de la formuler était réservé aux rédacteurs du Code Civile.

**83.** En résumé, le droit intermédiaire modifia la rente foncière sur quatre points essentiels.

1° Il la rendit rachetable;

2° Il abolit la solidarité des codétenteurs du fonds baillé à rente ;

3· Il soumit ses arrérages à la prescription de cinq ans ;

4° Il la relégua hors des choses qui pouvaient être hypothèquées.

# CHAPITRE TROISIEME.

## De la rente foncière sous le Code civil.

**84**. L'œuvre des rédacteurs du Code civil touchant la rente foncière, est résumée dans la disposition de ce Code qui forme l'article 530.

L'article 530 dont nous donnerons et analyserons plus loin le texte, demande, pour être bien compris, à être étudié tout d'abord historiquement.

Disons, en premier lieu, que l'article 530 n'a été promulgué et intercalé dans le titre 1^e du livre II, qu'après la confection entière du Code, le 31 Mars 1804. Ce retard témoigne des hésitations qu'éprouvèrent les rédacteurs, sur le point de savoir si la rente foncière devait être rétablie ; et sur les caractères qu'il faudrait, en cas de rétablissement, lui attribuer, pour l'accomoder aux institutions nouvelles.

Disons ensuite que la véritable pensée des rédacteurs sur ces deux questions se révèle principalement dans les procès-verbaux des séances qui se tinrent au Conseil d'Etat le 7 Pluviôse an XII, et le 15 Ventôse an XII.

Lorsque ces deux séances eurent lieu, le Code avait déjà été discuté en entier. L'article 529, complétant logiquement une réforme simplement ébauchée par la loi du 11 Brumaire an VII, avait déclaré MEUBLES toutes les rentes perpétuelles ou viagères, tant sur l'Etat que sur les particuliers. Mais le silence le plus complet était gardé par le Code à l'égard de la rente foncièrc, et rien n'indiquait si une rente pareille rentrait ou non dans l'énumération de l'article 529.

Cependant, que pouvait-on conclure de ce silence ? Devait-il faire croire à l'abolition définitive de la rente foncière, à son élimination ? Devait-il, au contraire, faire supposer son rétablissement, en vertu de l'axiome « tout ce que la loi ne défend pas est permis ? » Tel est le doute sur lequel Bigot-Préameneu appela l'attention du Conseil d'Etat.

Le consul Cambacérès reconnut que le Code, en omettant d'en parler, excluait la rente foncière. Exprimant ensuite son opinion sur cette exclusion, il la critiqua en disant « qu'il y aurait peut-être avantage à rétablir les rentes foncières, sauf à examiner si on devait les déclarer rachetables. »

La discussion s'engagea sur cette proposition du Cousul. Le rétablissement de la rente foncière fut appuyé, dans les deux séances mentionnées plus haut: par Malleville et par Pelet. Son rejet fut demandé par Tronchet, Bérenger, Crétet, Bigot-Preameneu, Portalis...., Nous ne pouvons dans le cadre restreint de cette étude, faire entrer la reproduction complète d'une telle discussion; nous avons dû nous borner à l'analyser et à reproduire sommairement les arguments échangés de part et d'autre.

Contre le rétablissement des rentes foncières, il fut dit : « En les rétablissant, on ne pourrait les rétablir qu'irrachetables ; car si le rachat en était permis, la rente foncière perdrait son principal caractère d'autrefois ; elle cesserait de représenter le fonds, pour ne représenter qu'une dette personnelle de l'acquéreur.

« La rente foncière, excessivement utile au temps de l'ancienne jurisprudence, où l'on ne permettait pas les baux au-dessus de neuf ans, serait superflue à une époque où le Code permet d'assurer au locataire, par des baux de cent ans, une longue et stable possession ;

» La rente foncière imprimerait à l'héritage une tâche perpétuelle, qui le suivrait dans toutes les mutations de propriétés et qui gênerait la circulation des immeubles ; car les acquéreurs seraient toujours détournés par la perspective d'une charge dont rien ne saurait les affranchir ;

» Les règles de ce contrat étant innombrables et fort compliquées, les procès seraient fréquents et inextricables ;

» Il serait très-difficile au colon de retirer du fonds, un produit suffisant pour acquitter à la fois la rente et les contributions foncières ;

» Le fonds grévé de rente perdant de sa valeur vénale, les mutations produiraient des droits d'enregistrement moins considérables ; et ce fonds ne pourrait être taxé pour des impositions aussi fortes ;

» De la solidarité des codétenteurs, il résulterait, qu'à la suite du partage d'un fonds grevé de rente, tous les biens d'une famille pourraient se trouver affectés au paiement de la rente ; et frappés d'hypothèques. Les embarras jetés ainsi dans les partages deviendraient plus grands à mesure que la rente deviendrait plus ancienne. C'est de là surtout que naissait autrefois l'énorme complication des règles sur le déguerpissement.

» Les baux à long terme, ou les ventes à rente rachetable peuvent donner des effets tout aussi utiles que les rentes foncières, sans présenter les mêmes inconvénients ; ils favorisent tout aussi bien les grands travaux de défrichement et de dessèchement, beaucoup plus rares, d'ailleurs, en France, qu'ils ne l'étaient autrefois ; et ils donnent, aussi bien que le bail à rente, satisfaction tout à la fois, à l'intérêt du propriétaire qui n'a pas les moyens pour faire les travaux, et à l'intérêt du cultivateur qui n'a pas les moyens pour acheter.

» Enfin, la loi de 1790 avait été suivie d'un très-grand nombre de rachats. elle répondait donc à un besoin de l'époque. »

Pour le rétablissement des rentes foncières, on fit valoir les raisons suivantes :

« La rente foncière est d'une immense utilité, quand on l'applique aux terrains en friche, qu'on ne peut ni vendre ni louer comme on vend ou comme on loue les terrains en plein rapport ;

» Elle est profitable surtout à l'habitant des campagnes, qui n'a d'autres capitaux que ses bras, et qui serait heureux de trouver un établissement stable et solide, là où un simple bail ne lui permettra qu'une exploitation gênée et restreinte, et laissera lors de l'expiration, sa famille sans asile assuré ;

» C'est le bail à rente qui repeupla la Gaule après les dévastations qu'avaient produites les invasions barbares, et les guerres intestines des deux premières races ;

» L'arrentement d'un bien ne ferait pas obstacle à sa mise en circulation. Ce bien se vendait aussi facilement que tout autre. Cela s'était vu au moyen-âge même, où les héritages n'étaient pas seulement grévés de rentes simples, mais étaient grévés en outre d'une infinité de droits seigneuriaux. Dans tous les cas, il vaudrait encore mieux avoir en France des fonds invendables et hors de commerce, que d'avoir beaucoup de terres incultes ;

» Non seulement, il serait bon de rétablir la rente foncière ; mais il importerait même de la déclarer irrachetable comme elle l'était avant 1789. On aurait là un excellent moyen d'engager tout d'abord les propriétaires du sol à se dessaisir ; ce qu'ils ne feraient pas, si, donnant leur fonds alors en mauvais état pour une rente évidemment modique, ils prévoyaient que le preneur pourra éteindre cette rente pour un prix bien bas, dès que le fonds aura été mis en pleine production ;

» La bail ordinaire, outre qu'il ne donne pas la propriété au locataire, ne lui offre pas non plus la plus faculté de déguerpir quand il s'est trompé dans sa spéculation ; tandis que le déguerpissement est de la nature du bail à rente ;

» Les procès ne seraient plus nombreux comme autrefois ; les droits seigneuriaux qui se mêlaient jadis avec le droit de rente étant abolis maintenant ; — et l'on pourrait, sans contredit, réduire cette matière, comme tant d'autres, à des règles simples et précises ;

» Le Code civil autorise l'usage le plus illimité, même l'abus de la propriété ; et ce principe n'est bcrné que par les exceptions que réclament les mœurs et l'intérêt public. Or le bail à rente foncière ne serait ni immoral. ni contraire aux intérêts de l'Etat. Bien plus, comme ce contrat intervient toujours entre un propriétaire sans ressources et un acquéreur sans argent, refuser à ces personnes le moyen de s'entendre, ce serait vouloir que beaucoup de terres ne rendissent plus de produits et n'offrissent plus de matière imposable ;

» Quant à la loi de 1790, qui a permis le rachat des rentes foncières, c'est une loi purement politique et de circonstance ; elle n'est aucunement fondée sur des principes de législation. »

Ainsi furent déroulés tour à tour, et les inconvénients et les avantages que pourrait offrir la rente foncière dans le droit nouveau. La conclusion du débat fut « *que le Conseil rejeta la proposition de rétablir les rentes foncières* (1). »

C'est alors que la section de législation chercha à formuler les vues du Conseil dans une disposition qui, tout en interdissant l'usage de l'ancienne rente foncière, ne prohibât pas néanmoins quelques autres contrats qu'on aurait pu confondre avec elle. Dans la séance du 19 Ventôse an XII, la section de législation présenta au conseil le projet qui, adopté après amendement, devait former l'art. 530 du Code civil.

Ce projet, à l'origine, était ainsi conçu : « Toute rente établie à perpétuité, moyennant un capital en argent, ou pour le prix évalué en argent de la vente d'un immeuble, ou comme condition de la cession à titre onéreux ou gratuit d'un fonds immobilier, est essentiellement rachetable.

« Il est néanmoins permis au créancier de stipuler que la » rente ne pourra lui être remboursée qu'au bout d'un certain » terme, lequel ne peut jamais excéder trente ans : toute stipu-» lation contraire est nulle. »

» Le citoyen Jollivet (ajoute le procès-verbal de la séance)

(1) Séance du 15 Ventôse an XII.

demande la suppression des mots *évalué en argent*, parce que, dit-il, on pourrait en inférer que la prohibition ne tombe pas sur les rentes foncières qui seraient constituées en nature.

» Le citoyen Pélet demande ensuite si la section entend interdire aux parties la faculté de fixer le *taux* et les conditions du rachat. Il est nécessaire, dit-il, de leur accorder cette faculté.

. » Le citoyen Bigot-Préameneu observe que cette dernière question rentre dans celle de la fixation de l'intérêt légal, de laquelle le Conseil s'est déjà occupé lors de la discussion du titre *du prêt*. »

« L'article est adopté avec les amendements des citoyens Jollivet et Pélet (1). »

Communiqué au Tribunat, cet article donna lieu à l'observation suivante :

« La section propose de supprimer les mots : *moyennant un capital en argent.*

» S'ils étaient laissés dans cette disposition, il en résulterait qu'une rente constituée moyennant un capital en argent, ne serait remboursée qu'après trente ans. Or l'article 18 de la loi sur le prêt (qui forme aujourd'hui l'article 1911 du Code civil) s'oppose à une telle disposition, puisqu'il est dit dans le § 2 de cet article, qu'en pareil cas, les parties peuvent seulement convenir que le rachat ne sera pas fait avant dix ans (2). »

Et c'est d'après cette observation que l'article 530 fut définitiment arrêté et décrété tel qu'il figure aujourd'hui dans le Code (3).

**85**. L'article 530 du Code Napoléon s'exprime donc ainsi :

« Toute rente établie à perpétuité pour le prix de la vente d'un » immeuble, ou comme condition de la cession à titre onéreux » ou gratuit d'un fonds immobilier, est essentiellement rache- » table.

(1) Fenet, t. xi, p. 70.
(2) Fénet, t. xi, p. 71.
(3) Merlin, Rép. t. xiv, p. 726.

» Il est néanmoins permis au créancier de régler les clauses et conditions du rachat.

» Il lui est aussi permis de stipuler que la vente ne pourra lui être remboursée qu'après un certain temps, lequel ne peut jamais excéder trente ans ; toute stipulation contraire est nulle. »

Que résulte-t-il de ce texte et des amendements qui lui ont donné sa dernière forme ?

Il en résulte, dit Merlin (1), « que le bail à rente (ce contrat par lequel on aliène un immeuble moyennant une rente) est maintenu et toujours licite, sous le Code ; mais que la redevance qui est le produit de ce contrat ne forme plus, à proprement parler, une rente foncière. Cette redevance n'existe plus aujourd'hui dans l'immeuble dont elle est le prix ; elle n'est plus une partie de cet immeuble, elle n'est plus qu'une rente sur la personne du particulier dans la propriété duquel cet immeuble a passé par le bail à rente : et par conséquent, elle est comprise dans l'article 529, qui déclare *meubles par la détermination de la loi les rentes perpétuelles sur des particuliers*. »

Le Code civil exclut donc l'ancienne rente foncière ; car, s'il admet qu'une redevance peut être stipulée par l'aliénateur d'un immeuble, soit *pour le prix* de la vente, soit *comme condition de la cession* de cet immeuble ; il déclare, en même temps : 1° que cette redevance est *meuble* (art. 529, *in fine* ) ; 2° qu'elle est *rachetable* ; 3° que ses arrérages *se prescriront par cinq ans*, d'après le droit commun des dettes périodiques payables par année ou par termes plus courts (art. 2277) ; 4° que les coacquéreurs de l'immeuble ne sont *point solidaires* pour le paiement de cette redevance ; cela résulte de l'article 1202 : « la solidarité n'a lieu de plein droit qu'en vertu d'une disposition de la loi. »

**86.** Ainsi, tout ce qu'avait fait le droit intermédiaire contre la rente foncière, le Code l'a maintenu, et même complété.

Toutefois, sous un certain rapport, et en ce qui concerne

_______________

(1) Rép. t XIV, p. 726.

l'exercice de la faculté de rachat, l'article 530 se montre moins sévère contre le bailleur à rente, et moins favorable à l'acquéreur de l'immeuble baillé à rente, que ne l'étaient les lois de 1789 et 1790.

Ces lois, en effet, permettaient au preneur le rachat pur et simple, sans conditions, sans délai, et à un taux qu'elles mêmes prenaient soin de déterminer. Et, quant aux stipulations à venir de redevances du même genre, ces lois s'abstenaient d'y autoriser aucune clause qui tendît à gêner ou à restreindre la faculté de rachat accordée à l'acquéreur du fonds baillé à rente. L'article 530, au contraire, tout en proclamant haut et ferme le principe de rachat de ces sortes de rentes, appose pourtant à ce principe un double tempérament : 1º il autorise le créancier à régler les clauses et conditions du rachat? 2º il l'autorise à stipuler que le rachat n'aura pas lieu avant un certain terme. Nous reviendrons bientôt avec quelque étendue sur ces deux innovations : pour le moment, nous poursuivons la recherche de ce qui est encore contenu dans l'article 530.

De ce que la rente foncière est désormais assimilée à la rente créée pour le prix de vente d'un immeuble, il résulte une conséquence bien importante : c'est qu'elle forme, pour celui à qui elle appartient, une créance aussi privilégiée que l'est pour le vendeur la créance du prix du bien qu'il a vendu (1).

Le principe de ce privilége fut appliqué par un décret du 12 décembre 1808, au grand duché de Berg, en ces termes : « Pour » sûreté du paiement des redevances des colons, et jusqu'à ce » que celles-ci aient été rachetées, les seigneurs conserveront » sur le colonat et sur les parties séparées les droits et privilèges » qui sont établis par l'article 2103 — 1º du Code civil, au profit » du vendeur d'une propriété foncière, sur le prix provenant de » la vente. » — On trouve des dispositions semblables dans un décret du 9 décembre 1811, relatif à l'abolition de la féodalité

(1) Merlin. Rép , t. XIV, p. 727.

pour les départements anséatiques ; ainsi que dans un autre décret du 1er mars 1813, relatif à l'abolition de la féodalité et au rachat des rentes foncières pour les départements de Rome et de Trasimène (1).

Le créancier d'une rente établie aux termes de l'article 530, conserve donc sur l'immeuble aliéné le *privilége* même qui est assuré au vendeur par l'article 2103.

**87.** Examinons maintenant la portée et la signification de la faculté accordée au créancier, de régler les *clauses et conditions du rachat*. Il ne s'agit pas seulement ici de ces clauses et conditions qui sont reçues dans toute espèce de rentes, comme la clause « que le rachat ne se fera qu'en argent » ou la clause « que le créancier sera prévenu du rachat un certain temps à l'avance. » Deux conventions qui sont admises par l'article 1911 même à l'égard des rentes constituées. Il s'agit ici principalement du droit accordé au bailleur à rente, et refusé au créancier de rente constituée, de fixer lui-même le *taux du rachat*, et par conséquent, de stipuler que le capital à rembourser pour le rachat sera supérieur au capital que représentent, au taux légitime, les arrérages de la rente.

Cette dissemblance avec la rente constituée, cette latitude accordée au bailleur à rente pour la détermination du prix de rachat, se conçoivent aisément. Si, dans la rente constituée, le prix de rachat ne peut excéder le prix de constitution, nous savons que c'est pour écarter l'usure. — Le bail à rente, au contraire, n'est, sous le Code civil, autre chose qu'une *vente dont le capital à rembourser forme le prix*. Ce prix n'a point de limite légale ; il n'y a aucun inconvénient à ce que les contractants restent libres de fixer comme ils l'entendent ce que l'acheteur devra payer au vendeur, soit en principal, soit en intérêts. On n'a plus à redouter l'usure ; car ce qui a été aliéné par le vendeur, ce n'est plus une somme d'argent, fixe dans sa valeur, ayant pour

(1) Merlin, Rép., t. XIV, p. 727.

tout le monde un prix invariable que la loi détermine ; ce n'est plus une somme d'argent destinée à fructifier et dont la productivité doit être réglementée au nom de l'ordre public ; ce que le vendeur a aliéné dans l'hypothèse de l'article 530, c'est un immeuble dont la valeur n'a pas reçu d'appréciation légale, qui peut avoir pour l'acquéreur un prix d'affection ou de convenance, et qui du reste est susceptible, si on l'administre bien, d'acquérir une plus-value.

Il ne faudrait pas néanmoins que l'évaluation du capital de rachat eut été tellement exagérée, que l'on fut fondé à ne pas la considérer comme sérieuse dans l'intention des parties ; car alors elle n'aurait plus d'autre but que d'éluder la faculté de rachat ; elle violerait un principe d'intérêt général, elle constituerait une *convention illicite* réputée non écrite ; ou retomberait dans le cas où le prix du rachat n'a pas été exprimé, et il faudrait recourir au taux légal établi par la loi de 1790 (1).

**88.** Les mots *pour le prix de la vente,* qui figurent dans le texte de l'article 530, ont donné lieu à une difficulté d'interprétation dont les conséquences ne sont pas sans portée.

M, Duranton (t. IV n⁰ 48 et suiv,) enseigne que par ces mots le Code a voulu faire allusion à une rente établie dans le contrat même de vente, non *pas comme prix* mais *pour tenir lieu du prix,* antérieurement convenu, de la cession.

D'après M. Duranton, ces mots viseraient le cas où, au lieu de dire « je vous vends mon fonds pour une rente perpétuelle de mille francs, » le vendeur a dit, par exemple : « Je vous vends mon fonds pour vingt mille francs, de laquelle somme vous me fournirez non pas le capital, mais perpétuellement les intérêts au denier 20, ce qui fait mille francs par an. »

Il est aisé de voir que l'espèce ainsi supposée renfermerait une véritable rente constituée mise à la place de l'obligation du prix stipulé tout d'abord et, d'après les principes de la rente

(1) Comm. de MM. Ducauroy, Bonnier et Roustain. T. II, n⁰ 43.

constituée, consignés dans l'article 1911, la rente établie de la sorte ne comporterait ni une convention de non remboursement pour un terme plus long que dix ans, ni la stipulation d'un prix de rachat supérieur au prix de la vente.

Mais M. Duranton pense que, dans le texte de l'article 510, le législateur s'est proposé de traiter le créancier d'une rente constituée *pour le prix d'un immeuble* bien plus favorablement qu'il ne traite le créancier d'une rente constituée *à purs deniers ;* que le Code a voulu permettre au premier ce qu'il ne permet pas au second, savoir, d'interdire le remboursement pendant trente ans, et de fixer lui-même le taux du remboursement, ainsi que peut faire le créancier d'une rente établie comme prix ou comme conditions de la cession. En d'autres termes, l'article 530 aurait, sous deux rapports, considéré la rente établie pour prix de la vente, comme une rente formant le prix même de cette vente, au lieu de la considérer comme une rente constituée ordinaire.

Du reste, ajoute M. Duranton, on ne pourrait, en aucun cas, songer à pousser l'assimilation de la rente en question avec la rente foncière, jusqu'au point de vouloir la faire garantir aussi par le privilége du vendeur. En effet, dans l'espèce proposée, l'obligation primitive du prix a disparu, à l'instant même où on lui a substitué l'obligation de servir une rente ; il y a eu *novation* dès lors. l'action *venditi* s'est éteinte, et le privilége du vendeur avec elle. Le créancier d'une pareille rente ne peut plus avoir sur l'immeuble par lui vendu qu'une hypothèque, et encore si elle lui a été consentie avec toutes les formalités requises. Sans doute en règle générale, et d'après les termes de l'article 1273, la novation ne se présume pas : mais ici, elle ressort de la nature de la convention (1).

Il y a quelque chose de très-séduisant à nos yeux dans ce système qui présente l'article 530 comme ayant voulu déroger à l'article 1911 en faveur de la rente qui est *constituée pour tenir lieu*

(1) M. Duranton, t IV, n° 48 et S.

*du prix d'un immeuble* vendu ; d'autant plus qu'une telle dérogation serait très-conforme à certaines idées que nous avons rencontrées dans l'ancien droit. Ainsi, nous avons vu, combien soigneusement Dumoulin distinguait la rente constituée pour prix d'un immeuble, de la rente constituée pour prix de marchandises ; ne permettant que la première, repoussant énergiquement la seconde. Nous avons vu encore que, s'il était formellement interdit autrefois de stipuler le rachat forcé de la rente constituée à prix d'argent, il était, au contraire, permis de déclarer exigible le capital de la rente *constituée pour prix d'un héritage*, ou *pour retour d'un partage d'immeubles*.

L'ancien droit était donc bien loin de placer sur la même ligne la rente constituée ordinaire et la rente constituée pour prix d'une aliénation d'immeubles. Il n'y aurait rien eu d'étonnant à ce que le Code eût prétendu aussi se montrer plus favorable au créancier de la seconde qu'au créancier de la première.

Et cependant, l'interprétation donnée par M. Duranton aux mots *pour prix de la vente* ne saurait résister, nous croyons, à l'examen de la discussion du 19 ventôse an XII, au Conseil d'Etat, et à celui des observations que fit ensuite le tribunat sur le texte qui lui fut communiqué.

Nous avons déjà vu comment dans le texte primitif que présenta la section de législation du Conseil d'Etat, se trouvait cette phrase : « Toute rente établie *moyennant un capital en argent* , ou » pour le prix *évalué en argent* de la vente d'un immeuble, ou » comme condition. » — Nous savons comment M. Jollivet proposa et obtint la suppression des mots *évalué en argent*. La première partie de l'article restait donc rédigée ainsi : Toute vente établie *moyennant un capital en argent* ou pour prix de la vente d'un immeuble, » et fut avec cette teneur communiquée au tribunat.

Nous renvoyons au passage de cette étude où se trouve déjà mentionné le travail auquel se livra la section de ce corps qui eut à critiquer l'article. La section du tribunat demande la suppression des mots *moyennant un capital en argent*, en s'appuyant sur la contradiction qui résulterait de ces mots entre l'article 530 et l'article 1911. (1)

Le conseil d'Etat fit droit à l'observation. Par cela-même, il consacra la pensée qui l'avait dictée : et il eut sans contredit l'intention, en supprimant les mots *moyennant un capital*, de faire disparaître toute antinomie avec l'article 1911, et d'écarter toute confusion entre les rentes dont il est y question etles rentes dont il est question dans l'article 530. Si le tribunat avait vu dans les mots *pour le prix de la vente*, quelquechose qui rappelât le sens des mots *moyennant un capital en argent*, nul doute qu'il eut également demandé leur suppression, nul doute aussi que le conseil d'Etat ne l'eut accordée. Ainsi le voulait la logique.

D'ailleurs, dans l'exposé des motifs lu au corps législatif, et dans le rapport fait à ce corps, au nom du tribunat, il est dit, et répété que l'article (dans lequel on avait d'abord compris les rentes constituées, par inadvertance), n'est relatif qu'aux rentes foncières. (2)

Si donc les mots *pour le prix de la vente* furent laissés dans le texte de l'article 530, ce n'est point pour y exprimer une distinction entre la rente constituée à purs deniers, et la rente constituée par conversion du prix d'un immeuble. Ils ne font pas allusion au cas où la stipulation du prix a été novée par la stipulation d'une rente ; ils se réfèrent simplement au cas où le vendeur a *directement* stipulé que le prix de l'immeuble consisterait dans une rente annuelle et perpétuelle.

Mais plus cette *novation* de l'obligation du prix d'abord convenu donne lieu à des conséquences graves, et plus il sera nécessaire d'examiner attentivement si elle était réellement dans l'intention des parties. Souvent le langage employé par elles à cet égard ne sera pas clairement expressif ; car, ainsi que l'observent MM. Ducauroy, Bonnier et Roustain (t. II. n° 42), on ne saurait

(1)  Fenet. t. XI. 72 et 73.
(2)  Marcadé. élém. du dr. civ. sur l'art. 530

admettre que tout se réduise ici à une question de formule ; et, comme celui qui baille à rentes un immeuble est libre de régler les conditions du rachat et partant, de fixer le capital à rembourser pour l'extinction de la rente, il importe peu que les parties se soient bornées à fixer d'abord le montant des arrérages, sauf à en induire ensuite le capital du rachat, ou qu'elles aient commencés, en sens invers, par fixer le capital, pour régler ensuite le taux des arrérages. Dans l'un comme dans l'autre cas, il faut s'attacher à ce qu'ont voulu faire les contractants plutôt qu'aux expressions insérées dans l'acte.

**89**. La rente foncière n'est déclarée rachetable que si elle est *établie à perpétuité* ( art. 530 ) ; et d'après l'article 1911, la rente constituée n'est également rachetable que quand elle est *en perpétuel*. Ainsi 1o la rente viagère, qu'elle ait été constituée moyennant un capital immobilier ou moyennant un capital meuble ne peut jamais être rachetée par le débiteur, quand même il offrirait, en remboursant le capital, de renoncer à la répétition des arrérages payés. (Art. 1979) 2o Si je vous livre un immeuble moyennant une redevance annuelle en argent ou en fruits, pour cinquante, soixante ou quatre-vingts années, soit que l'immeuble doive vous rester après ce laps de temps, soit qu'il doive demeurer mien ; vous ne pourrez pas vous libérer par le versement d'un capital, de l'obligation d'acquitter les redevances pendant le temps déterminé. Dans le premier cas, c'est-à-dire quand l'immeuble vous est abandonné en propriété, c'est une vente qui a pour prix la rente temporaire. Dans le second, quand l'immeuble reste mien, c'est la concession d'une longue jouissance, à titre d'usufruit, ou par simple bail, selon l'intention qu'auront manifestée les parties. Dans tous les cas, la rente ou le prix de la jouissance doivent se payer jusqu'à la fin ; pour qu'on pût le racheter, c'est-à-dire s'en libérer en payant un capital, il faudrait que la redevance eut été promise pour un temps plus long que *quatre-vingt-dix-neuf ans* , ou établie sur plus de *trois têtes d'hommes*. (1)

(1)  L. 18-29 Décembre 1790 art. 1".

**90**. Il n'est donc pas interdit, sous le code, d'acquérir une rente moyennant l'aliénation d'un immeuble. Mais la rente acquise de la sorte ne constitue plus comme autrefois, ce droit réel attaché au fonds, immeuble, irrachetable, indivisible , ce *census reservativus* que nous avons si longuement étudié.

Le bail à rente est devenu une simple vente dont la rente forme le prix. La rente est devenue une simple obligation personnelle de l'acheteur ; de là plusieurs conséquences :

Sous le Code, l'acquéreur de l'immeuble baillé à rente n'est plus libéré du service des arrérages, ni par la perte totale de l'immeuble, ni par l'abandon qu'il en pourrait faire, ni par l'aliénation.

La rente foncière est aujourd'hui quérable ; il faut lui appliquer les principes des articles 1651 et 1247.

Il est certain qu'on doit encore accorder au débiteur de la rente les délais de grâce de l'article 1244.

La rescision pour lésion de plus de 7/12 au préjudice du vendeur ne peut plus faire, comme au temps de Pothier, l'objet d'un doute.

Le crédi-rentier n'a plus à s'immiscer dans la conduite et les actes du débiteur à l'égard de l'immeuble ; et celui-ci n'est plus obligé de l'entretenir en bon état, car il est propriétaire absolument et sans partage.

Toutefois, à la différence du prix de vente, qui consiste, de toute nécessité, en une somme d'argent, la rente établie comme prix d'un fond, peut consister en fruits et en denrées : le Code n'a pas, à cet égard, modifié l'ancien droit ; les lois de 1789 et 1790 ne l'avaient pas, en cela, modifié davantage.

**91**. La faculté de racheter la rente foncière est maintenant imprescriptible, comme l'était autrefois l'irrédimibilité.

Le crédi-rentier qui veut prévenir les effets de la prescription, n'a pas cessé d'avoir le droit connu autrefois sous le nom d'action mixte, pour faire condamner le débiteur à passer un acte récognitif de la rente, et à la continuer à l'avenir. Cela résulte de

l'article 2263, qui dit : « Après vingt-huit ans de la date du dernier titre, le débiteur d'une rente peut être contraint à fournir, à
ses frais, un titre-nouvel à ses créanciers ou ayants-cause. »
Mais cette action est aujourd'hui purement personnelle, la rente
foncière ayant perdu son ancienne nature.

# RÉSUMÉ SUR LA RENTE FONCIÈRE

**92.** Dans l'ancien droit, le bail à rente était une sorte de contrat mixte, tenant du *louage* autant que de la *vente*. La rente foncière etait un droit retenu sur la propriété, droit immobilier, ayant suite par hypothèque, irrachetable, indivisible, dette du fonds et non de la personne.

Dans le droit intermédiaire, le contrat de bail à rente devint une *vente*, par cela seul que le rachat de la redevance fut permis. La rente foncière ne devint pas seulement rachetable ; elle devint encore divisible, et dette purement personnelle ; elle ne fut plus susceptible d'être hypothéquée, mais elle restait encore immeuble.

Dans le Code Napoléon, le bail à rente est toujours une *vente*, à la seule différence près, que la rente n'est pas nécessairement en argent comme le prix ordinaire. La rente foncière est déclarée meuble ; elle reste dette personnelle et divisible ; elle reste aussi rachetable, mais avec faculté pour le créancier de régler les clauses et le taux du rachat, et d'empêcher la rachat pendant trente ans.

**93.** Arrivée à ce point, la rente foncière ne s'éloigne guère plus de la rente constituée. Elles sont toutes deux des créances *sui generis*, différant des créances ordinaires en ce que leur capital est inexigible.

Aussi plusieurs auteurs ont-ils soutenu qu'il n'y a plus aujourd'hui que des *rentes constituées*. Cette assertion, nous nous empressons de le faire observer, n'est pas parfaitement exacte.

Sans doute le mot *rente foncière* n'a plus sa vieille acception et la rente promise par l'acquéreur d'un immeuble comme prix de cet immeuble est aujourd'hui un *census constitutivus*. Mais il y a loin, pour nos deux rentes perpétuelles, entre cette communauté de nature et une confusion complète de leurs principes.

En effet le Code les distingue avec le plus grand soin, ainsi que nous avons eu occasion de le remarquer, tandis que, dans la rente constituée, le taux du rachat est fixé par la loi (art. 1909), ce même taux, dans la rente foncière. est livré à la volonté des parties (art. 530) : tandis que le créancier d'une rente constituée ne peut interdire au débiteur le rachat que pendant dix ans (art. 1911), le créancier d'une rente foncière peut interdire le rachat pendant trente ans (art. 530, *in fine*).

Ce sont là des dissemblances notables ; ce ne sont pas, d'ailleurs, les seules.

**94.** On a demandé par exemple, si les trois causes de résolution forcée admises pour la rente constituée par les articles 1912 et 1913, peuvent produire les mêmes effets à l'égard de la rente foncière. Examinons successivement les trois cas de commise.

1° Le bailleur à rente pourra-t-il exiger le capital du rachat pour non paiement des arrérages pendant deux années ? M. Jourdan a soutenu l'affirmative dans la Thémis. (1) Mais M. Troplong (*Prêt*, n° 488), voit dans l'article 1912 des rigueurs exceptionnelles qu'il ne faut pas rapporter à d'autres rentes que la rente constituée, pas plus qu'il ne faudrait rapporter à d'autres rentes la disposition de l'article 1911. Le créancier de rente foncière se trouve, d'ailleurs, suffisamment protégé par le droit commun de la vente ; il n'a pas besoin de plus amples garanties (Voy. art. 1654, 1244). Cette opinion *est* partagé par MM. Delvincourt, (t. III, notes, p. 413) ; Duranton, (t. IV, n. 147 ; et t. XVII, n. 622) ; Duvergier, (n. 365).

2° Le bailleur à rente peut-il exiger le rachat, lorsque le débiteur manque à fournir les sûretés promises ? — Sans aucun

(1) T. V., p. 321.

doute, le créancier de rente foncière se trouve investi de ce droit; mais il ne l'a pas en vertu de l'article 1912 — 2°, comme le créancier de rente constituée ; il l'a sous l'autorité des principes spéciaux de la rente. (1)

3° Quant à la faillite ou à là déconfiture du débiteur, qui rend le capital exigible pour le créancier d'une rente constituée (art. 1913), le créancier de rente foncière ne l'invoquera pas davantage: il n'en a pas besoin ; il est protégé, en ce cas, d'une manière bien plus efficace par son privilége.

Il faut donc reconnaître qu'il n'y a pas aujourd'hui que des rentes constituées. L'opinion contraire peut avoir, à quelques points de vue, une apparence de vérité ; mais sous beaucoup de rapports, elle est fausse. De ce que la rente établie comme condition de la cession d'un immeuble a été dépouillée de ses caractères les plus originaux, on n'est pas autorisé à conclure qu'elle se confonde absolument avec la rente constituée à prix d'argent.

(1) Troplong, *Prêt*, n° 496.

# TROISIÈME PARTIE

---

## De la Rente viagère.

*Notions historiques*

**95.** La rente viagère est celle dont on limite la durée au temps de la vie d'une ou plusieurs personnes. Elle se distingue surtout des rentes perpétuelles par le caractère aléatoire qu'elle tire de l'incertitude du terme assigné à son extension. Les auteurs anciens, tels que Saccia et Casaregis, comparaient franchement le contrat de rente viagère à un pari. (1)

Le rente viagère est passée presque intacte de l'ancien droit dans notre législation, le droit intermédiaire ne lui a rien pris ni rien ajouté. Le Code a reproduit à peu de chose près toutes ses

(1) Troplong, tom. XV, p. 376 et 377.

règles anciennes. Il ne sera donc pas nécessaire de retracer dans cette partie de notre étude les trois grandes divisions employées dans les deux premières parties. Nous tracerons en premier lieu l'historique de la rente viagère ; et après avoir raconté son introduction dans le Code civil, nous extraierons de ce dernier pour les mettre en lumière les divers principes qui régissent cette matière. Lorsqu'un de ces principes contiendra quelque modification au droit antérieur, nous mentionnerons le changement et chercherons à l'expliquer.

Notre contrat de rente viagère, avec son caractère aléatoire et ses chances basées sur la durée de la vie humaine, renferme quelque chose de mercantile et de profane tout à la fois. Les jours de l'homme y semblent être traités avec un profond mépris puisque leur fin y est considérée comme un évènement susceptible de déterminer le sort d'une gageure. Le respect de la vie humaine se relie cependant, non seulement au sentiment de notre dignité, mais encore à l'instinct religieux et au culte de la puissance créatrice. A ces deux titres, au dernier surtout, le contrat de rente viagère dût rester inconnu des romains. Tel est, du moins, l'avis d'Hennecius rapporté par M, Troplong. (tom. xv, p. 373).

Ces considérations vérifient à merveille tout ce que l'on peut savoir de la *stipulatio quoad vivam* et des legs d'*annuités*, d'usufruit, de revenu, etc. En effet, ces différentes sources du revenu viager à Rome, que nous ne saurions analyser sans entrer profondément dans l'étude du droit Romain, laissent entrevoir une pensée morale toute de bienfaisance et pas le moindre esprit de trafic ou de spéculation.

La promesse *quoad vivas*, aussi bien que les divers legs d'annuités, d'usufruit, de revenu, d'usage, d'habitation, etc., ont une tournure unilatérale et désintéressée qui n'est point compatible avec la cupidité et l'amour du lucre. Les Romains assuraient par ces combinaisons, l'existence et le bonheur des personnes chères ; mais ils ne vendaient pas à leur semblable, un avantage viager, pour chercher dans cette opération des chances de perte ou de gain et se livrer avec le rentier à une sorte de jeu où la mort d'un être humain aurait servi de base au calcul et aux espérances des parties contractantes. Un commerce de cette nature, qu'il eut été fait à propos d'argent ou à propos de tout autre capital, aurait été regardé à Rome comme anti-religieux, impie, inhumain ; sans compter qu'il est susceptible d'éveiller l'idée du crime. La rente viagère ne pénétra donc point dans les mœurs ni dans les lois romaines. Mais les nations modernes se sont mises, sur beaucoup de points, au-dessus des préjugés qui lui faisaient obstacle chez un peuple superstitieux ; nous en avons une nouvelle preuve dans les *assurances sur la vie.*

La rente viagère est très-ancienne dans le droit français. Ses premiers vestiges remontent à la législation des Précaires, qui jouent un si grand rôle dans l'histoire des deux premières races et dont Marculf a conservé la formule (lib. 2, c. 5, 11 ; et append, c. 41, 42.) On s'adressait à une église ou à un monastère à qui l'on donnait un fonds de terre ou un capital en argent; en retour, l'église ou le monastère donnait un usufruit ou des rentes à vie d'un produit supérieur à ce qui avait été reçu, afin de compenser la perte à laquelle se soumettait pour l'époque de son décès le possesseur précaire (1).

Il existe à ce sujet un capitulaire célèbre de Charles-le-Chauve, le capitulaire d'Epernay, rendu en 346, qui fut tiré d'un Concile tenu dans le Pays-Messin et qui figure aussi au Decretum de Gratien X (q. 2. c. 4.) Ce capitulaire décidait d'une manière positive « qu'on ne ferait pas précaire des biens de l'église, si celui qui donnait à l'église, ne recevait d'elle, outre l'usufruit de ce qu'il avait donné, l'usufruit du double sur les fonds de l'église, ou bien dans le cas où il aurait renoncé à l'usufruit de ce qu'il avait donné, si l'église ne lui donnait un usufruit de terres ecclésiastiques valant le triple ». Ce sont là les premières traces dans notre droit français et chez nos ancêtres les Francs, de ce contrat de rente viagère qui se

(1) Thomassin, *de l'usure*, p. 465 et 466. Troplong, tom. XV, n° 205.

propagea plus tard et s'établit dans les rapports des particuliers entre eux.

**96**. La rente viagère eut pourtant, au moyen-âge, à se défendre contre de très-vives attaques, car on comprend que fréquemment employée pour utiliser les capitaux, que les lois prohibitives du prêt à intérêt condamnaieut à rester stériles, elle ne pouvait manquer de recevoir le contre-coup des idées erronées sur lesquelles ces dernières lois furent assises. Les théologiens, donc, la critiquèrent comme de nature à dissimuler l'usure. Mais leurs scrupules s'évanouirent à la fin. Henri de Gand qui avait d'abord combattu la légitimité des rentes viagères, et qui les croyait condamnées par la loi religieuse comme le prêt à intérêt, changea de sentiment à la lecture du capitulaire de Charles-le-Chauve, qu'il avait jusque-là perdu de vue (1). Et les jurisconsultes Italiens nous apprennent que, dans la ville du Saint-Siége, le contrat de rente viagère se pratiquait tous les jours par les églises, les monastères, les colléges de clercs, sous l'approbation de la commune opinion des docteurs et sans crainte du reproche d'usure (2).

En effet d'après Scaccia et Casaregis, le revenu assuré au crédi-rentier viager n'est pas l'intérêt d'une somme d'argent qu'il a déboursée pour un certain temps, pour qu'on la lui rende ensuite. Il n'est que la compensation du capital aliéné à toujours et comme la rente viagère repose sur des combinaisons aléatoires, comme par conséquent l'acheteur de la rente ne peut pas s'attendre à un gain assuré, pas plus que le constituant ne peut s'attendre à une perte certaine ; il y a dans ce contrat, égalité des risques, ce que l'on appelait *commutatio periculi* (3).

Ce n'est pas à dire pourtant que ce contrat soit d'une grande moralité. On lui a fait à cet égard, des reproches bien mérités. On reconnait qu'il inspire le plus souvent au débiteur un *votum*

(1) Troplong, t. XV. p. 374.
(2) Troplong, p. 375.
(3) Troplong, p. 375 et 376.

*mortis*. L'avarice et l'égoïsme en abuseront, on verra des cœurs froids et moroses, dépouillant tout sentiment d'affection pour leur famille, sacrifier leur avoir entier à la perspective d'une richesse plus grande pendant leur vie, et vouloir que tout périsse avec eux, liens du sang, liens de l'hérédité, patrimoine !! On accuse encore ce contrat de favoriser la paresse ou d'engager le rentier à l'oisiveté ; de rendre, en un mot, ses facultés stériles pour lui-même, pour les siens et pour la société.

Plus d'une fois, les rois crurent devoir intervenir pour réprimer le funeste abus que l'on faisait de la rente viagère, c'est surtout aux communautés riches que s'adressaient les acheteurs de rentes pareilles ; et les communautés en sacrifiant pour quelques années une partie de leur immense revenu, augmentaient sans cesse leur capital, soit mobilier soit immobilier. Il y avait là un double scandale, l'appauvrissement des familles et l'enrichissement démesuré des gens de main-morte.

Par un Edit de 1661, il fut défendu de donner anx gens de main-morte de l'*argent* moyennant une rente viagère plus forte que le taux de l'ordonnance, à peine de nullité du contrat, de confiscation de l'argent, et d'une amende de trois mille livres contre les communautés qui auraient constitué la rente. L'Edit exceptait de cette rigueur l'Hotel-Dieu de Paris, le grand Hôpital et la maison des Incurables ; mais par un autre Edit de 1690, ces établissements furent assujettis comme les autres gens de main-morte, à la défense que nous signalons. L'Edit de 1661 défendait encore aux gens de main-morte de recevoir des *héritages* ou *rentes* pour une rente viagère plus forte que les revenus des dits héritages ou rentes.

Ainsi les opérations faites avec les commnnautés pour achat de rentes viagères n'offraient plus aucun appât à la cupidité ni à l'égoïsme. puisqu'avec l'argent ou l'immenble qu'on aurait transmis on pouvait se rendre créancier d'une rente constituée ou foncière, de même valeur au moins que la rente viagère autorisée.

Le préambule de l'Edit de 1661 nous apprend que Louis XIV

le rendit principalement pour mettre fin aux désordres que produisait l'*avarice des gens d'église*. Aussi l'Edit ne se préoccupait-t-il point d'interdire entre particuliers la constitution de rente viagère à un taux plus élevé que le taux de l'ordonnance et cependant il ne considérait en aucun cas d'un œil favorable de semblables constitutions (1).

En ce qui concernait la prohibition faite aux communautés, l'Edit de 1749 alla plus loin encore que l'Edit de 1661. il défendait aux gens de main-morte d'*acquérir, a quelque titre que ce fut, aucun héritages, ni même rentes sur particuliers.*

La Révolution n'eut pas à prescrire la rente viagère : ce droit n'avait rien de féodal, rien qui se rattachât de près ou de loin au régime politique renversé. Le droit intermédiaire tendant d'ailleurs à favoriser par tous les moyens, la circulation du numéraire et des biens.

Dans la discussion du Code, le contrat de rente viagère fut vivement attaqué. On fit valoir contre lui les arguments dont il a été déjà parlé ; mais on invoqua, pour le maintenir, quelques raisons suffisamment plausibles. On dit, qu'il n'est pas répréhensible de la part d'une personne âgée qui a besoin de recourir à cet expédient pour assurer sa subsistance (2), qu'il présente à l'infirme des moyens d'existence tirés de la fragilité même de sa vie (3), qu'il importe ici comme ailleurs de distinguer le contrat utile et sérieux de l'abus qu'on en peut faire (4).

A la faveur de ces remarques, la rente viagère trouva un asile dans le Code et nous le répétons, elle y fut reçue avec l'organisation et la plupart des règles qui la régissaient dans l'ancien droit.

**97.** Dans cinq paragraphes nous verrons :

1º Quelle est la nature du contrat de rente viagère ;

(1) Pothier, *const. de rente,* n° 238.
(2) Exposé des motifs, séance du 15 ventose an XII.
(3) M. Bouteville, tribun. (Fenet. t. XIV p. 562.
(4) Exposé des motifs.

2° En quoi, il diffère de la constitution de rente perpétuelle ;

3° Quelles clauses on peut apposer à ce contrat ;

4° Quelle est la nature des rentes viagères et de leurs arrérages ;

5° Comment les rentes viagères s'éteignent.


### § 1er. De la nature du contrat de rente viagère.


**98.** Le contrat de rente viagère est celui par lequel une des
parties s'engage à fournir à l'autre une rente annuelle, bornée à
la vie d'une ou de plusieurs personnes, soit moyennant une chose
mobilière appréciable ou moyennant un immeuble, soit même
gratuitement. (Cod. civ. art. 1968, 1969).

Nous avons plusieurs graves questions à examiner. Et d'abord
laissant momentanément de côté la rente viagère constituée à
titre gratuit, pour donner toute notre attention à celle qui est
constituée à titre onéreux. Il faut nous demander si l'opération
à laquelle se livrent les parties, est la même lorsque le capital de
constitution consiste en argent que dans le cas où ce capital est
un objet mobilier ou un immeuble.

Lorsque le crédi-rentier a fourni une *somme d'argent* contre
la rente viagère qui lui a été promise, nul doute qu'il n'y ait là
une vente de la rente viagère, vente dans laquelle l'acheteur est
le crédi-rentier, et le vendeur, le constituant. Tout ce qui a été
dit à ce sujet sur le contrat de constitution de rente perpétuelle
trouve ici une parfaite application.

Mais si la chose aliénée par l'acquéreur de la rente consiste,
non pas *in numeratâ pecuniâ* mais en *objets mobiliers ou immobiliers*, il semble évident qu'il ne peut y avoir vente de la rente
et qu'il y a bien plutôt vente des objets mobiliers ou immobiliers,
moyennant un prix qui est la rente elle-même. En effet, la première condition de la vente est que le prix consiste en argent, et

il est impossible de donner le nom de prix à la première chose venue. (1)

Si donc la rente viagère est établie moyennant un immeuble ou un objet mobilier, le contrat sera bien moins une constitution de rente, qu'une vente à charge de rente viagère ; c'est là ce qu'exprime Duparc-Poulain (t. III. p. 101 n° 88.) « il est certain que la « rente viagère est le prix du fonds. La rente dans l'espèce n'est « plus la chose vendue ; elle devient le prix de la chose aliénée.»

C'est pourquoi dans le langage vulgaire on désigne l'acquisition d'une rente viagère moyennant l'aliénation d'un domaine ou d'effets mobiliers, par le terme expressif *vente à fonds perdu.*

C'est pourquoi encore, au point de vue fiscal, la loi de l'Enregistrement ne considère comme vraies constitutions de rentes viagères que celles qui sont faites à prix d'argent. Quant aux rentes viagères créées contre l'aliénation de meubles ou d'immeubles, cette loi s'attache particulièrement à la transmission de la chose, transmission qui est prédominante à ses yeux (2). Elle traite exclusivement le contrat comme contenant une vente de l'immeuble ou des meubles.

**99.** — Le contrat de rente viagère est-il réel ou consensuel, est-il unilatéral ou synallagmatique ?

On n'a pas oublié avec quel développement nous avons déjà traité cette double question à propos de la rente constituée. Il n'est pas douteux que, si l'on a reconnu avec nous le caractère consensuel et bilatéral au contrat de constitution de rente perpétuelle, on ne doive aussi le reconnaître à la constitution de rente viagère à prix d'argent ; les mêmes raisons de décider subsistent. (Voyez n°s 6, 7 et 46.)

Si la rente viagère a été constituée moyennant une chose mobilière ou immobilière, tout le monde est d'accord pour voir dans cette opération une *vente* de l'objet moyennant un prix qui

(1) Troplong, *vente, échange* et, Tom. XV, p. 387.

(2) MM. Championnière et Rigaud, *dict.*, V° *Rente viagère*, n° 4 et *traité des dr. d'erreg.*, t. II, n° 136.

est la rente, personne dès lors ne fait doute que le contrat, en ce cas, ne soit consensuel et synallagmatique, comme un contrat de vente. Nul ne conteste que la rente puisse et doive courir dès le jour du contrat, sans qu'il soit nécessaire que la tradition du capital ait eu lieu. Les obligations du vendeur existent dès ce même jour pour le crédit rentier.

**100.** Le caractère le plus saillant de rente viagère, c'est qu'il est *aléatoire*. L'importance que le Code attache à cette qualité se manifeste suffisamment par la place qui lui a été donnée, par la rubrique sous laquelle il l'expose.

Ce contrat est aléatoire, car l'équivalent que chacune des parties reçoit consiste, non pas dans un avantage certain ou réalisé, mais dans une chance de perte ou de gain ; il y aura perte ou gain pour les deux parties, suivant que la personne sur la tête de qui la rente est constituée vivra plus ou moins longtemps. Cette personne meurt-elle bientôt, le gain du débiteur est l'équivalent du risque qu'il a couru de payer la rente longtemps, cette personne tarde-t-elle à mourir, le gain réalisé par le crédit-rentier est l'équivalent du risque qu'il a couru de perdre sans compensation aucune le capital de constitution. Si la mort arrive vite, le débiteur gagne le capital ; si la mort vient lentement le créancier gagne des annuités.

Lors même que la rente viagère est constituée à *prix d'argent*, il n'y a pas lieu de lui appliquer les règles sur le taux des intérêts (art, 1976), car la rente ainsi constituée est le prix d'un risque dépendant de l'âge et de la santé d'une personne, risque qu'il est impossible d'apprécier, d'évaluer. On ne peut pas, comme la rente constituée, dire d'avance, s'il y aura ou s'il n'y aura pas usure, de part ou d'autre.

De même, lorsque la rente viagère est constituée moyennant l'aliénation de meubles ou d'immeubles, le crédit rentier n'aura jamais le droit, sous prétexte qu'il est vendeur, d'invoquer la rescision pour lésion, cette rescision est incompatible avec la nature des contrats aléatoires.

Puisque l'*alea* est un des éléments distinctifs et essentiels de la rente viagère, il s'en suit que, si la rente viagère est arrangée de manière à n'être aléatoire que de nom, elle doit perdre les priviléges particuliers que la loi lui attache en considération de cette *alea*. (1)

Par exemple si Pierre aliène au profit de Paul une somme de 4000 fr. pour une rente viagère de 200 fr., où est ici l'incertitude ? Quand même la vie de Pierre se prolongerait au-delà des bornes ordinaires, Paul ne peut jamais perdre, il ne fait que payer les intérêts ordinaires du capital par lui reçu. D'un autre côté, Pierre ne peut jamais faire à ce marché un véritable gain, puisque Paul ne lui paie que l'intérêt de son argent et rien de plus. Toute la chose consiste en ce que Paul gagnera certainement si Pierre décède promptement, tandis que ce dernier est par cela même exposé à perdre. Mais cette chance de gain du côté de Paul n'est compensée par aucune chance de perte ; de même que la chance de perte du côté de Pierre n'est compensée par aucune chance de gain. Le contrat n'est donc pas véritablement aléatoire ; il contient tout simplement une rente viagère mélangée de libéralité, ou, suivant les cas, susceptible de rescision (2).

Lorsque la rente viagère n'excède pas le taux légal de l'argent, disait Pothier (n°. 219), le contrat renferme une donation, faite au constituant, du capital qu'il reçoit, sous la réserve de la jouissance pour le temps que la rente doit durer.

Par suite la rente viagère constituée au taux légal et non au-dessus, ne paierait pas le droit d'enregistrement comme rente viagère (3).

Pothier allait plus loin encore au sujet de l'*alea* que devait présenter ce contrat ; et, lors même que la rente viagère est constituée au-dessus du taux légal, il faut, disait-il, que l'excédant de la rente sur ce taux soit assez considérable pour qu'on puisse regarder la rente comme le juste équipollent du fonds de ce qui a été

(1) Troplong, t. XV, n° 211.
(2) Troplong, t. XV, n° 211.
(3) Championnière et Rigaud, t. II, n°˙ 1307, 1308.

donné pour la constitution. (1) Si donc on avait constitué une rente viagère à 6 ou 7 pour 100, mais, par exemple, sur la tête d'une personne âgée ou infirme, il faudrait, selon Pothier, appliquer les règles de la *vente à vil prix*, et la déclarer nulle entre personnes incapables de recevoir l'une de l'autre. (2)

**101**. Le principe de l'aliénation perpétuelle du capital s'applique, en cette matière, plus rigoureusement encore et plus absolument que dans la rente perpétuelle ; car il n'est possible ni au débiteur ou à ses successeurs d'offrir le *remboursement*, ni au créancier de l'exiger ; et tandis que le créancier d'une rente perpétuelle peut espérer que le débiteur ou ses successeurs la rachèteront pour s'en libérer, l'acquéreur d'une rente viagère dont la mort doit mettre fin à cette rente, n'a pas l'espoir du rachat ( art. 1979 ) : *sors totalem sentit mortem*, disaient les docteurs (3). Nous verrons encore sous les articles 1977 et 1978, que les causes de résolution forcée, assez nombreuses pour la rente perpétuelle se réduisent à *une seule* pour la rente viagère, cette différence devra être expliquée.

**102** Lorsque la rente viagère est constituée à *titre gratuit*, c'est-à-dire sans que le constituant reçoive aucun capital, elle est sujette à toutes les règles qu'on observe dans les libéralités, soit entre-vifs, soit testamentaires ; elle doit être revêtue des formes requises par la loi (art. 1969) ; elle est réductible, si elle excède ce dont il est permis de disposer ; sa constitution est nulle, si elle a lieu au profit d'une personne incapable de recevoir (art. 1970) etc.

**103**. La rente viagère étant une opération dont l'existence et la durée sont réglées, comme son nom l'indique, sur la vie d'une personne, il est indispensable que l'acte de constitution contienne implicitement ou explicitement l'indication de la personne dont la vie donnera la mesure de la durée de la rente.

(1) Pothier, *const. de rent.*, n° 240.
(2) Pothier, *Vente*, n° 39.
(3) Troplong, t. XV, n° 214.

La rente est constituée habituellement sur la tête de la personne appelée à en recueillir le bénéfice, c'est-à-dire le crédirentier ou acquéreur de la rente. « L'usage le plus ordinaire, dit le Tribun Duveyrier, est que la rente soit constituée sur la tête de celui qui l'acquiert et qui en paie le prix. C'est la conséquence naturelle de son objet d'être attachée à la vie qu'elle est chargée d'entretenir. » (1) Précisément par ce que c'est le cas le plus fréquent, c'est celui qui en l'absence de toute stipulation doit être présumé avoir été dans l'intention des parties.

**104**. La rente viagère peut aussi être constituée sur la tête d'une personne qui n'a aucun intérêt au contrat. Dans ce cas, la personne qui doit profiter de la rente est distincte de celle dont la vie a été prise pour mesure de la durée de la rente, mais comme cette combinaison est rare et exceptionnelle, elle ne saurait être présumée, il faut donc qu'elle soit clairement et expressément exprimée. Ce tiers désigné n'ayant aucun droit à la rente, on doit évidemment conclure que sa présence au contrat n'est nullement nécessaire pas plus que son consentement (2). Il est indifférent aussi qu'il soit ou non capable de disposer ou de recevoir à quelque titre que ce soit, par cela même qu'il n'acquiert aucun droit au contrat (3). Dans ce cas, on ne peut plus dire que la rente soit viagère pour le créancier, en ce sens qu'elle doive durer pendant toute la vie de ce dernier ; car d'un côté, si le tiers désigné vient à mourir avant le créancier, la rente cesse d'être servie ; et à l'inverse, si le tiers survit, la rente doit être continuée aux héritiers du créancier jusqu'à ce que le tiers décède. En ceci se manifeste une différence avec l'usufruit qui étant en droit essentiellement personnel, s'éteint par la mort de l'usufruitier. Il est incontestable que les parties peuvent dans notre espèce attribuer par stipulation expresse la même qualité à la rente et la faire dépendre éga-

(1) Locré (t. XV, p. 202)).

(2) M. Pont, n° 687. *Contrà* Massé et Vergé sur Zachariæ, (t. V, n° 26, note 7).

(3) Pothier, n° 226.

lement de l'existence du crédi-rentier. Cette stipulation pourrait même être considérée comme implicitement contenue dans l'acte, si la rente viagère, constituée à titre gratuit, avait un caractère alimentaire (1).

**105.** De même que la rente peut être constituée sur la tête d'un tiers, elle peut être constituée sur la tête du débiteur lui-même ; cette combinaison offre même au créancier une sécurité plus grande que lorsque la rente est constituée sur sa tête, en ce que la *votum mortis* est complètement annihilé; Il n'a pas à craindre en effet, que le débiteur ennuyé de la rente et poussé par une criminelle cupidité, attente à ses jours pour se délivrer de son obligation. Mais cette combinaison est d'autant plus rare qu'elle s'écarte plus du but que les parties se proposent ordinairement pour la constitution de rente viagère.

**106.** L'article 1972 donne aux parties la faculté de constituer la rente sur plusieurs têtes. La rente peut être constituée ainsi, dit le tribun Duveyrier, « soit pour en attribuer successivement la jouissance aux personnes sur la tête desquelles elle est constituée, soit pour s'en conserver la jouissance à soi-même et à ses héritiers jusqu'à l'extinction de toutes les têtes qui entretiennent et prolongent sa durée. » (2) Cette combinaison présente l'avantage d'augmenter les chances de durée de la rente sans altérer le caractère aléatoire qui est de son essence. Mais il faut que les personnes appelées à profiter de la rente soient désignées par l'acte, sans quoi l'*alea* ne serait plus indépendant du fait des parties. Aussi ne peut-on qu'approuver un arrêt de la Cour de Caen en date du 16 mars 1852 (3), par lequel a été déclarée nulle comme contraire à l'essence du contrat de rente viagère, la clause par laquelle le crédi-rentier en stipule la reversibilité sur la tête d'une personne à son choix, qu'il désignera comme il jugera à propos.

(1) M. Duranton (n° 131).
(2) Locré (*Loc cit.*
(3) Dalloz, 53, 2, 95.

**107.** Les parties peuvent en constituant la rente sur la tête de plusieurs personnes qui doivent en jouir, ne les appeler à la jouissance que successivement au fur et à mesure du décès de chaque créancier dans un ordre convenu. Elles peuvent aussi les appeler toutes à la jouissance avec une clause de reversibilité susceptible d'assurer au survivant l'accroissement résultant des extinctions. Dans cette hypothèse, aucune difficulté ne peut s'élever lorsque l'acte est formel et précis en ses termes. Mais il arrive quelquefois que, la rente étant constituée sur plusieurs têtes, les parties n'ont pas stipulé la reversibilité. Qu'arrivera-t-il alors en cas de décès de l'une des personnes désignées? La rente sera-t-elle éteinte pour partie? au contraire continuera-t-elle a être servie en totalité aux survivants ?

D'abord au cas où la rente a été constituée sur la tête de deux ou plusieurs peusonnes étrangères au contrat, il est manifeste qu'à moins de stipulation contraire dans l'acte, la rente doit subsister dans son intégrité jusqu'au décès du dernier mourant, il y a là une seule rente dont l'extinction est subordonnée pour le tout à une condition copulative, il faut donc que tous les faits compris dans la condition soient réalisés pour qu'on puisse reputer la condition accomplie.

**108.** Mais en est-il de même lorsque deux ou plusieurs personnes qui fournissent en commun le prix de la rente, la constituent sur leur tête et à leur profit ? L'un des crédi-rentiers vient à mourir, la rente est-elle éteinte pour partie ? L'affirmative est enseignée par quelques auteurs. Les deux stipulants, dit-on, sont créanciers chacun pour moitié. Or, quand une chose divisible est dûe à deux personnes sans solidarité, la créance se divise de plein droit. C'est donc comme s'il y avait eu deux constitutions de rente : le droit de l'un est parfaitement indépendant du droit de l'autre ; l'un peut subsister alors que l'autre s'éteint ; mais il subsiste tel qu'il était, il ne reçoit par là ni extension ni restriction (1). Toutefois, cette solution est généralement contestée comme absolument

(1) Duranton (n° 134). Delvincourt (texte p. 206.

contraire à la pensée de l'article 1972, telle qu'elle résulte des explications ci-dessus reproduites du tribun Duveyrier. Et, en effet, c'est bien à tort qu'on suppose l'existence de plusieurs rentes distinctement créées, la vérité est qu'il n'y a qu'une seule rente sur plusieurs têtes, une rente constituant un seul droit qui doit vivre et mourir dans son entier. Ce serait donc changer les conditions du contrat que d'admettre la diminution de la rente à mesure de l'extinction des têtes. Et il ne serait alors plus vrai de dire avec notre article *qu'une rente peut être constituée sur plusieurs têtes*, puisque, en réalité, il y aurait plusieurs rentes distinctes sur plusieurs têtes séparées. C'est pourquoi nous estimons, avec la jurisprudence et la majorité des auteurs que, dans ce cas encore, la condition d'extinction de la rente est le décès de toutes les personnes sur la tête et au profit desquelles elle a été constituée (1).

**109.** En vertu des mêmes principes nous décidons que quand on donne entre-vifs ou par disposition testamentaire une rente viagère à plusieurs personnes, la mort de l'un des donataires n'empêche pas la continuation de la rente pour le tout au profit des survivants (2).

**110.** La rente viagère n'est pas non plus nécessairement constituée au profit de celui qui en fournit le prix : elle peut être constituée au profit d'un tiers. En pareil cas, elle contient une libéralité adressée à ce dernier : Mais le Code, tout en la considérant alors comme donation *quant au fond*, c'est à dire, quant aux règles sur la capacité, la réduction, le rapport, etc. ne la taxe point de donation *quant à la forme*, c'est-à-dire quant à la nécessité de l'acte authentique, solennel et en minute. Cette dispense des formes s'explique en ce que la libéralité faite au donataire de la rente, n'est pas dans l'espèce au contrat principal, mais seulement l'accessoire du contrat à titre onéreux et pure-

---

(1) Pothier (n° 242) ; Troplong (n° 245), Pont. art. 1972, n° 692) cassation, 18 janvier 1830. Dalloz, 30. 1. 79).

(2) *Contrà*. Duranton (n° 135).

ment consensuel, par lequel le constituant s'est engagé à fournir la rente viagère (article 1973). Une conséquence remarquable de cette distinction entre la libéralité et le contrat principal à titre onéreux, c'est que les causes de révocation, d'annulation ou de réduction, dont la libéralité peut être affectée, ne saurait en rien influer sur le contrat principal formé entre le constituant et celui qui a fourni le prix de la rente. En tout état de cause, ce contrat doit être exécuté, et l'obligation de servir les arrérages en totalité subsiste à la charge du constituant à qui il n'appartient pas d'invoquer pour s'en affranchir les lois sur la nullité, la réduction et la révocation des libéralités. Ces lois sont faites, non en sa faveur, mais, selon l'expression de Pothier, en faveur des *héritiers* ou, suivant l'occurrence, en faveur du *donateur* lui-même. En conséquence, ceux-ci seulement doivent en profiter et obtenir que la rente leur soit continuée à la place et pendant la vie de celui sur la tête de qui elle a été créée (1). Il y a un seul cas où le débiteur pourrait opposer au crédi-rentier donataire la révocation de la donation, et se refuser à lui servir les arrérages : c'est le cas où la donation serait révoquée pour survenance d'enfants au donateur. La libéralité étant, d'après l'article 960 révoquée de plein droit, il est permis à tout intéressé et par conséquent au débiteur de la rente, dans notre hypothèse, d'invoquer la cause de révocation, non pas sans doute pour se dispenser d'une manière absolue du service des arrérages , mais pour se mettre à l'abri des recours que pourraient plus tard exercer contre lui le donateur ou ses héritiers.

La donation prévue par l'article 1973 n'est parfaite que par l'acceptation du tiers au profit de qui la rente viagère a été constituée, jusque-là, la personne qui a fourni le prix peut révoquer sa libéralité (arg. de l'art. 1121).Mais cette acceptation n'est soumise à aucune formalité particulière, la seule perception d'un quartier d'arrérages suffirait même pour témoigner d'une acceptation définitive et pour lier irrévocablement le donateur (2).

(1) Pothier (n° 241).
(2) Duranton, t. XVIII, n° 139.

**111.** Nous avons raisonné jusqu'à présent dans l'hypothèse où le prix avait été fourni en totalité par l'acquéreur et par conséquent sans aucune participation de la part de celui qui doit en profiter. C'est le cas spécialement prévu par l'article 1973. Sortons maintenant des termes précis de cet article, et supposons qu'une rente a été achetée à frais commun par deux personnes avec la condition qu'elle continuera sans diminution au profit du survivant. Nous n'avons pas ici la donnée complexe de l'article 1973, où apparaissent à la fois un contrat principal à titre onéreux, et une libéralité accessoire, soumise comme telle, au moins quant au fond, aux règles sur les dispositions à titre gratuit. On se demande si c'est encore le cas de suivre ces règles en ce qui concerne la convention supposée.

Le doute nait de ce qu'à la mort de l'un de ces acquéreurs, le survivant recevra des arrérages supérieurs à ce qu'il eût pu obtenir avec son capital ; il semble donc qu'il recevra l'excédant sans avoir rien fourni en retour, et par conséquent que c'est là une libéralité qui, bien que dispensée des formes requises pour les donations. n'en doit-on pas moins, quant à ses effets et à sa validité intrinsèque être soumise aux règles des donations. Il n'en est rien cependant : les deux acquéreurs ayant contribué au paiement du prix de la rente, ne se trouvent pas dans l'hypothèse de l'article 1973. D'ailleurs aucun d'eux n'a eu l'intention de faire à l'autre une libéralité ; leur but commun en réunissant leurs capitaux, a été de procurer une rente plus élevée à celui d'entre eux qui survivrait. C'est une convention aléatoire qui présente l'analogie la plus frappante avec la convention connue sous le nom de tontine. De même que dans la tontine, contrat à titre onéreux incontestablement, les survivants profitent seuls des capitaux apportés par les prédécédés, de même aussi dans notre hypothèse, le survivant acquiert dans la rente la part du prédécédé, sans qu'il se mêle à son acquisition aucune idée de libéralité. Les règles sur les donations, leur nullité, leur réduction ou leur révocation restent donc complètement inapplicables.

D'après cela, si deux époux, mariés sous un régime autre que la communauté, ont fourni chacun la moitié du capital de la rente viagère constituée avec clause de reversibilité, ou si mariés en communauté ils ont fourni ce capital en biens à eux propres, la convention aléatoire ne tombe pas sous l'application de l'article 1096, qui déclare révocable au gré du donateur la donation faite entre époux pendant le mariage. ni sous celle de l'article 1097 qui leur défend de se faire des donations réciproques par un seul et même acte. La question ne souffre aucune difficulté dans cette hypothèse. Il n'en est pas de même quand la rente viagère a été acquise par le mari au moyen d'un capital commun et avec stipulation de reversibilité sans diminution sur la tête de l'époux survivant. Une telle clause aura-t-elle pour effet, le cas d'acceptation de la communauté par la femme échéant, d'exclure la nécessité du partage en ce qui concerne la rente. Cette question tenant spécialement à la matière du contrat de mariage, nous nous contentons simplement de l'indiquer. Disons toutefois que la jurisprudence a adopté la négative (1).

**112**. L'élément essentiel par excellence dans le contrat de rente viagère est donc une *tête* sur laquelle la rente soit constituée, c'est-à-dire une personne dont la vie soit prise comme mesure de la durée de la rente. De là les conséquences suivantes :

1° Le contrat de rente viagère créée sur la tête d'une personne qui était morte au jour du contrat ne produit aucun effet (article 1974.)

Dans ce cas il n'y a plus d'*aléa*, et par suite le contrat est frappé de nullité, si bien que celui qui l'a fourni les fonds de la rente peut les répéter comme les ayant fourni sans cause.

Ceci ne souffre aucune difficulté quand les parties ou même seulement celle qui a fourni la valeur, ignorait au temps de la constitution la mort de la personne dont la vie devait régler l'existence de la rente : le consentement est alors affecté d'une erreur portant sur la substance même du contrat. Vainement

(1) Cassation, 29 avril 1851. — Dalloz, 52. 1. 25.

quand l'erreur est commune aux deux parties, invoquerait-on la bonne foi pour faire produire à la convention les effets d'un contrat putatif. La bonne foi, comme le dit fort bien M. Troplong, serait décisive s'il s'agissait d'établir que l'intention du constituant n'était ni dolosive ni perverse, mais elle ne saurait donner à l'opération juridique l'élément essentiel qui lui manque, l'*alea* qui est sa raison d'être, sa condition nécessaire (1).

La disposition de l'article 1974 est juste et parfaitement expliquée quand la mort de la personne sur la tête de laquelle la rente était constituée, était ignorée des deux parties ou même de l'acquéreur de la rente seulement. Dans ce dernier cas, il y aurait même, pour annuler le contrat, un motif qui viendrait s'ajouter à celui sur lequel est fondé notre article : le constituant qui connaîtrait le décès et n'en avertirait pas l'acquéreur, commettrait un dol qui, aux termes de l'article 1166 du code civil, serait suffisant pour faire rescinder la convention ; car il est évident que si l'acquéreur avait connu le véritable état des choses, il n'aurait pas contracté.

Si l'acquéreur était informé de la mort du tiers sur la tête duquel il plaçait la rente viagère, le contrat est également nul comme constitution de rente viagère, il est comme non-avenu même pour ce crédi-rentier prétendu, qui, bien certainement, n'a pas dû compter recevoir des arrérages puisque, à sa connaissance, la condition sous laquelle ils lui auraient été dûs, était défaillie. Mais comme il faut donner effet à la disposition pour ne pas contrevenir à l'article 1157 du code civil, on supposera que la volonté du disposant a été de faire une libéralité au constituant. S'il a été donné et livré comme prix de la rente, une somme d'argent, des effets mobiliers, la donation a reçu toute sa perfection par la tradition réelle des effets : c'est une donation manuelle dont la validité est universellement reconnue (2). Si c'est um immeuble qu'il livre, la disposition constitue une dona-

(1) M. Troplong, n° 260.
(2) Marcadé (Art. 931).

tion déguisée sous la forme d'un contrat à titre onéreux, et le cas échéant où elle viendrait à être contestée, elle serait sans doute validée en vertu de la jurisprudence, qui, avec raison, selon nous, consacre la validité et l'efficacité de tels déguisements ; le tout, néanmoins sous la réserve de l'action en réduction en faveur des héritiers réservataires et de l'action en nullité pour incapacité (1).

**113.** Nous avons supposé jusqu'ici, pour appliquer l'art. 1974, la rente viagère créée sur la tête d'une personne étrangère au contrat. C'est là en effet le cas que les rédacteurs du code ont eu uniquement en vue. Il n'est cependant pas impossible de trouver une hypothèse où la rente viagère étant établie sur la tête de l'acquéreur lui-même, notre article serait également applicable, parce que la disposition en est générale et ne doit recevoir aucune restriction. Supposons en effet un mandataire livrant la propriété de son mandant, moyennant une rente viagère constituée sur la tête du mandant lui-même ; au jour du contrat conclu par procuration, celui-ci étant mort, le constituant et le mandataire l'ignoraient ; si le contrat devait suivre la loi générale des conventions (art. 2008 et 2009), il serait valable ; mais il y a la règle spéciale de l'article 1974 qui s'oppose incontestablement à ce que le contrat ait ses effets.

Quand la rente viagère est constituée sur la tête de plusieurs personnes étrangères au contrat et dont l'une est décédée au jour de la convention, nous croyons qu'il faut encore, en principe, appliquer l'article 1974 : l'acquéreur a été dans une erreur suffisante pour qu'il soit relevé de son engagement. Il comptait jouir de la rente pendant la vie de plusieurs personnes : c'est à quoi il tendait en usant de la faculté à lui laissée par l'article 1972. Son espérance ne s'est pas réalisée, il peut donc demander la nullité du contrat. Remarquons en passant que, ainsi que nous l'expliquerons bientôt, la même solution ne pourrait être donnée dans le cas de l'article 1975. Il importe, toutefois, de réserver

(1) M. Pont. art. 1974 n° 707.

quant à l'application de l'article 1974, le cas où la rente devait être servie successivement à plusieurs personnes (1).

**114.** 2° Est aussi infirmé le contrat par lequel la rente a été créée sur la tête d'une personne atteinte d'une maladie dont elle est décédée dans les vingt jours de la date du contrat. (Art. 1975).

Lorsque la personne sur la tête de qui repose la rente était morte au moment du contrat, l'acquéreur de la rente se trouve n'avoir pas acquis et n'avoir pu acquérir, même pendant un instant de raison, la créance aléatoire en vue de laquelle il aliénait son capital ; l'aliénation de ce capital est donc nulle, faute de cause (2).

Lorsque cette même personne était malade au moment du contrat et vient à mourir de la même maladie dans les vingt jours du contrat, il y a une erreur qui vicie la convention.

Pothier (n° 225) faisait toutefois au sujet de la maladie une distinction qui ne se trouve pas reproduite dans notre article 1975. Pothier n'annulant le contrat que dans le cas où la maladie avait été ignorée des parties, alors seulement, disait-il, l'acquéreur de la rente peut dire qu'il y a eu erreur de sa part. Mais ne peut-il pas arriver aussi que le crédi rentier, tout en connaissant la maladie grave de la personne sur qui repose la rente, et tout en prévoyant que la vie de cette personne sera courte, ait espéré qu'elle ne mourrait pas encore surtout dans le court espace de vingt jours ? Il se trouvera, s'il en est ainsi, déçu dans de légitimes prévisions, il est bon qu'il puisse alors arguer de son erreur.

Le Code a bien fait, nous croyons, de ne pas adopter la distinction de Pothier. Cette décision mit fin désormais aux incertitudes et à l'arbitraire de l'ancienne jurisdrudence d'après laquelle le juge avait un pouvoir discrétionnaire pour apprécier le cas où la maladie de la personne dont la vie réglait la durée de la rente était assez grave pour amener la nullité du contrat (3).

(1) MM. Massé et Vergé sur Zacchariæ (t. V. p. 7. Note 8.)
(2) Pothier, n° 224.
(3) Pothier (n° 225). Merlin. (Rep. V° *Rente viagère*, 111).

Les conditions de l'article 1975 sont rigoureuses, il faut donc que la personne sur la tête de laquelle la rente est établie, soit malade au moment du contrat, qu'elle décède dans le délai de vingt jours et que sa mort soit le résultat de cette maladie. Un accident survenu même quelques instants après la conclusion du contrat, dans le cas même où la personne serait malade, n'aurait aucune influence sur la validité de la constitution de rente. En disant maladie, le législateur a évidemment en vue un état de santé tel qu'il inspire des craintes sérieuses sur la vie de la personne. La vieillesse la plus avancée ne constituerait pas une maladie dans le sens de l'article 1975 (1). Quant au délai sa briéveté a soulevé des critiques et M. Delvincourt prétend que les rédacteurs du Code auraient mieux fait en prenant l'article 909 du Code Civil pour règle et, par conséquent, en déclarant l'acte nul toutes les fois que la personne sur la tête de laquelle la rente aurait été constituée, était au moment du contrat atteinte de la maladie dont elle est morte depuis (2). C'eut été revenir aux incertitudes de l'ancienne jurisprudence et ressuciter les controverses auxquelles les rédacteurs du Code ont précisément voulu couper court.

Pour le calcul des vingt jours on appliquera la règle généralement reçue d'après laquelle la *dies a quo* ne doit pas compter dans la supputation. En conséquence, pour que la constitution de rente soit maintenue il faudra que la personne ait vécu encore vingt jours entiers après la formation du contrat.

Quant à la preuve, la présomption de l'article 1975 n'existant que par la réunion de circonstances diverses, celui qui l'invoque devra la faire car il est demandeur ; *actori incombit probationis onus* (3).

**115.** Après avoir expliqué le caractère et les conditions de la présomption établie par l'article 1975; précisons les cas en vue

(1) Angers, 19 avril 1820. Dalloz, 21. 277.
(2) Delvincourt (Tom. III p. 425. Note 9)
(3) Bordeaux, 11 février 1828. (Dalloz. V° *Rente viagère*, n° 57)

dèsquels cet article a été édicté. Il s'applique aux rentes viagères constituées à titre onéreux. En est-il de même de la constitution faite gratuitement. La cour de cassation, réformant un arrêt
de la cour de Montpellier, a résolu la question dans le sens de la
négative par arrêt du 18 juillet 1836 (1). Les motifs qui ont dicté
la décision de la cour suprême, doivent faire admettre la même
décision dans le cas spécialement prévu par l'article 1973, où la
rente est constituée au profit d'un tiers, quoique le prix en soit
fourni par une autre personne. Le créancier véritable, celui qui
va recevoir les arrérages, ne livre rien comme représentation de
son droit : à son égard la rente est à titre gratuit.

**116.** Lorsque la constitution de rente a été faite à titre onéreux, il y a deux situations à envisager : Celle où la rente a été
constituée sur la tête d'un tiers qui n'a pas le droit d'en jouir, et
celle où elle a été constituée sur la tête de celui qui en a fourni
le prix (art. 1971).

Dans le premier cas, si les parties, ou seulement l'acquéreur
de la rente a ignoré l'état désespéré du tiers dont on avait pris
la vie comme mesure de la nature de la durée de la rente, l'article 1975 est applicable sans aucun doute. Ici le consentement est
vicié par l'erreur qui tombe sur la qualité substantielle de la chose
que les contractants avaient en vue (2); il y a même si le constituant avait connu seul la maladie un dol au moyen duquel il se
serait procuré un bénéfice injuste; le contrat, atteint dans sa base,
est affecté d'un vice qui doit en entraîner la nullité. Si au contraire,
dans cette même hypothèse, le créancier avait eu connaissance
parfaite de l'état de la maladie du tiers sur la tête duquel la rente
a été constituée, selon nous et malgré l'avis contraire de certains
auteurs (3), le contrat ne doit pas rester absolument sans effet.
S'il ne peut valoir comme convention aléataire et à titre onéreux,

(1) Dalloz, 36.1, 422.
(2) Pothier, n° 225.
(3) MM. Aubry et Ran (T. III pag. 421, not. 8). Massé et Vergé. (T. V.
p. 27. Note 9 )

il peut au moins valoir comme donation faite sous une condition casuelle, la mort de la personne dans les vingt jours. Nous ne saurions voir dans l'article 1975 une disposition d'ordre public, à laquelle les parties ne peuvent déroger (1). Or il y a une dérogation dans la convention telle que nous venons de la supposer: le créancier a consenti à ce que l'égalité des risques fut mise de côté, il n'y a pas de raison pour que sa volonté ne soit pas respectée. A *fortiori*, le contrat pourra-t-il être validé, au moins comme donation déguisée, quand les parties auront formellement manifesté la volonté de déroger à la disposition de l'article 1975 (2).

Examinons maintenant le second cas, celui où la rente a été créée sur la tête du créancier lui-même. La distinction posée, quant à la première hypothèse, semblerait devoir conduire à cette conséquence, que l'article, dont nous nous occupons, ne serait pas applicable à la seconde; car pourrait-on dire, le créancier doit être présumé avoir connu son état et avoir voulu que, si le contrat ne produit pas son effet comme rente viagère, il vaille du moins comme donation. Toutefois l'induction en ces termes serait trop absolue, et par exemple. elle serait complètement incorrecte si rien ne venait manifester de la part du créancier l'intention de donner, la donation ne se présume pas, et loin de suppléer l'intention de donner de la part du malade qui s'est fait consentir une rente viagère au moment où son état était tellement désespéré que la mort est venue l'atteindre en moins de vingt jours, il faut croire, que, se faisant illusion sur sa situation, il n'a aliéné son capital que dans l'espérance de recouvrir la santé. Il n'en est pas ici comme dans le cas précédent: Nous ne nous trompons pas et nous n'avons aucune raison de nous tromper sur la situation d'un malade qui nous est étranger, tandis que par un bienfait de la nature, nous nous abusons sur l'imminence du danger qui nous menace nous même dans l'état de maladie, et volontiers nous croyons à la vie et nous nous y rattachons avec d'autant plus

(1) M. Pont, art 1975, n° 719.

(2) *Contrà* Aubry et Rau, Massé et Vergé (*Loc. cit.*)

d'énergie qu'elle est plus près de nous échapper. On doit donc en ce cas, s'en tenir à l'article 1975 dont l'application, il faut l'ajouter, sera d'ailleurs utile comme moyen de prévenir les tentatives coupables de spoliation qui trop souvent assiègent le malade à son lit de mort (1). Mais s'il est prouvé en fait que l'acquéreur de la rente avait connaissance du danger dont il était menacé, s'il a manifesté l'intention bien formelle de donner effet au contrat, le contrat, à notre avis, devra être maintenu, sinon comme rente viagère, tout au moins comme don manuel ou comme donation déguisée, suivant que le créancier aura fourni de l'argent ou un immeuble. C'est là en effet une donation sous la condition purement casuelle de la mort dans le délai de vingt jours, et qui n'emprunte rien au caractère de la donation à cause de mort. Pourquoi donc ne serait-elle pas validée ? Il n'y a pas de disposition de loi qui enlève à un mourant le droit de faire une donation entre-vifs, il n'y en a pas qui lui interdise le droit de sacrifier un capital qui lui devient inutile, s'il meurt ; ou qui lui procurera un revenu plus considérable, s'il revient à la santé. C'en est assez, ce nous semble, pour défendre notre opinion contre la doctrine contraire qui est généralement enseignée (2)

**117.** Nous avons à voir une dernière hypothèse, celle où la rente a été constituée sur la tête de plusieurs personnes, soit étrangères au contrat, soit ayant le droit de jouir de la rente successivement ou conjointement. Si toutes ces personnes viennent à mourir dans les vingt jours de la maladie dont elles étaient atteintes au jour du contrat, l'article 1975 sera pleinement applicable. Mais si une seule de ces personnes vient à mourir dans ces conditions, le contrat substitera et la raison en est bien simple, c'est que la survie des autres personnes a maintenu dans le contrat le caractère aléatoire qui est de son essence. Ceci n'est pas en contradiction avec ce que nous avons dit plus haut quant à l'ap-

(1) Mourlon (T. III, page 417). Troplong (n° 264). Cassation, 19 janvier 1814. Dalloz Alph. t. XI, p. 571.)

(2) Troplong. N° 268.

plication de l'article 1974 à cette hypothèse. Ce dernier article contient une application de la règle générale d'après laquelle l'erreur portant sur la substance même entraîne la nullité du contrat et la disposition, dès lors, en doit être suivie chaque fois que le consentement du crédi-rentier apparaît entaché d'une erreur substantielle; au contraire l'article 1975 édicte une présomption rigoureuse, une dérogation au droit commun, il ne faut donc pas l'étendre au delà de ses termes précis.

**118.** *La résolution forcée* s'applique à la rente viagère dans une mesure bien plus étroite qu'elle ne s'applique à la rente constituée.

Le code n'autorise le crédi-rentier viager à demander la résiliation du contrat que dans le *seul cas* où le constituant *ne lui donne pas les suretés stipulées* pour son exécution, (art. 1977).

Quant à la résiliation pour *défaut de paiement des arrérages* le Code la repousse formellement (art. 1978).

Et quant à la résiliation par suite de la *faillite ou déeonfiture* du constituant, le Code ne l'admet nulle part. Sans doute, dit M. Troplong (t. XV, N° 323), il sera dur et gênant pour la masse des créanciers qui représente le failli de ne pouvoir s'exonérer de la rente viagère en la remboursant; mais leur fait, pas plus que celui de leur débiteur, ne saurait porter atteinte à une convention légalement formée.

Ce maintien du contrat de rente viagère en face d'évènements qui, d'après les articles 1912 — 1° et 1913, détruisent la constitution de rente perpétuelle, mérite d'être justifié.

En principe. le capital en échange duquel a été créée la rente viagère, est perdu pour celui qui l'a livré : *Sors totalem sentit mortem.* (1) *Sors in contractu vitalitio est irrepetibilis, et pretium solutum perditur* (2).

Le contrat de rente viagère est de plus *aléatoire*, les parties ont voulu *ab initio* le soumettre aux chances du hasard; il est donc

---

(1) Cadinal Deluca, *de Censib.*, § 7, n° 8!.
(2) Casaregis, disc. 96, n° 35.

uste de laisser à la fortune, autant que possible, le soin d'amener la solution qu'on a attachée à ses incertitudes (1).

Enfin, le contrat de rente viagère se forme dans des conditions telles, que *le temps n'y laisse pas les choses entières*. Chaque jour qui s'écoule diminue la dette du constituant et le droit du crédi-rentier, puisque chaque jour avance l'époque où mourra la personne sur qui repose la rente, et où la rente cessera d'être due ; chaque jour il devient donc moins facile de déterminer ce qui est dû au créancier ; et plus la rente viagère aura été servie longtemps, plus seraient considérables le préjudice que la résiliation causerait au débiteur, et la peine qu'on lui infligerait pour son manquement.

Ni ce dessein manifesté par les parties de faire entrer le hasard dans leur calcul, ni cette déperdition quotidienne de leurs droits et obligations, ne se retrouvent dans la rente perpétuelle. On comprend maintenant que la loi ait permis la résolution de la rente perpétuelle, là où il lui était impossible d'autoriser la réso lution du contrat de rente viagère.

Cependant, c'eut été pousser trop loin ce raisonnement, et faire exagération d'une idée juste, que de refuser la résiliation du contrat de rente viagère, même dans le cas de l'article 1977, alors que le constituant manque à donner les suretés promises. En face d'une telle infidélité, l'intérêt du crédi-rentier devait l'emporter sur la crainte de punir trop rudement le débiteur. On a mieux aimé préserver le premier de la perte du capital qu'il a aliéné uniquement en vue de l'exécution du contrat, que de mettre le second à l'abri d'une perte même certaine. Il faut remarquer, d'ailleurs, que cette perte ne sera pour le débiteur que le résultat de sa propre faute, et qu'il aura pu l'éviter en tenant des engagements librement pris.

Il faut remarquer encore que, dans le cas de refus des suretés promises, les réclamations du credi-rentier et la demande en résiliation suivront généralement de très près le jour du contrat;

(1) Troplong. T. XV, n° 309.

de telle façon qu'il s'agira simplement d'annuler ce dernier à une époque où les choses seront encore presque intactes, et où peut-être le premier quartier d'arrérages n'aura pas encore été payé. La même considération ne pourra guère être invoquée, ni quand il y aura défaut de paiement des arrérages, ni quand il y aura faillite. Car le plus souvent, ces deux derniers faits ne se produiront que très-longtemps après le contrat ; soit que le débiteur ayant payé de nombreuses annuités qui égalent, excèdent peut-être le capital, refuse dans son impatience et dans son dépit de continuer le service d'une rente qui lui semble inique, à force de tromper ses calculs ; soit que les paiements d'arrérages qu'il n'avait pas cru devoir se multiplier de la sorte, aient jeté à la longue dans les affaires du constituant une perturbation qu'il ne pouvait pas prévoir dès l'abord.

Ainsi, toute grave que soit la résolution permise par l'article 1977, elle est concevable, elle est même nécessaire : mais, d'un autre côté la nature de la rente viagère, ne comportait pas d'autres causes de résiliation du contrat que le fait même dont cet article fait mention.

Il faut se garder toutefois de croire que le constituant puisse faire impunément défaut pour le paiement des arrérages, et que le crédi-rentier viager reste désarmé devant ce manquement de son débiteur. Si la loi refuse au rentier le droit de réclamer le remboursement du capital, et de rentrer dans le fonds par lui aliéné. elle lui reconnait du moins , le droit de *faire saisir et vendre* les biens de son débiteur, et de faire ordonner ou consentir, sur le produit de la vente l'emploi d'una somme suffisante pour garantir le service des arrérages. (Art. 1978).

**119.** Quelques difficultés se sont élevées sur les applications de l'article 1977.

On a demandé, par exemple, si la rigueur de cette résiliation devait frapper le débiteur qui *diminue les suretés* données, comme elle frappe le débiteur qui omet de donner les suretés promises. Cette question a été déjà traitée à propos de la rente constituée

.et résolue affirmativement. La jurisprudence a décidè qu'il faut la résoudre de même à l'égard de la rente viagère (1). Seulement le juge ne devra pas oublier que la résiliation est, en cette matière, un acte de la plus haute sévérité ; qu'elle renverse des espérances légitimes et voisines peut être de l'évènement qui allait la transformer en droits acquis ; qu'ainsi il ne faut pas se montrer trop méticuleux ou trop favorable à des plaintes exagérées (2).

On a demandé encore si le constituant doit être reputé diminuer les suretés promises , lorsqu'il vend l'immeuble hypothèqué à la rente viagère, sans imposer à son acquéreur l'obligation de payer la rente. La raison de dire *oui*, c'est que l'acquéreur en purgeant, pourra transformer en simple droit sur le prix le droit du crédi-rentier (3), Mais il y a une raison de dire *non*, c'est que, dans le cas d'une purge, faite par l'acquéreur, le crédi-rentier verra toujours son droit conservé par l'*emploi d'une somme suffisante* pour assurer le service de la rente, ce qui est le mode de purger les rentes viagères, et ce qui constitue d'ailleurs un état de choses formellement reconnu et consacré par l'article 1978 (4).

On juge habituellement que, si le débiteur avait vendu partiellement et en détail les immeubles hypothéqués à la rente viagère, le crédi-rentier pourrait demander la résiliation, attendu qu'il n'est pas obligé de souffrir le paiement partiel de ce qui lui est dû (5).

La Cour de Cassation, par un arrêt du 16 Avril 1839, a reconnu le droit résiliation dans une espèce bien plus remarquable encore, Le crédi-rentier viager avait hypothéque sur un immeuble du constituant, mais une hypothèque pour laquelle il avait laissé

(1) Colmar, 25 aoùt 1858. (Dallcz 10. 2. 165). — Arg. de l'art 1188. Code civ.

(2) Troplong, t. XV p. 449,

(3) Riom, 4 aoùt 1818. (Dalloz, 19. 2. 5.)

(4) Troplong, t. XV, n° 292.

(5) Colmar, 25 aoùt 1810. (Dalloz, 10, 2, 165).

périmer l'inscription. Le constituant avait vendu l'immeuble sans imposer à l'acquéreur le paiement de la rente, de façon que le crédi-rentier se trouvait privé de son gage ne pouvant plus agir hypothécairement contre l'acquéreur. Sans doute, le rentier, dans l'espèce, s'était mis lui-même dans cette impossibilité par sa propre faute et négligence, et il ne devait reprocher à personne autre que lui la perte de son droit de suite ; mais, d'un autre côté, il avait pu laisser périmer son inscription à l'égard des tiers, sans que, pour cela, son hypothèque s'éteignît à l'égard de son débiteur ; car une hypothèque subsiste sans inscription vis-à-vis de celui-ci (art. 2134) et l'on pouvait dire dès lors, que le constituant en vendant le fonds sans charger l'acquéreur de la rente, avait, encore qne l'inscription fut périmée, diminué la garantie du rentier et affaibli ses rapports avec lui (1).

**120.** Dans le cas unique où il y a lieu à la demande en résiliation du contrat de rente viagère, il faut remarquer deux particularités :

1° Si, avant que le crédi-rentier ait donné la demande à fin de résolution, ou même seulement avant que le jugement soit rendu sur cette demande, la rente viagère vient à s'éteindre par la mort de celui sur la tête de qui elle reposait, le remboursement ne peut plus avoir lieu, car le créancier où ses ayants-cause n'ont plus aucun intérêt à l'exécution des conditions, dès que l'objet à garantir, la rente, n'existe plus (2).

2e Lorsque la rente viagère est plus forte que l'intérêt légal de l'argent, les arrérages étant, en ce dont ils excèdent le taux, le prix du risque de gagner ou de perdre que courent les parties, la rente doit, du jour où la résolution a été ordonnée par un *juyement définitif*, cesser de courir sur le pied de sa constitution. Elle ne doit courir, à partir du jugement, que sur le pied du denier vingt ; car, dès que le constituant est condamné, le

(1) Dalloz, 39. 1. 158.
(2) Pothier, n° 230.

risque cesse et l'acquéreur de la rente n'a plus à percevoir un prix pour ce risque. Il ne peut désormais demander qu'un dédommagement pour la privation de son capital ; et ce dedommagement ne sera autre chose que les arrérages au dernier vingt de la valeur du capital, ce qui est le prix le plus cher de la jouissance de l'argent (1).

Mais il va sans dire que le débiteur ne peut pas, en cas de résolution, demander que le rentier subisse la réduction à l'intérêt légal des arrérages échus avant le jugement. — Ces derniers, en effet, sont le prix d'un risque couru et qui a subsisté jusqu'à la résolution du contrat, d'un risque qui s'est produit tous les ans, ou pour mieux dire, tous les jours ; et qui tous les ans, tous les jours, a dû avoir son prix. On enleverait ce prix au créancier, si on permettait qu'il restituât des arrérages échus. Or, toute l'économie du contrat de rente viagère se rattache à cette idée d'un risque couru et payé ; c'est elle qui explique l'article 1978 ; on en trouve la trace dans l'article 1979 ; nous savons, en un mot, qu'elle est inséparable des effets du contrat (2).

**121.** L'action en résolution du contrat de rente viagère, n'a pas lieu dans les rentes viagères constituées à titre gratuit. En outre des considérations que l'on pourrait faire valoir pour établir ce principe, on trouve la distinction positivement établie dans les mots, *moyennant un prix* du texte de l'article 1977.

**122.** Si la résolution forcée de ce contrat éprouve tant de difficultés, et n'a lieu que dans un cas où elle est impérieusement commandée ; la loi ne pouvait, en aucune façon, admettre la résolution provenant de la volonté du débiteur, c'est-à-dire la faculté de rachat.

L'article 1979 est formel : « Le constituant ne peut se libérer » du paiement de la rente, en offrant de rembourser le capital, » et en renonçant à la répétition des arrérages payés ; il est » tenu de desservir la rente pendant la vie de la personne ou des

(1) Pothier, n° 230.
(2) Troplong, t. XV, p. 454. — Pothier, n° 230.

» personnes sur la tête desquelles elle a été constituée, quelle
» que soit la durée de la vie de ces personnes, et quelque oné-
» reux qu'ait pu devenir le service de la rente. »

Voici les raisons que l'on a données de cette règle diamètrale-
ment contraire aux principes de la rente constituée : 

D'une part, le capital est mort, et il ne saurait revivre ; *sors
totalem sentit mortem*. D'autre part, le débiteur a contracté un
engagement précis ; il doit le tenir jusqu'au bout, sans quoi les
combinaisons constitutives du contrat se trouveraient renversées,
et les chances de gain cesseraient d'être réciproques. Il ne faut
pas que le constituant enlève à l'acheteur l'avantage de la rente,
sous le prétexte qu'elle lui devient onéreuse. Si le hasard avait
hâté le décès du crédit-rentier, le constituant aurait fait un bénéfice que nul n'aurait pu lui enlever. Il serait donc injuste qu'il
privât ce même crédi-rentier du bénéfice que celui-ci trouve
dans la chance contraire (1).

Vainement se dirait-il *lésé* sous prétexte qu'il a payé en arrérages le capital et plus. La lésion, dans un contrat, se juge *ab
initio*, et non par suite d'événements incertains et imprévus. Or,
au moment du contrat, il y avait égalité de chances, bonnes et
mauvaises, les deux parties étaient sur un pied de réciprocité
parfaite (2).

Vainement encore le débiteur offrirait-il de renoncer à la
répétition des arrérages payés ; cet offre n'ajouterait rien à son
droit. Le créancier a eu par le passé une juste cause de toucher
ces arrérages, et ce n'est pas lui faire grâce que de les lui laisser ;
pas plus que dans la vente a réméré, on ne fait grâce à l'acheteur
en lui laissant les fruits qu'il a perçus avant le rachat (3).

Le débiteur ne peut donc, en aucune manière, forcer le crédi-
rentier à souffrir le rachat de la rente viagère. Mais est-ce à dire
qu'il ne pourrait point, par un pacte exprès, *stipuler* qu'il aura la

(1) Troplong, t. XV. n° 321.
(2) Fontanella, *De pact nupt.* clause 4, gl. 18 et pars. 3, n° 105.
(3) Troplong, t. XV, n° 322.

faculté de rembourser le capital et d'éteindre la rente ? Casaregis (Disc. 96, n° 29 et suiv.), décidait avec la Rote de Gênes, dans le sens de la validité du pacte. Plusieurs docteurs, au contraire, repoussaient ce pacte, croyant y voir l'indice d'un contrat usuraire. M. Troplong (n° 326) s'en tient à l'opinion de Casaregis. Il fait observer qu'on ne va pas contre l'*essence* du contrat de rente viagère en diminuant les chances de perte de l'une des parties, mais qu'on altère seulement la *nature* de ce contrat, ce qui est faisable, si l'on admet surtout avec certains auteurs, (1) qu'il existe d'autres contrats aléatoires où l'*aléa* n'est que d'un seul côté : Tel est le contrat d'assurances.

Casaregis allait même jusqu'à décider que le rachat pourrait être stipulé avec la condition que le prix de remboursement sera moindre que le capital reçu ; il voulait qu'on put convenir que le prix serait diminué *arbitrio boni viri*, en proportion des années écoulées (2). M. Troplong (n° 327) ne se sépare pas de l'ancien jurisconsulte dans cette seconde opinion, qui, en définitive, dit-il, ne fait que respecter la volonté libre des contractants.

### § 2. — En quoi la constitution de rente viagère diffère de la constitution de rente perpétuelle.

**123.** On peut ramener leurs différences à deux classes : 1° différences résultant de la nature des deux contrats ; 2° différences sur les conditions de validité de chacun d'eux.

I. — DES DIFFÉRENCES QUI RÉSULTENT DE LA NATURE DES DEUX CONTRATS.

Le contrat de rente viagère est *aléatoire ;* tandis que le contrat de constitution de rente est purement commutatif.

La *tête* sur laquelle repose la rente est un élément essentiel

(1) M. Pont. *Contrats aléatoires*, art. 1964, n° 576. — Exposé des motifs sur l'article 1104. Locré, t. XII, p 318. Duranton, t. XVIII, n° 95. Troplong *Contrats aléatoires*, n° 8.

(2) Casaregis, disc. 96, n° 29 et suiv.

du premier : cette mesure du temps n'intervient pas dans le second, qui produit un droit dont la durée n'est pas limitée.

Le *rachat* n'est point de la nature du contrat de rente viagère, tandis qu'il est de l'essence du contrat de rente perpétuelle ;

La *résolution forcée* souffre beaucoup plus de difficultés dans le premier que dans le second.

Si un héritage hypothéqué à la rente est vendu sur saisie immobilière, le rentier perpétuel qui a fait opposition à la saisie a droit d'exiger le prix entier de la constitution (art. 1913). Mais le rentier viager ne pourra pas exiger la même chose ; car la rente viagère n'a pas, elle, de principal fixe ; la valeur de son capital diminue tous les jours. Tout ce que peut demander le rentier viager, c'est que l'on estime approximativement la somme qui paraîtra représenter la valeur actuelle de son droit ; et s'il ne veut pas se contenter de cette somme, il lui est seulement permis d'exiger que les créanciers derniers-recevants, colloqués en ordre après lui, soient tenus de faire sur les deniers qu'ils auront à recevoir, un emploi qui produise un revenu suffisant pour répondre de la rente viagère tant qu'elle durera ; si mieux ils n'aiment se charger eux-mêmes de la payer, et donner, à cet effet, bonne et suffisante caution (1).

Enfin celui qui a cautionné une rente perpétuelle, peut poursuivre le débiteur au bout d'un certain temps pour lui faire rapporter sa décharge (2) ; tandis que la caution d'une rente viagère est censée avoir répondu pour tout le temps que la rente durera. Elle n'a pas ignoré, en effet, que les rentes viagères ne sont pas remboursables, qu'elles s'éteignent uniquement par la mort de celui sur la tête de qui elles sont constitués ; elle a dû avoir connaissance ou s'informer de l'âge et de la santé de ce dernier. En un mot, elle a cautionné en connaissance de cause.

---

(1) Pothier, n° 231 ; Troplong, *Hypoth.*, t. IV, n°˚ 927 et 959.

(2) Pothier, n° 232, art. 2032. C. c.

## II. — Differences sur les conditions de validité.

**124.** Il n'y a *pas de taux* réglé par la loi pour la constitution des rentes viagères ; tandis que la loi en a réglé un pour la constitution des rentes perpétuelles.

Anciennement, l'Edit de Charles IX défendait de constituer des rentes perpétuelles en *grains et denrées*. Cet édit ne put jamais s'appliquer aux constitutions de rentes viagères, d'où l'idée d'usure se trouve exclue, par la présence de l'*aléa* qu'y introduisent les parties elles-mêmes.

De nos jours, du reste, les grains et denrées devenant d'une estimation assez facile, grâce à notre système de mercuriales ; et, la variation de leur prix étant, d'ailleurs, peu considérable en temps ordinaire, le Code n'a pas jugé convenable de reproduire la prohibition de l'édit de Charles IX ; et dès lors, rentes constituées, aussi bien que rentes viagères, peuvent maintenant consister en grains et denrées.

Anciennement aussi, la rente perpétuelle ne pouvait être constituée pour prix de marchandises, tandis que rien ne s'apposait à un tel mode de constitution pour la rente viagère. De nos jours, il est permis de constituer une rente perpétuelle contre des marchandises (art. 1905). Voici donc une seconde différence entre nos deux contrats, qui, établie par l'ancien droit, a disparu sous le Code.

Enfin, la rente viagère a pu, de tout temps, se constituer pour prix d'arrérages ou d'intérêts ; tandis que la rente perpétuelle ne pouvait autrefois s'établir que moyennant une somme principale ; de nos jours, où l'anatocisme est permis sous la réglementation des articles 1154 et 1155 (C. c.), ce troisième point de dissemblance a, lui aussi, disparu.

En résumé, des diverses conventions qui autrefois ne viciaient pas le contrat de rente viagère, mais étaient incompatibles avec la constitution de rente perpétuelle, une seule reste aujourd'hui, qui s'appropriant au premier des deux contrats, ne puisse pas être introduite dans le second, c'est la convention par laquelle on stipulerait une rente excédant le taux légal des intérêts. Elle est valable pour la rente viagère, mais nulle pour la rente constituée.

### § 3 Des différentes clauses qui peuvent être insérées dans le contrat de rente viagère.

**125.** On peut d'abord insérer dans le contrat de rente viagère les divers pactes usités dans le contrat de constitution de rente perpétuelle (1), soit *pour la sûreté du fonds de la rente*, soit en ce qui concerne les arrérages.

On peut, en outre, dans le contrat de rente viagère, stipuler « *qu'après la mort du rentier, le constituant rendra aux héritiers une partie du prix de constitution.* » Une telle clause n'a rien d'illicite, dit Pothier (n° 245) ; elle fait qu'il y a deux contrats : 1° une *vente* de la rente viagère pour un prix qui est la somme dont la restitution n'est pas stipulée ; 2° un *prêt gratuit*, fait au constituant, de la somme qu'il devra rendre.

Quelquefois le contrat de rente viagère est mêlé de constitution de rente perpétuelle ; ainsi quand on convient » que, *après la mort du rentier, le constituant continuera à ses héritiers une rente de tant, rachetable de tant* (2). »

Une clause assez usitée est la suivante : *à chaque terme il sera payé un terme d'avance*, soit de demi-année, soit d'un quartier (3)». Cette clause, nous le savons, est écartée de la constitution de rente perpétuelle comme entachée d'anatocisme.

La nature aléatoire de la rente viagère s'oppose à ce que la loi protége ici le constituant avec autant de sollicitude.

Mais que décider pour le cas, où, le rentier ayant reçu d'après

(1) Pothier, n° 244.
(2) Pothier, n° 246.
(3) Pothier, n° 248.

cette clause un terme d'avance, la personne sur qui la rente repose viendrait à mourir avant l'accomplissement du terme? Le rentier où ses héritiers seraient-ils tenus de rendre ce qui restait à échoir du terme payé au moment où s'est éteinte la rente?

On décidait autrefois que la somme des arrérages payés et non échus était sujette à la répétition (1). Mais le Code civil a consacré la décision contraire. L'article 1980 dit, en effet ; « La » rente viagère n'est acquise au propriétaire que dans la propor- » tion du nombre de jours qu'il a vécu; néanmoins, s'il a été » convenu qu'elle serait payée d'avance, le terme qui a dû être » payé est acquis du jour où le paiement a dû en être fait. »

L'article 1980 ne passa pas toutefois sans donner lieu, tant au au Conseil d'Etat qu'au tribunat, à des discussions assez vives (2) où l'on mettait l'équité en face du respect qui est dû à la volonté des parties.

### § 4. De la nature des rentes viagères et de leurs arrérages.

I. De la nature des rentes viagères.

**126.** Suivant une doctrine résumée par Pothier (3), et souvent citée dans l'ancienne jurisprudence, il faudrait bien se garder de comparer le droit acquis par le rentier viager au droit acquis par le rentier perpétuel. Dans le cas de rente perpétuelle, dit-on, il reste en place du capital aliéné une créance productive de fruits, et le paiement de ces fruits ne diminue en rien le montant de la créance ; l'être métaphysique qui engendre les revenus annuels ne souffre aucun amoindrissement par la perception des annuités ; en d'autres termes, la rente constituée à perpétuité est une espèce de créance d'une somme qui en est le capital et qui

(1) Pothier, n° 248.
(2) Fenet, t. XIV, p. 525 et 531.
(3) Pothier, n° 249.

engendre perpétuellement des arrérages sans subir elle-même aucune déperdition.

Dans la rente viagère, au contraire, les annuités ne sont pas le produit d'un être métaphysique qui les domine et survit entier à leur production ; les rentes viagères n'ont pas de capital.

Le prix de la constitution est entièrement perdu pour le créancier. Il ne doit jamais lui retourner. Il n'est pas plus remboursable qu'il n'est exigible. Il n'y a dans les rentes viagères, qu'une créance d'annuités ; *et les arrérages* font *tout le principal, tout le fonds et l'être entier de la rente viagère.* Elle s'acquitte et s'éteint par parties, à mesure que le créancier reçoit des prestations. Le paiement des arrérages qui avaient couru et qui étaient dûs jusqu'au moment où la rente prend fin, achève d'éteindre la rente qui n'est qu'une pure créance de diverses sommes d'argent payables chaque année.

Cette doctrine, dit M. Troplong, ne semble pas exacte. Imaginée, soit pour soustraire les rentes viagères aux prohibitions que le pape Pie V fit peser sur les rentes constituées, soit pour enlever aux rentes viagères le caractère d'immeubles donné aux rentes constituées par plusieurs coutumes, elle souffrait de sérieuses difficultés, même dans l'ancienne jurisprudence ; et Pothier, bien que laissant pénétrer un secret penchant pour elle, ne pouvait s'empêcher de reconnaître qu'elle ne prévalait pas devant les tribunaux (1).

On s'emparait (ajoute Pothier, qui cherche à expliquer la faveur que rencontrait au palais le système différent du sien), on s'emparait du raisonnement qu'avaient tenu les coutumes de Paris et Orléans pour justifier l'immobilisation des rentes constituées ; et on concluait par analogie de ces dernières aux rentes viagères.

On disait que dans la rente viagère aussi, il y avait un être intellectuel de créance se distinguant des arrérages qu'il produit, différent seulement de l'être métaphysique reconnu dans la rente

(1) Pothier, n° 249.

constituée, en ce qu'au lieu d'être perpétuel comme celui-ci, il était périssable, et d'une durée limitée.

**127.** M. Troplong trouve cette manière de voir excellente. C'est du reste celle qui prédomine aujourd'hui. Toullier, l'un des rares auteurs qui la combattent (t. xii, n° 110) se contente de citer Pothier exposant son système, et ne relate pas les raisons contraires, qu'énumère le même auteur et qui étaient décisives au Palais.

L'avis de M. Troplong trouve le plus solide appui dans plusieurs dispositions du Code civil.

C'est d'abord l'article 584 qui range dans la classe des *fruits civils* les arrérages des rentes, et cela *sans distinguer.* Or, si les arrérages d'une rente viagère sont un fruit civil, ils ne représentent pas le droit générateur, l'être même de la rente.

L'article 588 est encore plus formel. Il veut que l'usufruitier d'une rente viagère ait le droit d'en percevoir les arrérages pendant la durée de l'usufruit, sans être tenu de les restituer lorsque l'usufruit s'éteint. Si les arrérages étaient tout, le fonds même de la rente viagère, il est évident que l'usufruitier n'ayant pas le droit de consommer le fonds grévé d'usufruit, et ne pouvant jouir que *salvâ rerum substentia,* devrait se borner à placer les annuités de la rente viagère pour en toucher les intérêts seulement. Il est évident que la somme de ces annuités, vrai fonds de la rente, devrait être conservée pour être rendue comme tous les autres capitaux, et c'est, en effet, l'opinion que soutenaient dans l'ancien droit quelques auteurs, tels que Voët (vii. 1, 25), pénétrés de l'idée que la rente viagère n'a point de capital. Mais l'article 588 a expressément proscrit ce système ; et, en laissant sa légitime extension au droit de l'usufruitier d'une rente viagère, il a montré, par là même, la véritable nature des arrérages qui lui permet de consommer. (1)

Beaucoup d'autres articles du Code civil donnent lieu encore à une conclusion semblable : Tels sont les articles 610 et 1401. —

(1) Troplong, t. XV, page 383.

1º. où les arrérages de la rente viagère sont encore qualifiés *fruits* ; l'article 1977, qui prévoit le cas où le créancier peut rentrer dans le *capital de la rente viagère* ; l'article 2277, qu'on n'a jamais songé à déclarer inapplicable aux arrérages d'une rente viagère.

**128.** Les rentes viagères sont *meubles*. Dans l'ancien droit les coutumes variaient sur ce point, comme elles variaient au sujet des rentes constituées ; mais, de nos jours, l'article 529 du Code civil a formellement tranché la question.

Les rentes viagères sont des droits purement personnels, de simples créances, soit qu'elles aient été établies moyennant un capital mobilier, soit qu'elles aient été établies comme prix d'un immeuble. Ce que nous avons dit sur la constitution des rentes viagères explique suffisamment pourquoi et comment, même avant 1789, la rente viagère acquise moyennant l'aliénation d'un immeuble, n'eut jamais le caractère réel et foncier du droit qu'engendrait le bail à rente.

La rente viagère peut être stipulée *insaisissable*, pourvu qu'elle soit constituée à *titre gratuit* (art. 1981). La rente constituée à titre onéreux ne doit jamais, on le comprend bien, être déclarée insaisissable ; ni le constituant que la vend, ni le créancier qui l'achète, n'ont le pouvoir de la rendre telle ; pas plus que le vendeur et l'acheteur d'un immeuble ne pourraient convenir que l'immeuble ne sera pas susceptible de saisie entre les mains de ce dernier ; autrement, on verrait un débiteur détruire le gage de ses créanciers antérieurs, tout en conservant pour lui même une véritable fortune, et tromper les créanciers futurs par l'apparence mensongère d'un crédit qu'il n'a pas.

Mais quand la rente est constituée à titre gratuit, rien de pareil n'arrive. Le donateur et le testateur ont été maîtres d'apposer à leur libéralité telle condition licite qu'ils jugeaient bonne. En réservant l'insaisissabilité de la rente donnée ou léguée, ils n'ont fait aucun tort aux créanciers du donataire ou légataire, puisqu'ils étaient libres de ne lui rien donner, de ne pas augmenter son patrimoine. (1)

Il faut même dire que la clause d'insaisissabilité est sous entendue, et doit être suppléée dans toute constitution de rente viagère faite à titre gratuit, pour *cause d'aliments*. (2) Mais il ne faut jamais perdre de vue qu'un tel privilége n'a été établi ou reconnu par la loi que dans le seul cas de constitution gratuite de la rente viagère. Il ne servirait à rien, par exemple, qu'une personne qui vend ses biens et se réserve dans le prix une rente viagère, la déclarât insaisissable ; la rente ainsi réservée serait stipulée par contrat onéreux, et, comme telle, soumise aux droits des créanciers. (3.)

On sait, au surplus, que l'insaisissabilité stipulée ou présumée du droit, n'est pas absolue ; et que d'après l'article 582 du Code de procédure civile, il y a des cas où l'on peut recourir au ministère du juge pour obtenir la saisie partielle.

II. — Des Arrérages.

**129.** Tout ce qui a été dit sur les arrérages des rentes constituées à perpétuité, reçoit application aux arrérages des rentes viagères (4).

Anciennement, le débiteur de rente viagère avait, comme le débiteur de rente perpétuelle, le droit de retenir les dixièmes et vingtièmes du roi, et autres impositions extraordinaires établies sur le revenu et payées pour le compte du crédi-rentier.

De même, la présomption de libération que produisait autrefois la présentation des quittances de trois années consécutives, s'étendait aux arrérages des rentes viagères (5).

La prestation des arrérages avait lieu sous l'empire des règles que nous connaissons déjà.

(1) Pothier, n° 252 — M. Portalis, *motifs*.
(2) Pothier. *Loc. cit.*
(3) Troplong, t. XV, n° 344.
(4) Pothier, n° 253.
(5) Pothier, *Loc. cit.*

Il n'y avait doute que sur le point de savoir si la prescription quinquennale édictée par Louis XII pour les arrérages des rentes constituées, régissait également les arrérages des rentes viagères. Vu la généralité des termes de l'ordonnance, qui prétendait atteindre *tous les achats et ventes de rentes à prix d'argent*, et comme les dangers qu'elle avait voulu éviter aux débiteurs de rentes perpétuelles n'étaient pas moins menaçants pour les débiteurs de rentes viagères, certains jurisconsultes optaient pour l'affirmative. Cependant Pothier (n° 254) se montre d'un avis opposé.

Aujourd'hui, cette dernière différence ne saurait en aucun cas subsister entre les arrérages de rentes constituées et les arrérages des rentes viagères. Cela résulte de l'article 2277. En un mot, le Code a soumis à des règles uniformes les arrérages des rentes de toute espèce.

**130.** De ce que la rente viagère s'éteint par la mort de la tête qui la soutient, découle une règle ainsi formulée par l'article 1983 :

« Le propriétaire d'une rente viagère n'en peut demander les » arrérages qu'en justifiant de son existence, ou de celle de la » personne sur la tête de qui elle a été constituée. »

C'est en effet au créancier à justifier des conditions qui lui donnent droit à recevoir son paiement. Or, puisque la rente n'est dûe que pendant l'existence de la personne sur qui elle repose, il s'ensuit que le débiteur n'est tenu de la payer que tout autant qu'il y a preuve que cette personne vit encore.

Le mode à employer pour faire cette preuve n'est pas déterminé par la loi ; et son appréciation est abandonnée à la prudence des juges (1). Autrefois le débiteur pouvait exiger *un certificat de vie* en bonne forme (2). Aujourd'hui ce certificat est le mode le plus souvent pratiqué ; mais le créancier n'en est pas moins recevable à établir par d'autres moyens l'existence de la tête qui supporte sa rente.

(1) Troplong, t. XV, n° 362.
(2) Pothier, n° 253.

## § V. — De l'extinction des rentes viagères.

**131.** La rente viagère peut s'éteindre, du vivant même de la tête sur qui elle repose, par certains modes généraux, tels que le *rachat* qui en *serait permis par le créancier* ; la *remise* que le créancier en pourrait faire ; la *novation*, la *confusion* (1) ; Elle est aussi sujette à la *prescription* (art. 2262).

A propos de l'extinction des rentes viagères par la prescription, s'élève la question suivante : Si la personne sur la tête de qui repose la rente, a été *absente* pendant *plus de trente ans*, et reparait ensuite, le débiteur pourra-t-il se prévaloir encore de ce que le rentier n'a pas agi contre lui pendant ce temps?

Pothier répond : Que la prescription serait, en ce cas, inutilement invoquée par le constituant ; car, si le créancier n'a pas demandé sa rente pendant les trente ans, c'est uniquement parce qu'il a été privé durant le temps de l'absence, de la possibilité de justifier de l'existence d'une personne dont on n'avait aucune nouvelle. C'est le cas de la maxime *contra non valentem agere non currit præscriptio.*

Tel n'est pas absolument l'avis de M. Bugnet (note sur Pothier, n° 254). « Cette maxime, dit l'éminent professeur, est mal invoquée dans l'espèce, la prescription aura couru contre le rentier s'il n'a pas fait d'acte conservatoire de sa rente pendant les trente ans. Car l'absence de la tête sur laquelle son droit est constitué, n'est qu'un *empêchement de fait*, et non un empêchement de droit. »

Ce dernier sentiment a quelque chose de fort équitable, en ce qu'il assure au rentier vigilant et actif le maintien de son droit, pour le cas où la personne absente n'aura pas cessé d'exister, et qu'il frappe seulement le rentier négligent qui n'a pas eu la pré-

(3) Pothier. *Loc. cit.*

caution de faire, malgré l'absence de cette personne, quelque acte interruptif de prescription.

**132.** Enfin la manière principale et spéciale dont s'éteignent les rentes viagères, c'est la mort de la personne sur la tête de qui elles ont été constituées.

La vie de cette personne, nous le savons depuis longtemps, est la mesure adoptée pour la durée de la rente ; cette vie cessant, la rente finit, le créancier a perdu son droit.

Il peut très-bien se faire que le créancier meure avant la personne qui soutient la rente. Dans ce cas, la rente sera servie à ses successeurs jusqu'à la mort de cette personne ; car cette mort est l'événement extinctif que les parties avaient en vue lorsqu'elles ont contracté ; elle est le terme qui a servi de base à leurs calculs aléatoires.

Si la rente a été constituée sur plusieurs têtes et non pas sur une seule, elle ne s'éteindra que par la mort de la dernière survivante d'entre elles (1).

Mais remarquons avec soin que c'est seulement par la *mort naturelle*, et non point par la mort civile de la tête qui supporte la rente, que la rente viagère s'éteint. L'art. 1982 l'exprime en termes formels : « Le paiement de la rente viagère doit être continuée pendant la vie naturelle du créancier. »

Il y a une différence très-remarquable entre cette règle et une règle que l'on applique au droit d'usufruit ; l'usufruit, en effet, s'éteint par la mort civile (art. 617). — D'où vient cette différence ? Les commentateurs la motivent par deux raisons : 1o Dans les contrats en général, quand on parle de la vie et de la mort, ces expressions s'entendent de la vie et de la mort naturelle (2) ; c'est sur la vie naturelle que les parties ont réglé leurs prévisions ; il n'est pas possible de présumer qu'ils aient voulu faire de la mort civile un événement susceptible d'influer sur le sort de leur contrat (3) ; 2° il y a un intérêt économique à multiplier les causes qui

(1) Pothier, n° 255.

(2) Delvincourt, t. III, p. 424 (notes) n° 4.

(3) Pothier. n° 256.

font cesser la séparation de l'usufruit et de la nue propriété, séparation qui nuit à la bonne administration des fonds. Le même intérêt ne pousse pas le législateur à faire cesser le plus tôt possible le service de la rente viagère.

M. Delvincourt (*Loc. cit.*) s'est demandé qui touchera la rente viagère, si le créancier est frappé de mort civile ? Il faut répondre avec lui : Si la rente est purement alimentaire, le mort civil en pourra profiter ; sinon, elle passera à ses héritiers (arg. de l'art. 25. C. c.). La loi du 31 mai 1854 ayant aboli la mort civile, ces explications n'ont plus qu'un intérêt théorique et purement historique.

**133.** A plusieurs reprises, la justice a eu lieu de sévir contre des débiteurs de rentes viagères qui se laissèrent aller jusqu'à donner la mort à leur créancier pour hâter leur libération (1).

En dehors du procès criminel, la mort violente du rentier occasionnée par le crime du débiteur, a pu amener des procès civils. C'est ainsi que les tribunaux ont eu à décider « que le contrat de rente viagère se trouve dans l'espèce citée, *résolu par application de l'article* 1184 *Cod. civ.* ». Il y a deux arrêts sur ce point, l'un de la cour de Poitiers, du 13 nivôse an X (2) ; l'autre de la cour d'Amiens, du 19 septembre 1848 (3). Le débiteur homicide, dit M. Troplong (t. XV, n° 353) viole, en effet, l'une des conditions substantielles du contrat de rente viagère ; il fait cesser l'incertitude des chances en vue desquelles ce contrat a été combiné, il devance par un fait criminel l'événement fatal qui devait être l'ouvrage du temps, et rend sa condition meilleure aux dépens de sa victime.

Les deux arrêts jugèrent aussi que les arrérages payés ne pouvaient pas être répétés par le meurtrier ni par ses succes-

(1) Surdus, *De alim.*, t. IX, quæst. 11, n° 30 et Casaregis, disc. 9, n° 7, rappellent la triste fin de Jean Pic de la Mirandole empoisonné par un riche florentin qui lui devait une rente viagère.

(2) Dalloz, Vᵒ *Rente*, p. 579.

(3) Devilleneuve, 48, t. II.

seurs ; décision toute conforme aux principes. Nous avons eu lieu plusieurs fois de dire comment les arrérages de la rente viagère, n'étant que le prix d'un risque couru par le rentier, devaient durer autant que dure le risque.

En vertu de la même considération, les deux arrêts ordonnèrent, en outre, que les arrérages dûs jusqu'au jour du crime seraient intégralement servis sans diminution (1).

Si le crédi-rentier se suicide, la rente est légalement éteinte. Sans doute il a anticipé sur le cours de la nature : il s'est rendu l'auteur d'un fait qui n'était pas entré dans les prévisions des parties contractantes ; mais cette particularité ne saurait être préjudiciable au débiteur ; le suicide du créancier est, à l'égard du débiteur de la rente, un évènement de *force majeure*, qui doit produire les mêmes effets que la mort naturelle. (2)

(1) Troplong, t. XV, n° 355.
(2) Troplong, t. XV, n° 357.

# QUATRIÈME PARTIE

***

## Des Rentes sur l'Etat.

**134.** Les lois de la Révolution et le Code Civil, en reconnaissant comme légitime le prêt à intérêt, ont porté une profonde atteinte à la constitution de rente en perpétuel, qui, entre particulier, est tombé presque complètement en désuétude. Le prêteur, dès qu'il ne fut plus obligé de cacher sa volonté, a tenu à stipuler le remboursement de son capital à un terme donné et a voulu se soustraire à la périlleuse nécessité de recevoir, de la part de son débiteur, un paiement dans les conditions les plus inopportunes. Ce contrat est devenu, au contraire, un des plus importants et des plus fréquents du droit administratif. On comprend tous les dangers qu'il y aurait pour l'Etat à se trouver à certaines époques soumis aux actions en remboursement de ses créanciers, les perturbations financières et politiques que pourrait amener la gêne de l'Etat en présence d'une échéance considérable.

Or, ces dangers sont évités ou palliés, en employant comme mode d'emprunt, la constitution de rente, c'est-à-dire en stipulant l'inexigibilité du capital. « C'est pour un Etat le comble de l'im-
« prudence d'aliéner sa liberté. Lorsqu'un terme est marqué au rem-
« boursement de la dette, il peut être dans une situation qui exigerait
« elle-même un emprunt. Avec une dette perpétuelle, au contraire,
« il reste toujours le maître de se libérer en choisissant seul son
« heure, en cédant uniquement à sa volonté. » (1)

Nous allons examiner ce contrat tel qn'il est pratiqué par l'Etat et nous diviserons cette étude en six paragraphes.

Dans un premier paragraphe nous rechercherons les origines des rentes sur l'Etat ;

Dans un deuxième nous en examinerons la nature ;

Dans le troisième, les priviléges qui y sont attachés ;

Dans le quatrième la manière d'en établir la propriété ;

Dans le cinquième nous parlerons du transfert.

Dans le sixième et dernier, des modes d'extinction ou plus spécialement du rachat.

### § I. — Origine des rentes sur l'Etat.

**135.** « Il y a dans tout pays des besoins collectifs auxquels
« l'industrie ne peut satisfaire ou auxquels elle ne satisferait que
« d'une manière fort imparfaite. La société charge alors de ce soin,
« soit l'Etat, dont les fonctionnaires publics sont les agents, soit les
« autorités qui représentent telle circonscription moins étendue
« comme le département ou la commune. » (2) Pour subvenir aux dépenses nécessitées par ces besoins, l'Etat prélève sur les revenus de chacun une quote-part, ce qui constitue l'impôt ; ou encore il se fait entrepreneur ou marchand, ainsi, quant aux postes, aux télégraphes, aux tabacs et aux poudres, il tire également parti,

(1) G. de Puynode. *De la monnaie, du crédit, de l'impôt.*
(2) M. Baudrillart. *Manuel d'économie politique,* page 471.

en bon propriétaire, du domaine public ; enfin, quelquefois, par exemple à Hambourg, à Venise et Amsterdam, il cherche une source de revenus dans les profits d'une banque publique. Mais, en dehors des besoins ordinaires et périodiques, naissent des besoins extraordinaires, soit que le gouvernement entreprenne de grands travaux ou les subventionne ; soit que, par suite de guerres malheureuses, la nation se trouve entraînée à des dépenses excessives ou ait engagé sa signature et son honneur dans des traités onéreux ; alors, malgré tout ce qu'ont pu dire certains économistes, malgré tous les dangers signalés, le grand argument de la nécessité prend tout son empire, et pour faire face à ces exigences, l'Etat n'a que la ressource des emprunts.

**136.** La monarchie fut de très.bonne heure obligée de recourir aux emprunts, elle employa d'abord le mode des emprunts indirects, se procurant de l'argent par la création de charges ou offices par les ventes de monopoles, de priviléges, de titres, par l'altération de la monnaie, par l'adjudication à des traitants, pour une somme immédiatement exigible, des revenus non échus d'années à venir ; puis elle contracta des emprunts à terme, mais jusqu'au seizième siècle ce fut là une ressource difficile, l'argent était rare, les impôts, gage des créanciers, se recouvraient difficilement, les intermitences dans le paiement des intérêts, donnaient peu de confiance dans le crédit du roi, enfin le défaut d'immixtion du peuple dans le contrôle de l'administration, par suite des interruptions dans les convocations des Etats-Généraux, ne faisaient que confirmer la réserve du peu de capitaux disponibles. Aussi « quand les ouvertures avaient été faites sans succès, le roi désignait lui-même les prêteurs, les taxait d'office. C'était chose très commune, dans l'ancienne monarchie, que les emprunts forcés, et il n'y a peut-être pas de mesures arbitraires contre lesquelles les Etats Généraux s'élevèrent plus violemment (1). »

Ce fut à partir de François 1er que l'Etat eut une dette perma-

(1) M. Dareste de la Chavanne. *Hist. de l'administration en France.* T. II, p. 125 et suiv

nente non exigible et que l'on comprit les dangers d'une dette
exigible ou flottante Ce roi par son édit du mois de Septembre 1552
créa 16,666 livrets 13 sols, 4 deniers de rente au denier de douze,
à prendre sur la ferme du bétail à pied fourchu et sur l'impôt du
vin. Elles étaient payables par semestre, à l'hôtel de ville, à bureau
ouvert (1).

Charles IX dans le mois d'Octobre 1562 vendit à Guillaume de
Marle, alors prévôt des marchands et aux échevins de la ville de
Paris, avec faculté de rachat perpétuel, 100,000 livres de rente
au denier douze à prendre sur les 16000,000 livres de la subven-
tion que le clergé lui avait accordée au colloque de Poissy (2).

Les grandes provinces vendirent aussi des rentes, Le Langue-
doc, la Provence, la Bourgogne, la Bretagne, l'Artois, dans leurs
nécessités d'argent contractaient l'obligation de payer des rentes,
tant pour leur compte particulier que pour celui du Roi. Ces rentes
offraient une combinaison qui mérite d'être signalée, c'est que le
remboursement s'en faisait tous les ans par la voie du sort sur une
loterie tirée à l'assemblée des Etats (3).

A son tour le clergé eut souvent recours à ce moyen de se
créer un capital pour payer les dons gratuits faits à l'Etat (4).

Il y avait aussi des rentes sur la ville de Paris, sur les offres
des ports de cette ville, sur l'ordre du Saint-Esprit, les recettes
générales des finances (5) : C'est par dessus tout l'inexigibilité du
capital emprunté sous cette forme, qui avait valu au contrat de
constitution de rente, l'assentiment universel qui vient d'être
constaté.

Nous ne parlerons pas ici des retranchements des quartiers
qui se firent fréquemment ; ni des réductions tant sur le taux que
sur le capital, réductions et conversions forcées, sans offre de

(1) *Jurisprudence des rentes* par Debeaumont, p. 330
(2) *Jurisprudence des rentes* par Debeaumont, p. 322.
(3) *Jurisprudence des rentes* par Debeaumont, p. 327.
(4) *Jurisprudence des rentes* par Debeaumont, p. 324.
(5) *Jurisprudence des rentes* par Debeaumont, p. 312 et suiv.

remboursement et qui par suite , constituaient de véritables banqueroutes partielles ; disons quelques mots sur les conditions d'émisssion usitées à cette époque dans les emprunts en rentes, On distinguait l'emprunt à remboursement successif par capitaux, dans lequel l'état fixait chaque année, en outre de la somme nécessaire pour le paiement des arrérages, une autre somme pour le remboursement des capitaux ; l'emprunt à remboursement par annuités, dans lequel chaque rentier recevait chaque année une somme représentant et les intérêts et une partie du capital, de sorte qu'au bout d'un certain temps il se trouvait complètement remboursé, l'emprunt par loterie, dans lequel pour attirer les capitaux, l'Etat promettait, après tirage au sort, de payer à certaines époques des lots déterminés. Enfin, l'emprunt en rentes viagères, c'est-à-dire à fonds ni exigible ni remboursable avec ou sans tontines.

De ces diverses formes d'emprunt, la première est seule en vigueur aujourd'hui et se combine avec l'institution de l'amortissement. Entrons immédiatement dans l'étude des lois de la Révolution, relatives à la dette consolidée perpétuelle, et créatrice du grand livre de la dette publique.

**137.** Lorsque la Révolution française éclata. le gouvernement se trouvait sous le poids d'un grand nombre d'obligations. La première, la plus indispensable mesure était de mettre de l'ordre dans la dette et d'empêcher qu'elle ne fut divisée en contrats de toutes les formes, de toutes les époques. et qui, par leur différence d'origine et de nature donnaient lieu à un agiotage dangereux et contre-révolutionnaire. La connaissance de ces vieux titres, leur vérification, leur classement exigeaient une science particulière et amenaient une effrayante complication dans la comptabilité, Ce n'était qu'à Paris que chaque rentier pouvait se faire payer, et quelquefois la division de sa créance en plusieurs portions, l'obligeait à se présenter chez vingt payeurs différents. Il y avait la dette constituée, la dette exigible à terme provenant de la liquidation, et de cette manière le trésor était exposé tous les jours à des échéances et obligé de se procurer des capitaux pour rembourser les sommes échues » (1) Outre ces dangers à faire disparaître, Cambon faisait valoir pour uniformiser la dette des raisons politiques « De cette manière, disait-il, la dette contractée par le despotisme ne pourra plus être distinguée de celle qui a été contractée depuis la révolution ..... Cette opération faite, vous verrez le capitaliste qui désire un roi parce qu'il a un roi pour débiteur et qu'il craint de perdre sa créance si son débiteur n'est pas rétabli, désirer la république qui sera devenue sa débitrice, parce qu'il craindra de perdre son capital en la perdant. » Puis Cambon faisait ressortir, si l'on convertissait la dette en rente, un moyen facile de s'acquitter, c'était de racheter la rente sur la place, lorsqu'elle viendrait à baisser au-dessous de sa valeur (2). Par toutes ces raisons, on adopta sa proposition « de convertir tous les contrats des créanciers de l'Etat en une inscription sur un grand livre, qui serait appelé *le Grand Livre de la Dette publique*. » Chaque créancier était crédité d'une somme représentant le produit net, tant des arrérages de rentes perpétuelles que des intérêts de capitaux dont il était propriétaire et recevait une seule inscription transmissible par voie de transfert, titre unique et fondamental du créancier de la République (3).

Mais les arrérages de ces rentes, par suite des troubles de cette époque et des guerres qui se succédaient sans trève, ne furent pas payés régulièrement. Depuis le discrédit des assignats, on avait soldé un quart en numéraire et trois quarts en bons sur les biens nationaux ; « Ainsi la dette était accablante et l'Etat se trouvait dans la situation d'un particulier en faillite. On résolut donc de continuer à servir une partie de la dette en numéraire et, au lieu de servir le reste en bons sur les biens nationaux, d'en

---

(1) M. Thiers. *Revol. franç.* Edit. de 1825, tome V, p. 208.

(2) M. Thiers, *Loc. cit.*

(3) Décret du 24 août 1793, art. 1 et 6.

rembourser le capital même en biens nationaux. On voulut en conserver un tiers seulement le tiers conservé devait s'appeler le tiers consolidé. » (1) Or ces bons recevables en biens
nationaux n'étaient acceptés dans le commerce que pour le sixième
de leur valeur. C'était une banqueroute partielle. Cependant le
budget ne pouvait s'équilibrer autrement, la proposition passa et
devint la loi du 9 vendémiaire an VI. Un nouveau grand livre fut
formé et la dette publique, ainsi constituée en perpétuel, reçut le
nom de 5 pour cent consolidé. Telle est l'origine de notre dette
inscrite qui depuis s'est accrue d'une façon considérable.

**138**. Si nous nous rappelons la difficulté avec laquelle l'ancienne monarchie parvenait à emprunter et si nous la comparons
à la faveur dont jouissent aujourd'hui les rentes sur l'Etat, nous
trouverons les motifs de cette différence dans les garanties qui
assurent la solvabilité du Trésor. La dette publique est dite invio-
lable et sacrée, elle est mise sous la sauvegarde de l'honneur
national (2), et si nous avons signalé, à l'époque révolutionnaire
une mesure anormale, il est juste de constater que depuis le gouvernement a tenu strictement ses engagements. De plus, les
emprunts ne relèvent plus de la volonté d'un seul, et exigent pour
être émis, l'intervention du pouvoir législatif, de sorte que les
créanciers de l'Etat peuvent espérer ne voir augmenter leur
nombre que dans le cas de besoin absolu. Cette nécessité de l'intervention législative, ne s'est trouvée formellement écrite dans
nos lois qu'une seule fois, dans l'article 35 de l'acte additionnel
aux constitutions de l'empire du 22 avril 1815 ; mais elle résulte
des dispositions des lois des 1er septembre, 26 octobre 1791 et
3 brumaire, an IV, articles 626 et 627, et aussi de ce que l'emprunt, augmentant les charges de l'Etat, exige de nouveaux im-

(1) M. Thiers, T. 9, p. 318 et s.

(2) Décrets du 13 juillet 1709, du 4 décembre 1790, Charte de 1814 et
1830, art. 70, constitution de novembre 1848, art. 14.

pôts, qui ne peuvent être établis que par les représentants du pays (1).

Tout, dans nos institutions, concourt effectivement à justifier la confiance que les capitalistes montrent à l'Etat. La France est une des plus riches puissances ; la solvabilité, outre qu'elle est assurée par les meilleurs et les plus solides principes économiques, est augmentée de jour en jour par le développement progressif de l'agriculture, de l'industrie, du commerce. des transactions, des relations extérieures, par un impôt bien assis, par unegrande organisation douanière, par d'habiles lois sur l'enregistrement et les autres matières fiscales, Ainsi établi sur des bases solides le crédit de la France est impérissable et nous en avons eu une preuve éclatante, lorsqu'après la guerre désastreuse de 1870, notre pays, encore aux mains des vainqueurs, demanda au monde sa rançon. Deux emprunts furent émis ; le premier de deux milliards, fut plusieurs fois couvert et le second de trois milliards était couvert par les offres des capitalistes étrangers avant même que la souscription fut ouverte ; après deux jours de souscription, le total des offres s'élevait au chiffre fabuleux de 42 milliards, témoignage immense de la foi que le monde entier a dans la vitalité de notre pays.

Si la rente snr l'Etat offre les plus sérieux avantages aux détenteurs du numéraire, elle est aussi une magnifique ressource pour l'Etat lui-même. Elle forme pour lui un expédient de beaucoup supérieur à l'emprunt ordinaire, c'est, en effet, nous l'avons dit, un avantage inappréciable pour un Etat dont les destinées sont sujettes à tant de vicissitudes ; dont les besoins extraordinaires se produisent à l'improviste ; qui, pauvre aujourd'hui, en face d'une situation critique, sera riché demain après un retour à l'état normal, de pouvoir se procurer de l'argent moyennant une rente, de prendre en échange d'une obligation divisée et légère à remplr, un capital qu'on ne pourra pas exiger de lui, qu'il gardera tant que

(1) Chartres de 1814 et 1830, art. 15 et 40, constitution de 1848, constitutien de 1852, art. 39,

les difficultés dureront, qu'il remboursera dès que l'ordre sera revenu, et avec l'ordre, la prospérité.

**139.** Quelques mots sur les formes administratives et sur les conditions de l'émission des emprunts. On peut employer l'une des trois formes suivantes :

1° Où le gouvernement traite de gré à gré avec des capitalistes à des conditions débattues ; 2° ou l'on se sert du moyen de l'adjudication ; l'emprunt est alors adjugé publiquement à celui qui, pour l'intérêt promis par le gouvernement, offre le capital le plus élevé ; 3° ou enfin, on ouvre une souscription publique, l'Etat s'adressant directement à toutes les épargnes.

Depuis la restauration jusqu'au second Empire, les deux premières formes furent seules en usage, on n'osait pas s'adresser directement aux particuliers ; les lois autorisant un emprunt laissaient au pouvoir exécutif une grande latitude quant aux conditions, ainsi l'article 35 de la loi du 25 Juin 1841 porte « que les « rentes pourront être aliénées dans le fonds, au taux et aux con- « ditions qui concilieront le mieux les intérêts du trésor avec la « facilité des négociations. » Le gouvernement avait donc à fixer la nature des rentes à émettre, l'intérêt qu'elles porteront, le mode d'émission. Aujourd'hui le mode d'émission pour souscription publique est imposé par la loi d'emprunt, les rentes créées, à moins de dispositions contraires, sont perpétuelles, soumises au remboursement par capitaux et à l'amortissement, le gouvernement n'a plus qu'à indiquer l'époque de la souscription et le taux de la rente.

**140.** Signalons de suite plusieurs dérogations au droit commun, et d'abord la loi du 3 Septembre 1807 limitative du taux de l'intérêt ne s'applique pas au cas où l'Etat emprunte. « La prohi- « bition légale n'a pas pu prévaloir contre la force des choses, et « ce n'est pas un des moindres arguments que l'on puisse faire « valoir contre l'utilité de cette loi. » (1)

(1) M. Dareste. *La justice administrative en France*, p. 362.

En ce qui concerne la formation du contrat nous trouverons une autre dérogation. « Le simple versement du fonds fait par le « prêteur entre les mains du caissier central du trésor public ou « des receveurs généraux ou particuliers des finances ne suffit pas « pour rendre l'Etat débiteur, il faut encore que le prêteur se fasse « délivrer un récépissé à talon et le présente dans les vingt-quatre « heures à Paris au contrôleur central et dans les départements aux « préfets et sous-préfets pour le faire viser et séparer de son « talon. » (1) Faute de quoi les créanciers n'auraient pas de titre contre le Trésor. (2)

Enfin, troisième dérogation quant à la juridiction.

« Les actions auxquelles la constitution peut donner naissance ne peuvent être portées que devant l'autorité administrative, c'est-à-dire devant le Ministre et le Conseil d'Etat et cela dans les deux hypothèses, celle où l'Etat est actionné comme débiteur de la rente, et celle où il agit comme créancier de la somme souscrite. Dans ce dernier cas, les à-compte versés à l'inscription de rente restent à titre de gage dans les mains de l'Etat, et la réalisation de ce gage se fait administrativement par la vente à la bourse. (3) Nous avons, du reste, à revenir sur cette règle et à indiquer les distinctions subtiles auxquelles elle donne lieu.

### § II. De la nature des rentes sur l'Etat.

**141.** Les titres d'inscription de rente sur l'Etat ne forment qu'une partie très-importante, il est vrai, des avances si nombreuses et d'une valeur si considérable que l'on appelle effets publics ; elles en empruntent donc le caractère, c'est-à-dire que, comme eux elles sont exclusivement négociables sur le marché des

(1) M. Dareste  *Loc. cit.*, page 363.
(2) Décret du 4 janvier 1 08, loi du 13 avril 1833. Art. 1 et 2.
(3) M. Dareste. *Loc. cit.*, p. 365.

capitaux et par le ministère des agents de change (1) qu'elles peuvent être criées à la bourse : et qu'il est défendu de les vendre à un terme de paiement excédant deux mois. (2)

Les rentes sur l'Etat sont meubles, l'article 629 du Code civil le décide formellement dans son dernier alinéa ; et comme elles prennent cette qualité de la loi, elles ne peuvent être immobilisées par la seule volonté des parties, car aucun acte législatif n'est venu accorder ce droit aux parties comme cela a eu lieu au profit des actionnaires de la banque de France (3). Mais cette immobilisation peut résulter d'une loi, il en a été donné un exemple dans le décret relatif aux rentes affectées à la formation d'un majorat (4). Ces rentes ne sont plus alors inscrites au grand livre que pour mention et font partie d'un livre séparé. Les titres indiquent la provenance de la rente. Du reste, depuis la loi du 12 mai 1835, les majorats de biens particuliers sont interdits pour l'avenir. Il a été décidé par la loi du budget du 2 juillet 1862 que : « la somme dont le placement ou le remploi en *immeuble* est prescrit ou autorisé par la loi, par un jugement, par un contrat ou un testament, peuvent être employées en rentes 3 pour 100 de la dette française, à moins de clauses contraires. Dans ce cas, et sur la réquisition des parties le matricule de ces rentes au grand livre de la dette publique en indique l'affectation spéciale. » Cette faculté de remploi en rentes sur l'Etat a été étendue au 5 pour 100 par une loi postérieure. Mais nous pensons, bien que selon nous ces lois aient un effet rétroactif, qu'elles n'ont pas eu pour conséquence de changer, dans ce cas, la nature mobilière des rentes sur l'Etat, et de les faire passer dans la classe des immeubles.

**142.** Les rentes sur l'Etat doivent-elles être considérées comme des effets de commerce ou comme de simples obligations civiles ? Ceux qui ont voulu y voir des effets de commerce, ce qui

(1) Art. 76 Cod. de com.
(2) Arrêt du Conseil du 22 septembre 1786.
(3) Art. 7 du décret du 16 janvier 1808.
(4) Décret du 1ᵉʳ mars 1808.

aurait pour résultat de rendre, quand aux opérations relatives à ces rentes, les détenteurs justiciables dès tribunaux de commerce. de la soumettre aux preuves et à la procédure admises devant ces tribunaux, ont fait le raisonnement suivant : que tous les jours les inscriptions se vendent et s'achètent à la bourse par le ministère des agents de change, qu'elles y sont ouvertement cotées, et que cette facilité de transmission étant le propre des effets de commerce, les rentes doivent rentrer dans cette catégorie. Mais, il a été justement répondu que le caractère d'acte de commerce résulte tout simplement de la volonté ou de la qualité des parties, comme les achats peur revendre, les actes entre commerçants et concernant leurs commerces (1), et non de leur facile transmission. Or, l'Etat en créant des rentes ne le fait pas à titre de commerçant ni pour revendre, il emprunte pour subvenir à des besoins, comme le ferait un simple particulier. Et les tribunaux de commerce ne pourraient se trouver compétents qu'en considération même des personnes en présence (2).

### § 3. — Priviléges attachés aux rentes sur l'Etat.

**143.** 1° La loi organique du grand-livre de la dette publique (3) avait frappé les rentes sur l'Etat d'une contribution, article 111 : « Toute la dette publique, inscrite sur le Grand-Livre, sera assujettie au principal de la contribution foncière, qui sera réglée chaque année par le Corps Législatif. » Article 112 : « Le paiement de cette contribution sera fait par retenue sur les feuilles de paiement annuel de la dette publique. » Elles furent soumises aussi à des droits d'enregistrement et de mutation (4). La contribution foncière, qui les atteignit, s'éleva même au

(1) Art. 632 Cod. de comm.
(2) Paris 21 juin 1806.
(3) Loi du 24 août 1793.
(4) Décret du 18 fructidor an II.

dixième du revenu (1). Mais, dès cette époque on fit remarquer qu'agir ainsi, c'est violer le contrat originaire, diminuer arbitrairement et indirectement les arrérages dûs au créancier, et par suite porter atteinte au crédit de l'Etat, que c'est, en outre, mettre des entraves à la circulation des rentes, provoquer une baisse dans leurs cours et nécessiter la promesse, dans les emprunts futurs d'un intérêt plus élevé et comprenant la retenue ordonnée par la loi. Ces raisons furent prises en considération : la loi du 3 vend. an VI décida que toute mutation d'inscription sur le Grand-Livre, à quelque titre qu'elle s'opérât, ne serait sujette qu'à un droit fixe d'enregistrement de 1 fr. jusqu'au 1er brumaire suivant ; puis la loi du 9 vendemiaire an VI, fondatrice du 5 pour cent consolidé (art. 98) établit que le tiers de la dette publique, conservé en inscriptions, serait exempt de toute retenue présente et future.

Enfin ces rentes furent affranchies du timbre et des droits de mutation (2). Mais on fit observer que l'innovation avait été poussée trop loin, qu'il y avait injustice à ne soumettre à aucun droit de mutation les rentes sur l'Etat transmises à titre gratuit, et que l'intérêt du Trésor et de son crédit n'exigeaient qu'une chose, l'exemption de droits en faveur des ventes ou des transferts à titre onéreux ; et alors le privilége de l'immunité des rentes fut restreint dans ce sens ( 3 ), il y aura, quelquefois une appréciation difficile à faire pour savoir si l'acte à titre onéreux ne cache pas une libéralité (4).

**144**. 2° Cette même loi du 24 août 1793, article 66, contenait également en faveur des rentes la dérogation suivante au droit commun en matière de paiement. « Les créanciers directs de la nation, pour des sommes au-dessus de 3,000 livres, provenant de

(1) Loi du 14 thermidor an IV.

(2) Loi du 22 frimaire an VII, art. 70, § 3, loi d'i 13 brumaire an VII, art. 16, ordonnance du 14 octobre 1834, art. 1.

(3) Loi du 18 juillet 1836, art. 6, du 18 mai 1850. art. 7.

(4) Voy. Dalloz. Rep. V· *Enregistrement*, n** 4940 et s.

la dette exigible soumise à la liquidation, sont autorisés à diviser l'inscription sur le Grand-Livre, qui sera faite à leur crédit, pourvu toutefois qu'aucune fraction ne soit inférieure à 50 livres de rentes ; et ils pourront rembourser, au moyen d'un transfert, leurs créanciers personnels, ayant hypothèque spéciale ou privilégiée sur l'objet liquide. » (Article 67). « Ceux qui voudront profiter de la faculté accordée par l'article précédent seront tenus de présenter des titres authentiques au liquidateur de la trésorerie, qui opèrera pour la division et le transfert de l'inscription, ainsi qu'il est expliqué aux articles ci-après pour les mutations... (Art. 159 et suiv.) » Ce transfert particulier était dispensé des droits de mutations alors en vigueur. (Art. 68).

**145.** 3· Mais le privilége, de beaucoup le plus important, est celui qu'on a l'habitude de désigner sous le nom d'*insaisissabilité* des rentes sur l'Etat. La loi du 24 août 1793, déjà plusieurs fois citée (art. 185 et 194), autorisait les créanciers à mettre opposition, entre les mains du Trésor, sur les rentes appartenant à leurs débiteurs, afin d'obtenir la distribution par contribution, soit du capital, au cas de remboursement ou de vente de la rente, soit des arrérages dûs. Mais il y avait là des difficultés pour la comptabilité publique, des incertitudes dans les achats et ventes ; afin de remédier à ces inconvénients et d'accroître le crédit public, on défendit ces oppositions par deux textes que nous allons transcrire.

Loi du 8 nivôse an VI, art. 4 : « Il ne sera reçu, à l'avenir, d'opposition sur le tiers conservé de la dette publique inscrite ou à inscrire. Celles faites sont maintenues. Mais le débiteur pourra offrir de rembourser l'opposant à dûe concurrence avec le tiers conservé, et le créancier qui refuserait son remboursement peut y être contraint en justice, si mieux il n'aime donner main-levée à l'opposition... » Deux remarques, tout d'abord, sur ce texte. Il n'existait, à cette époque, qu'une seule sorte de rentes sur l'Etat, le 5 pour cent, la loi de l'an VI créant une règle spéciale, d'où l'on fit sortir, nous allons le voir, un privilége exorbitant ; il semblerait conforme aux règles ordinaires de raisonnement de restreindre ce privilége au fonds en faveur duquel il avait été établi, et de ne pas l'étendre aux fonds nouveaux.

Il n'y aurait même pas, pour ceux qui ne partagent pas notre avis, à tirer argument des mots : ou à inscrire, compris dans l'article 4 ci-dessus, car ils ne visent pas les rentes qui pourront être inscrites par suite d'emprunts futurs, mais seulement les rentes provenant de l'ancienne dette, dont la liquidation n'était pas terminée, et qui par suite ne pouvaient prendre place sur le Grand-Livre qu'après le 8 nivôse an VI. Quoiqu'il en soit, il est universellement admis que cette loi s'applique à toute la dette perpétuelle de l'Etat, aux rentes nouvelles comme aux anciennes. La seconde remarque consiste à faire observer que l'article 4 de la loi de nivôse an VI ne parlait pas des arrérages, des objections s'étant élevées à ce sujet, elles donnèrent lieu à une seconde loi, à la date du 22 Floréal an VII, qui porta (art. 7) : « qu'il ne serait plus à l'avenir reçu opposition au paiement des arrérages ; à l'exception de celle qui serait formée par le propriétaire de l'inscription. »

De ces deux textes on a déduit ce que l'on appelle le privilége de l'insaisissabilité des rentes sur l'Etat, c'est-à-dire qu'on en a conclu que ces rentes ne rentrent pas sous l'application de l'article 2092 (qui déclare que quiconque s'est obligé personnellement est tenu de remplir son engagement sur tous ses biens), qu'elles sont en dehors de toute mainmise des créanciers du titulaire, et qu'elles doivent toujours rester intactes entre les mains des rentiers, au même titre que les choses déclarées insaisissables par les articles 580 et 581 du Code de procédure.

Ayant admis cette règle de l'insaisissabilité, pour être logique, il faut en tirer toutes les conséquences ; c'est pour cela que le conseil d'Etat et la plupart des cours l'ont toujours appliqué avec rigueur.

**146**. Voici l'état de jurisprudence dont nous empruntons le résumé à M. Labbé (1) qui s'est élevé, avec une grande force et une grande conviction contre la règle de l'insaisissabilité des rentes sur l'Etat, qu'il regarde, avec raison, selon nous, comme un principe qui s'est implanté dans tous les esprits « sans que l'on songe à le contester, à critiquer sa formule, à rechercher son fondement dans la loi. Les uns le poussent dans ses dernières conséquences avec une logique impitoyable ; les autres réclament des limites, des exceptions. Tous l'admettent comme un axiôme, comme le point de départ de leurs raisonnements. »

Ainsi le conseil d'Etat s'est prononcé, contre les créanciers, dans une espèce qui leur était cependant très favorable. Il s'agissait d'une succession vacante : un jugement avait ordonné le transfert au profit des créanciers, d'inscriptions sur le Grand-Livre comprises dans l'actif de la succession, le conseil d'Etat a pensé et une ordonnance du 19 décembre 1839 a décidé que le ministre des finances était en droit de refuser ce transfert, « con sidérant qu'aux termes de l'article 4 de la loi du 8 nivôse an VI, il ne peut être reçu aucune opposition sur le dette publique ; qu'il suit de cette disposition que les rentes inscrites au Grand-Livre ne peuvent pas plus être saisies sur une succession vacante que sur le titulaire de l'inscription lui-même. »

Par un avis du quatrième jour complémentaire an XIII, le conseil d'Etat avait déjà adopté cette interprétation et décidé que les syndics d'une réunion de créanciers ne peuvent pas s'opposer au transfert de rentes appartenant à leur débiteur déclaré en faillite et au domicile duquel les scellés ont été apposés.

Un certain nombre d'arrêts de cours d'appel reposent également ment sur cette idée que les rentes sur l'Etat ne sont, en aucun point de vue, le gage des créanciers. En voici quelques espèces. Un rentier meurt et laisse plusieurs héritiers ; l'un d'eux, avant partage, cède par un acte notarié à plusieurs de ses créanciers la rente sur l'Etat pour le cas où elle tomberait dans son lot ; elle y

(1) *Journal au Palais*, année 1859, p. 545.

tombe en effet, mais l'héritier cédant se refuse à l'exécution de la cession ; les créanciers cessionnaires signifient une opposition, non pas à un agent du trésor, mais au notaire chargé de la liquidation, détenteur des titres, et ils demandent l'attribution de la rente ; n'importe, la cour de Toulouse annule la cession par acte notarié comme un mode de transfert irrégulier, lève l'opposition, et rend à l'héritier la disponibilité entière de la rente sur l'Etat. (1) Il a été jugé que les créanciers d'une succession acceptée sous bénéfice d'inventaive, de laquelle dépendait une rente sur l'Etat, n'avaient pas le droit de s'opposer à ce que cette rente fut immatriculée au nom des héritiers (2). Contre un héritier pur et simple, les créanciers du défunt demandaient la séparation des patrimoines, et par suite, à être payés sur le prix d'une rente sur l'Etat ayant appartenu à leur débiteur ; leur prétention a été repoussée par la Cour de Paris, le 24 novembre 1840 (3) et le 24 décembre 1848. (4) Enfin une succession comprenant une rente sur l'Etat échoit à un héritier en faillite : le notaire, rédacteur de l'inventaire, sans être arrêté par la circonstance de la faillite de l'héritier, délivre à celui-ci un certificat de propriété de la rente ; par là il facilite un transfert qui dérobe aux créanciers du défunt une partie de l'actif héréditaire : question de savoir si le notaire est responsable vis-à-vis des créanciers.

Le tribunal de la Seine condamne le notaire ; mais la cour infirme : Considérant que le titre dont le certificat, délivré par le notaire, a facilité l'aliénation, est une rente inscrite sur l'Etat ; que la loi, dans l'intérêt du crédit public, a soustrait à toute mainmise de la part des créanciers cette espèce de propriété ; que l'application du principe n'est modifiée ni par l'insolvabilité constante de la succession dont dépend une rente sur l'Etat, ni par la déconfiture judiciairement déclarée de l'héritier ; qu'ainsi aucun

(1) Toulouse, 5 mai 1848. *J. du Pal.* 48. 2. 35.
(2) Paris, 14 avril 1849. *J. du Pal.* 49. 2. 417.
(3) *J. du Pal.* 1840. 2. 749.
(4) *J. du Pal.* 1849. 1. 20.

dommage n'a été causé aux créanciers (1). » Le pourvoi contre cet arrêt a été rejeté par la cour de cassation, en chambre des requtêes. « Attendu que le principe qui soustrait les rentes sur l'Etat à toute espèce de mainmise de la part des tiers n'est pas modifié par l'état de faillite du propriétaire de la rente ; qu'il suit de là que ce n'est pas dans le certificat délivré par le notaire que l'héritier a puisé le droit d'aliéner la rente ; que ce droit lui appartient en sa qualité de propriétaire d'un titre déclaré insaisissable par la loi (2) »

Enfin il a été jugè encore que le principe d'insaisissabilité des rentes sur l'Etat est tellement absolu qu'il n'admet aucun tempérament basé sur l'intérêt des créanciers qui se trouvent en souffrance, et que les créanciers qui agiraient pour reprises matrimoniales dûment justifiées et pour cause d'aliments, dans les cas déterminés par le Code civil, ne seraient pas traités plus favorablement.

Ainsi donc, voici où conduit ce principe ; en cas de succcession vacante, les créanciers ne peuvent obtenir le transfert en leurs noms ; en cas de séparation des patrimoines ; l'héritier, dont la position est déjà présumée embarrassée, fera inscrire les rentes en son nom au détriment des créanciers du défunt et sans qu'ils aient un moyen de s'y opposer : s'il s'agit de succession bénéficiaire, l'héritier fera encore transférer les rentes de la succession, de sorte que les créanciers de cette dernière pourront ne plus trouver suffisamment pour se payer ou n'obtiendront qu'un dividende moindre ; enfin dans l'hypothèse d'une faillite, le failli pourra prendre ses titres de rente, alors même qu'ils auraient été compris dans un inventaire, et aller vivre dans l'aisance lorsqu'il ne donnera qu'un dividende dérisoire, s'il devient héritier et si dans cette succession il se trouve encore des rentes, il les fera mettre en son nom, se jouant ainsi des créanciers de la succession et de ceux de sa

(3) Paris, 30 juillet 1853. *J. du Pal.* 53. 2. 145.
(4) *J. du Pal.* 1854. 1. 607.

faillite, et augmentant son bien-être. . - Des résultats aussi immoraux ont soulevé de nombreuses protestations (1). Mais, telle est la force de cet axiome que, tout en regrettant d'arriver à de telles conséquences, les auteurs et les tribunaux se croient enchaînés par un texte formel, et que jusqu'a l'article de M. Labbé, personne n'avait songé à en contrôler la valeur.

» La cour de Paris, de qui émanent presque tous les arrêts que nous venons de mentionner a néanmoins essayé de s'affranchir de la tyrannie des principes, ou du moins d'en corriger les funestes effets par des moyens indirects. C'est ainsi qu'elle a jugé à deux reprises que l'héritier bénéficiaire, bien que ne pouvant être contraint par les créanciers de la succession à vendre les rentes sur l'Etat, qui en dépendent, à cause de l'insaisissabilité de ces rentes, n'en doit pas moins, en sa qualité d'administrateur de la succession, compte de ces rentes aux créanciers, comme de toutes les valeurs actives de la succession ; que même s'il a fait transférer ces rentes en son nom, il encourt une responsabilité personnelle qui entraîne contre lui la condamnation au paiement des detttes de la succsssion » (2). Mais M. Mollot (3) a combattu et nous croyons avec raison, ce tempérament. Car, dit-il. pourquoi distinguer ici entre le cas où l'héritier accepte purement et simplement et celui où il est héritier bénéficiaire ? Est-ce que dans l'un et l'autre cas, il n'est pas de même saisi des biens de l'héritier ? « Les lois de l'an VI et de l'an VII, ajoute-t-il, n'ont pas déclaré qu'après le décès du titulaire, son héritier serait déchu du privilége de l'insaisissabilité, ou qu'il n'en jouirait qu'à la charge d'accepter purement et simplement la succession ; le Code Napoléon, qui a mis tant de soin à redresser les imperfections des législations antérieures, ne l'a pas déclaré non plus ; et puisque

---

(1) Laferrière. *Dr. administratif*, t. II, p. 404. Dumesnil. *Leg du Trésor public*, n° 99. Boitard, sur l'art. 582. Coa. de proc Civ.

(2) M. Labbé. *Loc. cit.* Paris, 22 novembre 1855 et 13 juin 1356. *Journal du Palais*. 56. 2. 161 et 569.

(3) *Gazette des Tribunaux* du 29 août 1856.

telle est la volonté persistante du législateur, il faut savoir la respecter... »

Mais le législateur eut-il voulu faire cette distinction, qu'elle ne serait pas justifiable, car, que feraient les héritiers dont la position est déjà mauvaise, ils accepteraient purement et simplement, et jouiraient alors du privilége de l'insaisissibilité, quel profit en tireraient les créanciers de la succession? Et puis, n'est-ce pas dans un but de protection et de faveur pour les mineurs que la loi a décidé que les successions qui viendraient à leur échoir, seraient acceptées sous bénéfice d'inventaire? Or, ici, avec la division acceptée par laC our de Paris, ce privilége tourne à leur détriment. M. Mollot pense donc que l'héritier bénéficiaire peut faire transférer en son nom les rentes de la succession, sans pour cela être obligé d'en tenir compte aux créanciers de cette succession, mais que s'il vient à les vendre, il devra repartir eutre eux la somme obtenue.

**147.** De même, alarmée par les conséquences que nous avons signalées, en cas de faillite, la Cour de cassation, par arrêt de rejet du 8 mars 1859 (1) a décidé que l'insaisissabilité dont sont frappées les rentes sur l'Etat, ne s'oppose pas à ce que ces rentes soient, après faillite, aliénées à la diligence des syudics et au profit de la masse des créanciers, les syndics faisant alors opérer le transfert, sans saisie préalable, et comme *mandataires légaux* du failli. Ainsi, comme on le voit, la Cour ne met pas ici en doute le principe de l'insaisissabilité. mais elle considère que, dans ce cas, c'est le failli lui-même qui est censé vendre par l'organe du syndic. Nous croyons que, fondé seulement sur ces raisons, l'adoucissemeut apporté à la règle générale ne peut être admis. « En effet, une fois concédé que les rentes sur l'Etat sont insaisissables, il s'en suit qu'elles ne sont pas le gage des créanciers, qu'elles ne peuvent pas être saisies, mises en ventes par les créanciers ; que le débiteur ne peut pas

(1) *J. du Pal.* 1859. 1. 545. **D. P.** 59. 1. 145.

être exproprié de ses rentes. Voilà ce qui découle du principe mis en tête de l'arrêt.

Néanmoins les syndics, malgré la protestation du failli, sont autorisés à vendre la rente qui appartient à ce dernier, pour le prix en être distribué entre les créanciers. N'est-ce pas l'équivalent d'une saisie? Moins la forme, tout l'effet d'une saisie n'est-il pas produit? N'est-ce pas à proprement parler une expropriation forcée? (1) La Cour de cassation répond que non, parce que, dit-elle, les syndics représentent le failli et que c'est lui qui est censé agir ; nous ferons remarquer que les syndics sont bien plutôt nommés pour garantir les intérêts des créanciers que pour représenter le failli. L'article 533 du Code de commerce le dit formellement. « Les syndics représentent la masse des créanciers et sont chargés de procéder à la liquidation, » et l'on en trouve des preuves à chaque pas dans la loi sur les faillites (art. 443, 462. 467, 494, 529 C. comm.). Voici dans quelle limite on peut dire que les syndics sont les mandataires du failli : lorsqu'un créancier fait vendre le bien de son débiteur. c'est que celui-ci lui a donné ou est présumé lui avoir donné son consentement, le créancier agit donc comme mandataire du débiteur ; et les syndics, qui ne font que mettre en pratique les droits des créanciers, peuvent être par conséquent considérés eux-mêmes comme mandataires du débiteur failli, mais ceci n'enlève pas à la vente qu'ils poursuivent le caractère d'expropriation forcée. Enfin, les articles 580 et 581 du Code de procédure civile énumèrent les biens incontestablement insaisissables, ainsi le coucher, les instruments de profession, les pensions alimentaires, etc., la Cour se refuserait certainement à reconnaître aux syndics le droit de faire vendre ces choses ; quelle raison, alors, pour leur donner ce droit quant aux rentes sur l'Etat?

**148.** Nous croyons donc que ces diverses restrictions à la règle de l'insaisissabilité ne sont pas fondées en droit, que c'est

(1) M. Labbé. *Loc. cit*, p. 547.

le principe lui-même qu'il faut attaquer pour en prouver le peu de solidité et pour en écarter les résultats que repousse la morale.

Nous avons déjà montré les conséquences auxquelles on arrive. « Y a-t-il un système plus exorbitant que celui que l'on prête au législateur? Un système qui offre aux rentiers de l'État l'avantage de jouir du revenu de leurs rentes, sans payer leurs dettes? » Est-il admissible qu'un pays comme la France, qui a donné et qui donne encore aujourd'hui de si grandes preuves de vitalité, qui témoigne d'un crédit si puissant, ait eu besoin de recouvrir à des moyens, qu'il est permis de qualifier de malhonnêtes, pour appeler à lui les capitaux? Est-il possible qu'il soit venu à l'esprit d'un législateur français de donner un refuge à toutes les fortunes mal acquises, d'assurer à tous ceux qui se trouvent, peut-être par leur faute, au-dessous de leurs affaires, le bien être et la fortune? Et cela au moment où l'on créait des avantages en faveur des rentes sur l'Etat, alors qu'on cherchait à en faire un placement aussi sûr et aussi recherché que ceux en biens immobiliers? Nous ne pouvons croire que tel ait été le but du législateur. Pour admettre de pareils résultats, il nous faudrait des textes bien positifs, qu'on ne peut nous montrer. Les articles de loi sur la matière sont ceux que nous avons reproduits ci-dessus, et il n'y est pas dit un mot de l'insaisissabilité. « Ce qui est défendu, c'est l'opposition. c'est la saisie arrêt, c'est l'acte adressé aux agents de l'Etat, qui mettrait un obstacle ou créerait une difficulté au transfert de la rente ou au paiement des arrérages. De cette insaisissabilité spéciale, relative, faut-il conclure à une insaisissabilité absolue? Quelle peut avoir été l'intention du législateur? Faliciter la circulation des rentes, rendre possible cette négociation rapide et immédiate qui donne à un titre toute sa valeur, éviter que celui à qui le transfert d'une rente est proposé ait à redouter l'effet d'une saisie-arrêt et ne puisse pas conclure l'opération sans une vérification embarassante, appeler vers ce mode de placement les capitalistes qui aiment la spéculation, qui se décident volontiers à entrer dans une affaire, mais à la condition d'avoir la liberté d'en sortir sans obstacle à la moindre appréhension, compenser par la certitude et la sécurité du retrait des capitaux au moyen de la vente l'inconvénient de l'exigibilité qui est de l'essence de la rente. Par là, deux avantages devaient être acquis : 1° Augmenter le nombre de titres qui circulent comme le numéraire, qui en remplissent la fonction ; faire qu'un capital placé soit comme encore présent dans le commerce, par le titre qui le représente ; 2· Elever aussi haut que possible le cours de la rente, ce cours accepté comme un indice certain du crédit de l'Etat et de la confiance publique, en soutenir le taux par le jeu contraire des spéculations ; ajoutez à cela le désir de débarrasser la comptabilité nationale de difficultés incessantes, vous aurez ainsi une série de motifs plausibles... »

La défense unique de saisir-arrêter, de faire opposition, est en harmonie parfaite avec ce résultat avouable que le législateur poursuit. « Les rentes se vendent et s'achètent sur un marché public où les négociations se font sans entraves, sans inquiétude, et sont irrévocables dès qu'elles sont conclues ; c'est un avantage immense qui contribue à en élever le prix et qui aurait été perdu par la faculté pour les créanciers du rentier de former opposition jusqu'à l'accomplissement du transfert. Etait-il nécessaire d'aller au-delà ? Etait-il convenable ou utile de déclarer que les rentes ne seraient en aucun cas le gage des créanciers ? Après avoir assuré leur libre circulation pendant la vie du rentier, fallait-il encore en assurer la libre transmission du rentier défunt à son héritier ? Fallait-il, en cas de faillite, laisser au débiteur le droit de réclamer ses rentes et d'en jouir en face de ses créanciers en pertes ? Non assurément (1).

Ainsi donc, voici bien déterminé le but de la loi ; empêcher les saisies-arrêts entre les mains du trésor ; le texte des lois du 8 nivôse an VI et du 22 floréal an VII est d'accord avec cette interprétation de la volonté du législateur, les travaux préparatoires sont plutôt favorables qu'hostiles à cette opinion ; nous y

(1) M. Labbé. *J. du Pal.* année 1859, p. 550.

lisons en effet ceci : « En supprimant ces *oppositions* on donne en quelque sorte à ces capitaux, à ces sortes de créances, la valeur et l'effet du numéraire en circulation , dont il est si important d'augmenter la masse ; on satisfait aux vœux du commerce. Les députés , en cette partie , ont donné sur cet objet un mémoire au Ministre des finances , où ils mettent en évidence les inconvénients qui résultaient pour le crédit public des oppositions admises et des entraves perpétuelles qu'éprouvait la circulation de ces capitaux. En dernier résultat, l'intérêt des créanciers (des rentiers) s'y rencontre ; ils trouvaient difficilement à négocier leurs créances, ils étaient forcés de les vendre à perte et à vil prix, tandis que, libres et sans aucun danger d'opposition , elles seront portées à un plus haut prix et d'un commerce plus facile. » Est-ce que les partisans de l'insaisissabilité, après avoir forcé le texte des lois de l'an VI et de l'an VII, ne se mettent pas aussi en contradiction avec les travaux préparatoires ? car du passage que nous venons de citer, il résulte que le législateur veut, dans la mesure du possible, que la rente soit sur la même ligne que le numéraire; or, si les créanciers trouvent dans le secrétaire de leur débiteur en faillite de l'argent, ils ont le droit de se le faire attribuer; s'ils y trouvent, au contraire, un titre de rente, ils ne peuvent, d'après la doctrine de l'insaisissabilité, en exiger la vente ; nos adversaires donnent donc aux rentiers un avantage sur les propriétaires de numéraire et dépassent l'intention mentionnée dans les travaux préparatoires.

Le seul passage qui soit contraire à notre doctrine est celui-ci : «Il convenait de priver les créanciers, pour l'avenir, de toute espèce de droit, saisie ou opposition , soit sur le capital, soit sur les arrérages. Les créanciers prévenus et instruits qu'ils n'auront pas à compter sur cette ressource pour le paiement et la sûreté de leurs créances, régleront à l'avenir leurs transactions en conséquence et se ménageront d'autres sûretés moins sujettes à tromper leur attente, » Mais cette phrase doit être conciliée avec tout l'exposé des motifs, et surtout avec le texte de la loi qui ne défend qu'une chose, c'est l'opposition ou la saisie-arrêt. Du reste nous avons prouvé que les partisans de l'opinion contraire à la notre ne sont pas plus d'accord avec l'exposé des motifs.

Nous ferons remarquer en terminant, que, lorsque le législateur veut déclarer une chose insaisissable, il se sert des termes plus formels (art. 580 et 581 C. de pr.) que l'insaissabilité des rentes sur l'Etat n'est pas rappelée dans ces articles et qu'il serait étonnant que ce fut là une simple omission du législateur de 1806, vu l'importance de ces valeurs et alors qu'il a pensé aux rentes alimentaires, aux traitements et aux pensions sur l'Etat. Enfin, « il n'est pas inouï dans le droit, qu'une valeur soit affranchie d'une espèce de saisie, sans être pour cela et à tous égards insaissisable ; les lettres de change et les billets à ordre sont des titres dont aucune opposition ou saisie-arrêt ne peut empêcher la transmission, mais qui n'en font pas moins partie de l'actif sur lequel, en cas de faillite, les créanciers ont le droit de se faire payer. »

Nous pensons donc que les rentes sur l'Etat sont, comme tous les autres biens, le gage des créanciers, gage qu'ils pourront réaliser à leur profit, pourvu qu'ils n'emploient pas, pour arriver à cette fin la voie de l'opposition ou saisie-arrêt entre les mains du Trésor.

**149.** Le principe que les rentes sur l'Etat ne sont pas susceptibles d'opposition reçoit deux exceptions ; l'une résultant de la fin de l'article 4 de la loi du 8 Niv. an VI : « .... Cependant les comptables envers la République ne pourront en aucun temps, disposer de leurs inscriptions avant l'apurement de leurs comptes, certifié par le bureau de comptabilité, si mieux, ils n'aiment fournir caution., » de ce texte, le ministre des finances a tiré le droit de mettre opposition sur des rentes appartenant à des comptables et de faire vendre ces rentes à la Bourse en cas de débet, l'autre, écrite dans le dernier membre de phrase de l'article 7 de la loi du 22 Floréal an VII, et qui permet l'opposition sur le paiement des arrérages, faite par le propriétaire au cas de vol ou de perte du titre.

## § 4. Comment s'établit la propriété des rentes sur l'Etat.

**150**. L'ordonnance du 31 mai 1838 a résumé toute la législation sur ce point.

Le Grand-Livre de la dette publique est le titre fondamental des
créanciers de rentes sur l'Etat. La création du Grand-Livre est
l'œuvre de la Convention ; elle fut ordonnée par la loi du 24 août
1792, qui réunit en une seule dette perpétuelle toutes les dettes
que les lois précédentes avaient déclarées *dettes de l'Etat* et fit du
Grand-Livre un titre nouveau effaçant tous les titres antérieurs
des créanciers de l'Etat.

Le Grand-Livre contient la liste alphabétique des propriétaires
de rentes perpétuelles sur l'Etat et présente autant de comptes
qu'il y a d'inscriptions, bien que souvent plusieurs inscriptions
soient au même nom (1). Il se compose d'autant de volumes que
l'exigent les besoins du service (2). Les rentes des communes, des
établissements publics, celles qui sont affectées à un majorat
forment des séries spéciales.

Il est délivré à chaque créancier un titre d'inscription au Grand-
Livre (3).

Tout extrait d'inscription est enregistré contradictoirement sur
un double du Grand-Livre, il est signé par deux agents comptables assujettis à un cautionnement et justiciables de la Cour des
comptes et par le directeur de la Dette inscrite.

Chaque extrait, pour former titre valable contre le trésor, doit
être revêtu du visa du contrôle (4).

D'après la loi du 24 Août 1793 le minimum des inscriptions de
rentes avait été fixé à 50 fr. il fut abaissé à 10 fr. par la loi du
17 Août 1822. et la loi du 17 Juillet 1848 le fixa à 5 fr, chiffre
auquel il est resté.

(1) Ordonnance du 31 mai 1862. Art. 69.
(2) Même ordonnance, art. 198.
(3) Loi du 24 août 1793, art. 6.
(4) Ordonnances du 29 avril 1831. art. 5. 31 mai 1838, art. 180.

**151.** Afin de rendre plus faciles les ventes et achats de rentes sur l'Etat, le paiement des arrérages et leur compensation avec les contributions directes, et surtout afin de permettre à l'autorité administrative de surveiller les rentes qui appartiennent aux établissements publics et aux communes, enfin pour accélérer le transfert dans les villes où il existe des bourses de commerce, la loi du 14 Avril 1819 et l'ordonnance du même jour ont institué, dans chaque département, *un livre auxiliaire du grand livre de la dette publique*, tenu par les trésoriers-payeurs généraux, qui en délivrent des certificats signés par eux et visés par les Préfets, qui remplissent l'office du contrôle placé près des caisses du trésor à Paris (1).

Les trésoriers-payeurs généraux servent encore d'intermédiaires pour les achats ou ventes que les particuliers demeurant dans les départements, veulent faire de titres directs sur le trésor, ou de titres départementaux là où il n'y a pas de bourses de commerce.

S'il existe, au chef-lieu, une bourse de commerce ils font les transferts, quant aux titres départementaux, sans en référer à la direction de la dette inscrite (2). Les trésoriers-généraux, pour ces services, doivent opérer « sans frais. sauf ceux de courtage• justifiés par borderaux d'agents de change.» Comme intermédiaires des parties dans les ventes et achats, ils encourent la responsabilité qui pèse sur les mandataires (3),

**152.** Quelle est la force probante de l'inscription sur le grand-livre et des énonciations qu'elle contient? La jurisprudence a constamment décidé que la teneur de l'inscription d'une rente sur l'Etat établit une preuve légale de propriété au profit du titulaire, que le titre a toute la force des écrits qui interviennent entre les parties dans les contrats ayant un caractère purement privé, et que par suite cette preuve de propriété ne pourrait tomber que

(1) Ordonnance de 1362. art. 203.

(2) Même ordonnance, art. 206 à 210.

(3) Instruction ministérielle du 14 avril 1819, tit. 2 ; circulaire ministé· rielle du 26 juin 1833.

devant'le dol ou la fraude constatée, ou devant des preuves écrites (1). Quant aux présomptions et aux témoignages, ils ne seraient admis qu'appuyés d'un commencement de preuves par écrit.

Cette force doit être attribuée à l'inscription, alors même que l'ordre de transfert n'aurait pas été donné par le véritable propriétaire, soit par suite de faux, le détenteur ayant signé le nom du propriétaire, soit par suite d'abus de mandat. L'acheteur ne connaît pas le vendeur, il lui est donc impossible de contrôler sa capacité et ses droits ; l'agent de change paraît seul au transfert, pour certifier la signature du vendeur, lui seul est responsable, le propriétaire en perte n'a de recours que contre lui, et les effets du transfert doivent se produire complets. Autrement, comme le tiers acquéreur ne pourrait opposer aucune prescription. ni de l'article 2279, la règle en fait de meubles possession vaut titre, ne s'appliquant pas aux meubles incorporels qui exigent des formalités pour se transmettre. ni celle de l'article 2262, car les rentes ne sont pas susceptibles d'une possession capable de conduire à la prescription trentenaire, cet acquéreur ne trouverait pas, dans son acquisition sur le marché public, la sécurité qu'a voulu lui garantir, la loi du 8 Nivôse an VI.

**153.** Il peut être commis des erreurs sur le grand-livre de la dette publque. Elles peuvent être de deux sortes : nouvelles, c'est-à-dire qu'elles se sont produites dans le transfert ou sur le uouvel extrait ; anciennes, c'est-à-dire qu'on n'en connaît pas exactement l'origine. Les premières se distinguent encore en erreurs, qui peuvent être attestées par les agents de change ou qui proviennent du fait des agents du trésor, et erreurs qui résultent des pièces produites, Ces dernières et toutes les erreurs anciennes ne peuvent être rectifiées que sur le vu de la décision ministérielle ou d'ordonnance du chef de l'Etat. Quand aux erreurs nouvelles de première espèce, la rectification se fait sur la présentation d'un certificat établissant exactement les choses, signé des agents de change ayant conccuru à la négociation ; si la faute vient des agents du

(1) Paris, 31 décembre 1840, cassation, 24 juillet 1844 et 16 février 1848.

trésor, il n'y a besoin de la production d'aucune pièce nouvelle (1).

**154.** Des difficultés peuvent s'élever relativement aux inscriptions de rentes sur l'Etat. Qui en sera juge? « Ces titres, dit M. Dufour (2), sont évidemment susceptibles d'être reproduits devant les tribunaux ordinaires ; il ne faut pas conclure néanmoins qu'il appartient aux tribunaux d'exercer, à leur égard, le droit d'appréciation dont ils sont investis relativement aux titres qu'on est convenu d'appeler titres du droit commun pour indiquer qu'ils n'empruntent leur validité et leur force qu'au droit civil. Quelque fondé que puisse être le juge à connaître de la contestation portée devant lui, si le doute vient à naître sur la régularité, la validité ou le sens du certificat d'inscription de rente invoqué dans le débats et devant figurer parmi les bases du jugement, le ministre des finances seul a pouvoir de le trancher. Il s'agit là d'un acte émané des agents de l'administration, et il y a d'ailleurs nécessité de procéder à une application de règles qui importent souverainement à l'ordre des finances et au crédit public. » Ainsi le ministre des finances doit connaître des questions soulevées relativement à la régularité et à la validité des transferts (3); il est seul compétent pour apprécier les règles administratives relatives au paiement des arrérages. Enfin, le refus de délivrer un nouveau titre d'inscription, l'opposition administrative faite au paiement des arrérages ou du capital, sont des actes pour lesquels le ministre ne relève que de l'autorité administrative supérieure et non des tribunaux ordinaires.

**155.** Jusqu'à présent nous ne nous sommes occupés que des titres de rente *nominatifs*, ils furent longtemps les seuls, mais cette forme génante pour les opérations rapides, par suite des justifications d'individualité et de propriété exigée par le trésor, suscitait de nombreuses réclamations. Quelques décisions minis-

(1) Décision du Ministre des finances du 2 juillet 1814.
(2) M. Dufour. *Droit administratif*, t. II, n° 1354 p. 519 et Edit. de 1848,
(3) Consul d'Etat, 17 juillet 1843.

térielles des 14 octobre 1816, 26 mai 1819, 24 mai 1825. 5 mars 1830 avaient autorisé l'émission de certificats au porteur délivrés par certaines grandes maisons de banque et représentant des parts d'inscriptions de rentes déposées par elles en garantie. Mais cela ne pouvait suffire : ces décisions ne constituaient pas une mesure générale et n'atteignaient qu'imparfaitement le but qu'on se proposait, à savoir d'affranchir les transmissions de rentes des justifications exigées pour le transfert.

Enfin en présence des réclamations presque unanimes des rentiers et des capitalistes. considérant que l'autorisation donnée de délivrer des rentes au porteur ne changeait ni la nature ni la quotité de la dette de l'Etat, qr'elle complétait seulement pour les rentiers les facilités qu'on peut leur assurer, une ordonnance royale intervint, qui consacra d'une façon formelle et générale l'existence des *inscriptions au porteur*. Cette ordonnance permit à tout rentier d'échanger son titre nominatif contre un titre au porteur et réciproquement. Une seule exception, aisée à comprendre, fut faite pour les titres de rente représentant des fonds de cautionnement ou de majorats, ou appartenant à des incapables, enfin pour toutes les rentes frappées d'une cause légale quelconque d'immobilisation momentanée.

L'ordonnance du 29 avril 1831 indiquait en même temps les formes et les indications de ces titres. Une ordonnance du 10 mai de la même année décidait que dix coupons sémestriels, représentant cinq années d'arrérages, seraient attachés aux extraits d'inscription au porteur, et au bout de cinq années, un nouvel extrait serait délivré gratuitement. Ces petits coupons qui permettent de laisser en lieu sur les titres principaux, et que l'on peut ainsi, sans risquer beaucoup, confier à des tiers, étaient d'une utilité trop évidente pour qu'on ne les adoptât pas.

Récemment on a fait plus, un décret du 18 juin 1864 a autorisé la création de titres mixtes, c'est-à-dire de titres nominatifs munis d'une série de petits coupons payables au porteur, qui se détachent du titre-souche.

L'ordonnance du 29 avril 1831 en autorisant les titres au porteur n'avait pas permis ces titres au-dessous de 50 fr., mais bientôt une nouvelle ordonnance du 16 septembre 1834 abaissa ce chiffre à 10 fr. et un décret du 29 janvier 1864 réduisit encore ce minimum à 5 fr. Ainsi donc aujourd'hui tous les titres de rente, peuvent n'être que de 5 francs de rente (1).

Les extraits d'inscription au porteur à délivrer au propriétaire de la rente sont revêtus des signatures des agents-comptables du grand-livre et des mutations et transfert, et signés par le directeur de la dette inscrite.

Ces extraits sont à talon ; ils peuvent toujours, sur la demande des parties intéressés, être rapprochés de la souche.

Les rentes au porteur sont à la première demande qui en est faite, converties en rentes nominatives.

### § 5. — Des transferts.

**156.** L'opération qui consiste à annuler sur le grand-livre une inscription faite au nom d'une certaine personne et de la remplacer par une nouvelle inscription faite au nom d'une autre personne, s'appelle *transfert*.

On distingue deux sortes de transferts, le transfert réel et le transfert de forme ; nous dirons aussi quelques mots de ce que l'on nomme le transfert d'ordre.

**157.** Parlons d'abord du transfert réel, c'est celui qui a lieu lorsque la propriété de la rente nominative a été transmise à titre onéreux, par suite d'une véritable vente.

Les achats et ventes de rentes sur l'Etat donnent lieu à deux opérations distinctes : la négociation, c'est-à-dire la manifestation de la volonté des parties, l'une désirant vendre, l'autre acheter, qui le plus généralement se fait à la bourse par l'intermédiaire des

(1) Voy. M. de Folleville, *de la possession des meubles et des titres au porteur*, p. 389 et s.

agents de change, mais qui pourrait revêtir la forme d'un contrat direct entre les parties ou par devant notaire (1) ; et le transfert, c'est-à-dire la mutation sur le Grand-Livre de la dette publique, réalisation de la négociation et qui ne peut se faire que par l'inter-médiaire forcé des agents de change.

Quant aux formes du transfert en lui-même, elles sont fort simples. Dans le principe il s'opérait au trésor sans l'assistance d'un agent de change (2). « Le vendeur se présentera au bureau chargé de recevoir les transferts pour y faire la déclaration ; il y remettra l'extrait d'inscription qu'il entend transférer et dont la signature sera biffée en sa présence. Il lui sera expédié un bulletin de cette remise. La minute du transfert sera signée par le vendeur ou son fondé de pouvoir spécial. » Article 4. « Deux jours après le transfert, l'acheteur pourra se présenter en personne ou par porteur du bulletin qui aura été remis au vendeur, pour retirer l'extrait de la nouvelle inscription de la rente qu'il aura acquise. Cet extrait d'inscription lui sera délivré sur-le-champ. Il en don-nera décharge en marge de la minute du transfert. » Mais le trésor endossait ainsi une grande responsabilité, et un arrêté consulaire du 22 prairial an X le mit à couvert en exigeant l'intervention d'un agent de change, (articles 15 et 16). « A compter de la publi-cation du présent arrêté, les transferts d'inscription sur le Grand-Livre de la dette publique seront faits au trésor public, en présence d'un agent de change de la Bourse de Paris, qui certifiera l'iden-tité du propriétaire, la vérité de sa signature et des pièces pro-duites. » « Cet agent de change sera, par le seul fait de sa certifica-tion, responsable de la validité des dits transferts... Cette garantie ne pourra avoir lieu que pendant cinq années, à partir de la décla-ration du transfert. » Ainsi, du côté du vendeur, remise du titre, signature d'un ordre de transfert, le tout certifié par un agent de change ; du côté de l'acheteur, dépôt d'un certificat signé par un

(1) Cassation 28 août 1837.
(2) Loi du 28 floréal an VII, art. 3.

agent de change et indiquant les noms et prénoms de l'acquéreur ou des acquéreurs et les portions de rentes à attribuer à chacun d'eux, et le transfert peut s'opérer (1).

**158**. A quel moment exact a lieu la transmission de propriété? Le transfert réel est une véritable vente de rentes, c'est un contrat bilatéral, il faut donc un accord des deux volontés et d'après la règle générale en matière de vente, dès que cet accord aura existé, la propriété doit se trouver transférée à l'egard des parties, et quoique la chose n'ait pas été livrée ni le prix payé (art. 1583). Or, nous avons bien vu le vendeur manifester son désir de vendre en signant l'ordre de transfert, mais quand existe la volonté de l'acheteur? Son agent de change ne produit, nous le savons, aucune pièce la manifestant; de là, difffculté de déterminer ce moment. Afin de faciliter le marché des rentes sur l'Etat, il a été fait une dérogation au droit commun, consacrée par l'article 1er du décret du 13 thermidor an XIII. « A l'avenir, la déclaration de transfert des 5 p. 100 consolidés sur le registre établi à cet effet par le directeur du Grand-Livre, saisira l'acquéreur de la propriété et jouissance de l'inscription transférée, et ce, par la seule signature du vendeur. » Dès qu'il a signé l'ordre du transfert, le vendeur se trouve dépouillé de la propriété, et notamment une opposition à la vente faite par lui ne pourrait être reçue. Peu importe le moment précis où la volonté de l'acquéreur se manifeste, elle est censée exister lors de la signification des noms et prénoms par l'agent de change et alors elle remonte jusqu'au moment de la signature de l'ordre de vendre. Les écritures sur le Grand-Livre ne sont que la régularisation du contrat existant. Il s'ensuit que tout refus postérieur, soit de livrer le titre, soit de payer le prix, peut conduire à la résolution du contrat, mais ne peut pas l'empêcher d'avoir existé.

**159**. Dans quel délai l'acheteur peut-il exiger que la nouvelle inscription lui soit remise? Sous l'ancien règlement du 27 septem-

(1) Règlement des 12, 16, 19 novembre 1832, tit. 5, art. 6.

bre 1824 (art. 30), le délai donné pour la livraison des rentes achetées n'était que d'un jour. La loi du 28 floréal an VII et le décret du 22 prairial an X, n'indiquaient aucun terme dans lequel le transfert devait avoir lieu; par une délibération de la chambre syndicale des agents de change de Paris, du 10 fructidor an X, modifiée par le ministre des finances et reproduite dans l'article 7 du règlement de 1832 cité ci-dessus, le délai a été fixé à cinq jours. « Si avant la cinquième bourse, qui suivra celle où la remise des noms aura été faite, l'effet n'a pas été livré, l'acheteur est tenu de prévenir le vendeur, par une affiche visée par un des membres de la chambre, qu'à la bourse du lendemain il fera racheter le dit effet pour son compte, à ses risques, périls et frais. » Ces règles ayant été faites pour régler les rapports des agents de change entre eux, ce n'est que le lendemain de ce cinquième jour que le client acheteur pourra exiger de son agent de change la remise du titre (1).

Du reste, pour éviter, complètement entre les parties, toute difficulté résultant du refus de livrer le titre ou de payer le prix, et aussi pour assurer le secret qui leur est recommandé, les agents de change emploient ce qu'ils appellent le transfert d'ordre (2), dont voici le mécanisme d'après M, Mollot. « L'agent de change vendeur signe sur les registres du trésor, qui approuve cette mesure, un premier transfert au nom de l'agent de change acheteur, avec accomplissement de toutes les formalités et toutes les conditions voulues. Lorsque ce dernier a payé à son confrère le prix de la négociation, il signe un nouveau transfert, au nom de son propre client, l'acheteur. Les deux transferts s'opèrent dans un seul délai de cinq jours, avec sûreté pour les deux agents de change, sans surcroît de frais, sans que les parties se soient connues, sans même que l'agent de change acheteur ait su le nom du client vendeur. »

**160.** Le transfert est le seul mode de transmission de rentes

(1) M. Mollot. Des effets publics, n° 291.

(2) Arrêté de la chambre syndicale du 28 avril 1828.

sur l'Etat, il a été établi dans l'intérêt du trésor, de la comptabilité publique, aussi bien que, dans celui des rentiers, il n'est donc
pas permis d'en employer un autre. Il peut, il est vrai, intervenir
un acte de cession sous seing privé ou par devant notaire entre
particuliers, mais cet acte ne produit qu'une obligation, et non
une transmission de propriété, qui ne sera réalisée qu'au moment
de l'ordre de transfert. La cour de Paris et celle de Toulouse (1)
ont jugé en conséquence qu'un acte de cession d'une rente sur
l'Etat n'avait pas eu pour effet de saisir le cessionnaire, et que
même ce transfert eut-il, en conformité de l'article 1690, été
signifié au Trésor, il n'en aurait pas plus d'effet (2); mais que cet
acte formait une convention licite entre les parties pouvant donner
lieu, pour inexécution, à des dommages-intérêts.

Les règles que nous avons tracées pour le transfert des rentes
ne sont pas nécessairement employées lorsqu'il s'agit de rentes
au porteur; quant à celles-ci, la vente peut en être faite à
l'amiable, par la seule livraison des titres, sans l'intermédiaire
des agents de change. Toutefois, M. Mollot (3) fait justement remarquer qu'il y a toujours avantage à traiter à la bourse; car,
au cas de vente à l'amiable, les parties ne peuvent juger de la
vérité du titre et s'exposent à être trompées, puis l'acheteur n'a
pas de bulletin d'achat semblable à celui que lui délivre l'agent de
change, lorsqu'on se sert de son ministère, ce qui lui est cependant utile, au cas où un tiers vient à soutenir que le titre, objet du
transfert, a été perdu par lui ou lui a été volé et à en revendiquer
la propriété; car le tribunal de la Seine (4) a jugé, que si l'opération a été faite sur la Place, l'ancien propriétaire ne peut rentrer
en possession qu'en remboursant à l'acquéreur le prix par lui payé.
(App. de l'art. 2280 c. civ.),

(1) Paris, 3 juin 1836. Toulouse, 5 mai 1838.
(2) Tribunal de la Seine, 26 avril 1839. *Gazette des Tribunaux* du 27
avril 1839.
(3) M. Mollot, *Bourses de Commerce.* N° 339.
(4) Tribunal de la Seine, 7 janvier 1359.

**161.** En règle générale, les rentes sur l'Etat sont toujours aliénables et transmissibles. Néanmoins dans certains cas, par suite de la qualité de celui qui en est propriétaire, la transmission est soumise à des formalités particulières ou est complètement prohihéc.

Ainsi sont inaliénables : 1º. Les rentes affectées à la formation d'un majorat (1); 2. Les rentes frappées de substitution, (c. civ. art. 1048 et S.); 3·. Les rentes inscrites sur le Grand-Livre au nom d'une femme mariée sous le régime dotal; malgré la jurisprudence, le Trésor les tient pour inaliénables, sauf dans les cas exceptionnels déterminés par la loi (art. 1555 et s. C. civ.) (2) 4·. Les rentes affectées à un nantissement, tant que le contrat subsiste. En effet, elles ne peuvent plus être aliénées par le débiteur, qui, s'il est encore titulaire, nc possède plus le titre, ni par lecréancier nanti qui n'a pas le droit de disposer du gage (art. 2078).

Il faut reconnaître que le principe généralement admis, de l'insaisissabilité des rentes et même la simple prohibition de mettre opposition sur les rentes ou sur leurs arrérages les empêchent d'être des gages sûrs et commodes. Car, que sert au créancier d'avoir un titre de rente de son débiteur si, à l'échéance, n'obtenant pas paiement, il ne lui est pas permis, en se conformant à l'article 2078, de réaliser ce gage: ou si, venant à le perdre, il lui est défendu de faire opposition au ministère des finances, pour empêcher son débiteur de vendre sa rente et d'anéantir le gagc. Aussi, afin de ne pas tarir une source aussi considérable de crédit, voici les moyens qui ont été imagiués pour obvier à ces inconvénients, notamment par les établissements financiers, qui font des avances sur effets publics, où le débiteur, en remettant son titre en nantissement à son créancier, lui laisse un ordre de transfert signé, ce qui lui permet de faire vendre, ou, ce qui est plus sûr encore, et qui garantit le créancier contre toute éventualité, on suit la forme employée par la Banque de France. Cet établissement exige un transfert effectif des titres en son nom et

(1) Décret du 1ᵉʳ mars 1818, lois du 12 mais 1835, 11 mai 1819.

(2) M. Mollot, *Bourses de commerce.* Nº 271.

ne prête que lorsque l'emprunteur lui rapporte les titres ainsi modifiés, alors, au lieu que ce soit le débiteur qui s'oblige à quelque chose, c'est, au contraire, la Banque qui s'engage à autoriser le retransfert au nom de l'emprunteur, si elle est exactement remboursée. Etant titulaire de la rente, il est bien évident qu'elle a, et seule, la faculté de vendre; mais comme, même dans ce cas, il a été reconnu que le gage ne pouvait être réalisé que sur l'assentiment du débiteur ou après jugement (art. 2078), elle fait signer à l'emprunteur un acte par lequel il l'autorise à faire vendre si au jour de l'échéance, et sans autre mise en demeure que l'arrivée du terme, elle n'est pas rentrée dans ses fonds. Lorsque le prêt sur effets publics n'est que de quelques jours, le transfert n'a pas lieu effectivement, il y a seulement de la part de l'emprunteur signature d'un acte de transfert et l'autorisation pour la Banque de faire vendre. Des mesures analogues sont prises dans le cas de rentes remises à titre de cautionnement pour garantir des gestions. Si la rente constitue un cautionnement vis-à-vis de l'Etat, comme par exemple, pour les journaux, le titre est remis au ministère des finances, service du portefeuille, il est délivré au titulaire un certificat indiquant à quel usage est réservé le titre et servant à toucher les arrérages; si le débet, l'amende ou la cause que garantit le titre se produit, l'Etat le fait vendre de plein droit. Si la rente constitue un cautionnement, par exemple, pour les hospices, la rente est inscrite au nom de l'assistance publique, le fonctionnaire reconnaît à son administration le droit de faire vendre en cas de débet, et il reçoit un certificat de rente-cautionnement, pour toucher les arrérages; 6° Sont encore inaliénables les rentes achetées par la caisse d'amortissement (1).

Les rentes qui ne peuvent être aliénées que moyennant certaines formes particulières, sont celles qui appartiennent à des mineurs (une loi du 24 mars 1806 art. 3 exige l'autorisation du conseil de famille pour que le tuteur, puisse aliéner une inscription de plus de 50 fr. de rente au nom du mineur), à des interdits, à des inca-

(1) Ordonnance de 1862, art. 230.

pables, celles des communes et établissements publics, celles de femmes mariées sous le régime de communauté, enfin celles appartenant à une maison de banque ou de commerce, à moins que le transfert ne soit signé de la raison sociale. Toutes les règles à suivre à ce sujet sont rappelées par une instruction miuistérielle détaillée du 1er mai 1819, rendue en exécution de la loi du 14 avril de la même année.

Pour que les rentes sur l'Etat perdent ainsi leur caractère d'aliénabilité, ou pour que leur transmission soit soumise à des règles spéciales, il faut qu'il soit fait mention, sur le titre d'inscription, des dlverses circonstances que nous venons d'énumérer. Faute de quoi la vente pourrait en être faite librement, sans qu'il y ait lieu de tenir compte, au titulaire lésé, du préjudice par lui éprouvé. Si l'une de ces causes, modifiant la liberté de transmission des rentes sur l'Etat, vient à disparaître, il y aura lieu à une rectification de l'inscription sur le Grand-Livre, ce qui se fera par un transfert de forme, c'est-à-dire par l'envoi à la direction de la dette inscrite de l'extrait d'inscription et des pièces, actes de naissance, jugements, certificats de propriété, établissant les modifications arrivées dans la personne ou dans les droits du titulaire (1). Les agents de change, qui, malgré l'inscription sur le titre des restrictions à l'aliénabilité, se seraient immiscés dans la négociation sans se conformer aux règles prescrites, engageraient leur responsabilité; ainsi ils pourraient être condamnés à des dommages-intérêts vis-à-vis des parties, à la destitution, ou même encore à des peines plus sévères en cas de fraude (2).

**162.** Nous ne nous sommes occupés, jusqu'à présent, que du cas où la mutation est le résultat d'une aliénation à titre onéreux, mais elle peut avoir pour cause également une donation, un testament ou le droit à une succession ouverte ; il y a lieu, alors, à un transfert, qu'on appelle le transfert de forme. Cette opé-

(1) M. Mollot. *Bourses de commerce*, n° 313. Instruction ministérielle du 1er mai 1819, art. 46, 47 et 48.

(2) Décret du 1er mars 1808, art. 44.

ration peut encore se présenter soit lorsque le transfert est la conséquence d'un jugement qui a prononcé sur la question de propriété soulevée sur un titre de rentes, soit, comme nous l'avons déjà dit, lorsqu'il survient des modifications dans les qualités du propriétaire, enfin au cas de perte du titre, au cas de réunion de plusieurs inscriptions en une seule ou de division d'une inscription en plusieurs. A quelles conditions sont soumis les transferts de forme ? Comme dans ce transfert il n'y a pas de partie donnant ordre de transférer, le ministère des agents de change, qui servent à certifier la signature du transférant, n'est pas essentielle (1) ; il en est toutefois exigé dans le cas où il s'agit de faire diviser une inscription nominative en plusieurs. — Pour les autres cas, il suffit d'un acte de propriété, d'un jugement, d'un acte de notoriété, joint à l'appui de la demande de transfert. Les conditions auxquelles doivent satisfaire ces actes, sont énumérées dans l'instruction ministérielle du 1er mai 1849 (art. 35 à 46), qui reproduit les dispositions de la loi du 28 Florial an VII.

Le certificat de propriété doit toujours être pur et simple ; ainsi, le greffier doit se contenter de certifier que, par suite de tel jugement, la propriété de la rente appartient à telle personne sans être obligé d'en reproduire le texte ; le ministre des finances, par une décision du 22 avril 1822, s'était même refusé à opérer un transfert sur une copie textuelle dn jugement signée du greffier, afin que les agents du trésor ne fussent pas obligés d'interprêter le sens du jugement et que toute la responsabilité retombât sur le greffier, mais cette prétention a été repoussée par décision du Conseil d'Etat, le 20 décembre 1825, appliquant la maxime : *quod abundat non vitiat.*

### § 6. Des divers modes d'extinction des rentes sur l'Etat.

**163.** Nous devons faire remarquer, tout d'abord, qu'il n'y a pas

(1) Loi du 28 floréal an VII, art. 6

ici lieu à faire application des articles 1912 et 1913 du Code civil, qui établissent des exceptions au principe de l'inexigibilité du capital de la rente au cas où le débiteur manque à ses engagements ou tombe en faillite. *Fiscus enim semper solvendo censetur.* On a dû empêcher les créanciers de l'Etat d'introduire une action qui aurait pour effet de jeter dans le public la défiance et le trouble, et d'aggraver la position déjà difficile du trésor. L'intérêt particulier a fléchi devant l'intérêt général.

On se demande si l'Etat jouit du droit accordé pour l'article 1911 à tout débiteur d'une rente perpétuelle, s'il peut rembourser quand il le veut. Ce droit lui est vivement contesté, mais avant d'aborder cette difficulté, donnons quelques explications sur un mode d'extinction propre au droit administratif, l'amortissement, qu'il nous est nécessaire de connaître pour comprendre le dissentiment survenu entre les auteurs.

**164.** Dès que l'Etat eut une dette perpétuelle, on songea à restreindre les dangers qu'il y aurait à la laisser indéfiniment s'augmenter, sans rien faire pour la réduire, car ce serait aboutir soit à la faillite, soit à placer l'Etat dans une position si obérée qu'il ne lui serait plus possible d'emprunter. Cette idée de procurer à l'Etat un moyen successif de se libérer fit naître les combinaisons des emprunts en rentes viagères, c'est-à-dire s'éteignant par le décès du crédi-rentier, des emprunts à remboursement par annuités, et, ainsi, de l'emprunt à remboursement successif par capitaux ; la loi des 27-28 août 1789, modifiant celle des 9-12 août 1789 et ordonnant un emprunt de 80 millions à 5 p. 100, nous en donne un exemple (art. 7), le remboursement devait se faire chaque année, jusqu'à concurrence d'un dixième, soit 8 millions, les titres à rembourser devaient être tirés au sort dans les premiers jours de décembre de l'année 1791 et les autres successivement tous les ans. Toujours poussé par la même idée d'alléger la dette du trésor public, on imagina l'amortissement, c'est-à-dire le mode de libération par l'achat, au nom de l'Etat, sur le marché public et aux cours publics, à l'aide de ressources destinées à cet usage, de rentes créées par lui. Ces rentes ne sont pas pour cela annulées, elles viennent augmenter le capital d'une caisse d'amortissement, les arrérages en sont payés à cette caisse, qui s'en sert pour racheter une somme équivalente de rentes, de sorte que l'amortissement suit la progression géométrique des intérêts composés ; du reste il présente en outre, d'autres avantages on y trouve pour les rentiers une garantie de la facile circulation de leurs titres, car ils sont sûrs de rencontrer sur le marché un acquéreur, la caisse d'amortissement ; enfin, en se portant ainsi acheteur aux moments propices, l'Etat empêche la dépréciation trop brusque dans la valeur de la rente et en fait un moyen d'affermir son crédit.

La théorie de l'intérêt composé et de son application au rachat de la dette publique a été exposée en 1780 en Angleterre par le docteur Price ; elle y excita, à cette époque, un grand enthousiasme ; mais l'amortissement permanent et obligatoire fut abandonné par un bill du parlement en 1829. les charges annuelles résultant des intérêts composés étant devenues trop lourdes. Des essais d'amortissement avaient été tentés dans notre ancienne monarchie par les frères Pàris Duverney et par Machault. Le fonds d'amortissement de cette caisse, devant se former au moyen du prélèvement annuel à titre d'impôt, du cinquantième du revenu de tous les biens fonciers, les rentes sur l'Etat seules exceptées ; mais ces essais durent tomber devant l'opposition des corps privilégiés. Ce n'est que sous le gouvernement consulaire qu'en France une caisse d'amortissement fonctionna réellement, (1) et encore elle n'avait pas pour unique obligation d'acheter des rentes, sa dotation consistait en fonds provenant des cautionnements des receveurs-généraux, et, par suite, elle était une caïsse de garantie pour le Trésor, chargée de rembourser, en cas de protêt les obligations souscrites par les receveurs-généraux, en outre elle devait vendre, aux conditions les plus avantageuses, les biens nationaux. Cependant, à cause du bas

(1) Loi du 6 frimaire, an VIII.

prix de la rente, du droit qu'avait la caisse à la réversibilité des pensions ecclésiastiques et des pensions viagères à leur extinction, de la somme de 70 millions qui lui fut attribuée par la loi du 29 ventôse an IX; en l'an XI elle était parvenue à acheter des rentes pour un capital réprésentant 3,600,000fr. d'arrérages. Les autres monuments législatifs qui se sont occupés de l'amortissement sont les lois du 28 Avril 1816, du 25 Mars 1817, et du 1er Mai 1825, du 28 Juin 1833 et du 11 Juillet 1866.

**165.** Par la première de ces lois une caisse nouvelle fut créée, avec une dotation de 20 millions. Nous remarquerons que cette loi prévoyait les dangers de l'accumulation indéfinie des intérêts avec les dotations jusqu'au complet remboursement, et reconnaissait au pouvoir législatif le droit de faire rayer définitivement du grand-livre les rentes inscrites an nom de la caisse d'amortissement.

La loi de 1817 portait à 40 millions la dotation de la caisse d'amortissement et lui donnait, en outre. comme dotation immobilière les biens de l'Etat, sauf une réserve de 4 millions de revenu; elle l'autorisait également à aliéner 150,000 hectares. Avec cette puissance d'actions de 1816 à 1824, la caisse d'amortissement avait racheté pour 37 millions de rentes; ses ressources annuelles étaient donc de 77 millions, 49 millions de dotations et 37 millions d'arrérages de rentes rachetées. Le taux de 5 p. 100, qui en 1816 était de 59 fr. 25 c., en 1822, malgré les emprunts récents, était de 89 fr., et en 1824 il avait dépassé le pair. Cependant la caisse d'amortissement continuait ses achats ; alors se posa la question de savoir si cette opération n'était pas trop onéreuse pour l'Etat et s'il ne devait pas faire usage de son droit de remboursement.

**166.** Pour remédier à cette situation, M. de Villèle proposa aux chambres un projet de conversion forcée, avec faculté d'exiger le remboursement pour ceux qui ne consentiraient pas à la conversion, le 5 p. 100 devant devenir du 3 p. 100 au coursde 75 fr. La Chambre des Pairs repoussa le projet, qui fut rem placé par une conversion facultative (1), mais les délais expirés, le 3 p. 100 ne représentait que 25 millions d'arrérages, qui, avec les 30 millions provenant de l'indemnité payée aux émigrés, formaient 55 millions, tandis que le 5 p. 100 exigeait encore un service d'arrérages de 160 millions. Le pouvoir d'action de l'amortissement ne fut pas amoindri, et comme la loi défendit l'achat par la caisse de rentes au-dessus du pair, tous les effets de l'amortissement durent se porter sur le 3 p. 100.

La dotation de la caisse fut augmentée. (2) C'est à partir de cette époque que s'établit le principe que toute loi d'emprunt devait contenir une disposition spéciale augmentant de 1 p. 100 la dotation de la caisse d'amortissement.

La loi du 11 juin 1833 apporta de profondes modifications au principe de l'amortissement. Contrairement à ce qui avait été fait par la loi de 1825, elle décida que « les sommes affectées, chaque année à l'amortissement seraient réparties entre les différentes espèces de fonds publics, proportionnellement à leur im_ portance, et que l'on mettrait en réserve la partie de la dotation afférente aux fonds au-dessus du pair (3) ». De sorte que, le 5 p. 100 et le 4 1[2, se trouvant au-dessus du pair, l'amortissement n'opérera en réalité que sur le 3 p. cent et par intervalle sur le 4 p. 100. Ce n'était plus comme en 1825, un simple déplacement de l'action de l'amortissement, c'était la suspension indéfinie de son action pour la partie la plus importante de sa dotation (4). » Après l'annulation de 32 millions de rentes par la loi des 27 et 28 juin 1833, le fonds annuel de l'amortissement était de 33 millions à peu près, là-dessus, 17 millions à peine servaient effectivement au rachat des rentes 3 et 4 p. 100, le reste formait un fonds de réserve. Cette portion, tant de la dotation que des arrérages des rentes amorties était payée chaque jour, à la caisse d'amor-

(1) Loi du 1er mai 825.
(2) Loi du 28 juin 1828, autorisant un emprunt de 80 millions.
(3) Rapport sur la loi du 11 juillet 1866. *Moniteur* du 21 mai
(4) Rapport. *Loc. cit.*

tissement en bons de trésor, portant intérêt à 3 p. 100 (art. 4) ;
ces bons devenaient exigibles lorsque le cours de la rente descen-
dait au-dessous du pair. Mais, en réalité, la caisse n'avait reçu
que des promesses de paiement, les sommes inscrites au budget
des dépenses comme devant servir à l'amortissement restaient en
fait disponibles. On comprend qu'il y avait là une ressource que
les gouvernements cherchèrent à utiliser, ils y parvinrent au moyen
de la consolidation, c'est-à-dire que les bons du trésor donnés à la
Caisse d'amortissement étaient convertis en rentes inscrites au
nom de cette caisse; le gouvernement se trouvait avoir acquis,
ainsi, la disposition du capital représenté par ces rentes, dont
il n'avait qu'à payer les arrérages, ce qui se faisait de la même
manière par des bons du Trésor suivis d'une consolidation, de
sorte [que l'amortissement se réduisait à une simple opération
de comptabilité, et n'était qu'une aggravation des charges du
budget sans tourner à la diminution de la dette publique, qu'elle
augmentait même en réalité. Jusqu'en 1848, ces opérations ne
s'appliquèrent qu'à la rente 5 p. 100, et 4 1⁄2 pour 100; mais, à
partir du mois de juillet 1848, elles furent étendues à la rente
3 p. 100, et l'amortissement se trouva suspendu sur tous les fonds
publics sans distinction (1). Cette situation, en se perpétuant pendant les années suivantes, était d'autant plus irrégulière, que
depuis la conversion forcée de 1852 et celle facultative de 1862,
le 5 pour cent était disparu et le 4 et demi était très réduit et que
par suite l'amortissement aurait dû agir sur la presque totalité de
la dette inscrite. Le besoin de sortir de cet état anormal se faisait
donc sentir, de là, la loi du 11 juillet 1866.

**167.** Voici quel est le système inauguré par cette loi. Au lieu
de proportionner la dotation de l'amortissement au chiffre de la
dette comme dans l'ancienne législation, « le système nouveau
crée des ressources, il n'agit qu'avec des excédants; il se préocupe
moins du chiffre de la dette que de l'existence certaine des recettes à l'aide desquelles il doit fonctionner. » A cet effet, la dota-

(1) Rapport sur la loi de 1866. *Loc. cit*

tion fut supprimée, les recettes inscrites au nom de la caisse d'amortissement définitivement annulées, et ses ressources furent instituées à nouveau. Elle a aujourd'hui une dotation immobilière (art. 1er), composée des bois de l'Etat, de la nue propriété des chemins de fer ; une dotation annuelle comprenant (art. 2) : 1o le produit net des coupes ordinaires et des produits accessoires des forêts ; 2o le produit de l'impôt du dixième sur le prix des places et sur le transport des marchandises dans les chemins de fer ; 3o les sommes à provenir du partage des bénéfices entre l'Etat et les compagnies de chemin de fer ; 4o les bénéfices réalisés, chaque année, par la caisse des Dépôts et Consignations ; 5o les arrérages des rentes immatriculées au nom de la caisse d'amortissement ; 6o les excédants de recettes des budgets ; et enfin elle possède une dotation extraordinaire dans les bois de l'Etat et des aliénations de ces bois. En retour, la loi a mis, à la charge de la caisse, certains paiements énumérés dans l'art. 4. Des recettes en déduisant les dépenses, il résulte un excédant de 22 millions (1), qu doit être employé à l'achat de rentes, excédant qui s'élèvera à 30, 50 et 60 millions ; le total par année des rentes amorties ne pourra être inférieur à 20 millions. Une autre innovation de cette loi est que le budget de la caisse d'amortissement doit être soumis au vote de la Chambre des députés (art. 9). Quant au mode de gestion de la caisse, au contrôle de la commission de surveillance et à celui de la cour des comptes, voir les articles 7 à 10 de la loi du 11 juillet 1866 et les articles 218 à 240 de l'ordonnance du 3 mai 1862.

**168.** Nous en avons fini avec ce mode d'extinction spécial à l'Etat, l'amortissement ; nous abordons la question de savoir si l'Etat a le droit de contraindre les crédi-rentiers à recevoir leur remboursement.

S'il s'agissait de reconnaître à l'Etat le droit de faire varier, suivant sa volonté, le capital à rembourser et non pas de rem-

(1) M. Dareste de la Chavanne. *Histoire de l'administration en France*, t II, p. 120 et s.

bourser la somme par lui effectivement reçue ; s'il fallait lui accorder le droit d'imputer sur ce capital les arrérages échus et non payés, ou encore celui de diminuer à sa guise le taux de l'intérêt, sans offrir aux détenteurs de titres de rentes la faculté de maintenir l'ancien contrat ou d'exiger le remboursement ; prétentions que Sully fit triompher dans sa réduction de 1604 (1), s'il s'agissait d'un remboursement partiel et en valeurs dépréciées, comme celui ordonné par la mesure révolutionnaire de la loi du 9 vendémiaire an VII, nous serions du même avis que les adversaires de la faculté de remboursement par l'Etat, et nous reconnaîtrions avec eux que l'Etat n'a jamais le droit de recourir à de pareilles résolutions, et que, quelles que soient les expressions dont les ministres du trésor les entourent, de telles mesures sont de véritables spoliations, des banqueroutes partielles. Mais, nous nous plaçons dans des cas tout différents et nous soutenons que, soit que l'Etat offre de rendre ce qu'il a réellement reçu, soit qu'il cherche à modifier, d'accord avec ses créanciers, le contrat antérieurement passé, il ne fait rien que de légitime.

Et d'abord, le remboursement n'est-il pas une faculté de droit commun ? Le caractère distinctif du contrat de rente n'est-il pas que le capital est inexigible, mais remboursable au gré du débiteur ? Ce droit de rembourser n'était-il pas reconnu à l'Etat dans l'ancienne législation ? Voici ce que contenait les édits de créations, qui remontent à François I<sup>er</sup> : « Sans que les acquéreurs puissent en être dépossédés, sinon *en les remboursant* des sommes portées par les contrats et des arrérages qui en seront dûs alors. » Cette clause était tellement de l'essence de ce contrat, qu'elle n'avait pas besoin d'être stipulée (2). Debeaumont, dans la *jurisprudence des rentes* page 332, ne met pas en doute que les rentes sur l'Hôtel-de-Ville soient rachetables. Quel est donc le texte de loi qui aurait enlevé à l'Etat cette faculté si naturelle de se libérer ? Et depuis que les lois de 1825 et de 1866 ont restreint

(1) Voy. loi du 18 juillet 1866, Etat G.
(2) Pothier. *Cont. de rente*, n° 51.

l'action de l'amortissement aux rentes qui se trouvent au-dessous du pair, l'Etat, lorsque la rente se trouve au-dessus, serait donc placé vis-à-vis d'une dette qu'il n'aurait aucun moyen d'éteindre ? Il nous faudrait un texte bien formel pour admettre une position aussi défavorable faite au trésor public, et cela comme conséquence d'une législation qui, loin de restreindre le principe du rachat, venait de l'étendre aux rentes foncières (1).

Mais voyons sur quels arguments nos adversaires se fondent pour refuser à l'Etat le droit de remboursement et cherchons à les refuter.

On nous dit d'abord que nous ne pouvons transporter dans la matière les règles du droit civil ; nous sommes, dit-on, obligé à le reconnaître, puisque nous décidons que les articles 1912 et 1913 ne sont pas opposables au trésor ; oui, parce qu'il y a là une raison d'ordre public qui existait dans l'ancien droit et qu'aucune loi. n'a fait tomber. Est-ce que sous l'ancienne monarchie, le trésor du roi eut été plus facile à se laisser atteindre par les contraintes de ses créanciers ? Non, assurément, et cependant les rentes sur l'Hôtel-de-Ville étaient rachetables. Pourquoi n'en serait-il pas de même aujourd'hui ? Continuant leur résonnement, les adversaires du droit de l'Etat disent qu'il faut, par suite, l'appuyer uniquement sur les lois spéciales et particulièrement sur la loi du 24 août 1793 ; or, cette loi n'a pas énoncé le capital remboursable, contrairement à tous les usages anciens, c'est donc que le législateur pensait et à défendre au créancier d'exiger le capital et à l'Etat de le rembourser. Non seulement cette loi est muette sur le remboursement, mais même sur l'amortissement et ne contient qu'un mode d'extinction (art. 195) ; il est permis à ceux qui ont acheté des biens nationaux de se libérer en offrant en paiement des rentes sur l'Etat ; à cet effet, la loi assigne à la rente un capital variable. Enfin, ajoute-t-on, l'idée de perpétuité se trouve à chaque instant dans la loi, et le législateur

(1) Lois du 11 août 1789, art. 6, et du 18 novembre 1790, art. 1 et 2.

a tellement en vue de donner aux rentes sur l'Etat une stabilité perpétuelle, qu'il les assimile aux rentes foncières et qu'il les frappe de la contribution (art. 3).

Pour répondre au reproche de silence fait à la loi de 1793, nous dirons que lorsqu'une règle, regardée, jusque là de l'essence d'un contrat, à tel point qu'elle était placée au-dessus des conventions des parties, n'est pas mentionnée dans une nouvelle loi, c'est que cette loi entend la maintenir, et c'est pour la faire tomber qu'il faudrait un texte positif ; mais bien plus, est-ce que la loi de 1793 est une loi nouvelle ? Non, elle ne fait que liquider l'ancienne dette, lui donner une forme unique. Eh bien ! Est-ce que cette dette n'a pas dû conserver tous ses caractères ? Mais, dit-on, il faut, pour rembourser, la fixation d'un capital. Voyons quelle a pu être la pensée de la Convention en ne faisant pas cette fixation, et laissons sur ce point la parole à M. Troplong (1) : « La grande ressource sur laquelle on comptait pour désintéresser les créanciers du nouveau Grand-Livre, c'était les domaines nationaux. La Convention avait l'espoir que, malgré la défaveur vénale qui s'attachait à cette valeur, les créanciers de l'État aimeraient mieux l'accepter que de rester dans la situation précaire où les laissait le détestable état de nos finances. Mais à quel taux prendra-t-on leurs inscriptions en paiement des biens nationaux par eux achetés ? Sur le pied du denier 20 ? La justice et la raison semblaient le vouloir ainsi, mais la Convention pensait que c'était trop accorder, en général, à ses créanciers pour lesquels elle ressentait peu de tendresse. Tout ce à quoi elle consent, c'est donc de concéder l'évaluation des inscriptions, d'après le dernier 20, à ceux des rentiers seulement qui, par leur empressement à opérer la conversion en domaines nationaux, ont mérité une prime. Quant aux autres, leurs inscriptions ne seront prises que sur le pied du denier 18, et, s'ils tardent à se présenter, sur le pied du denier 16... Si l'on eut reconnu que le rentier avait droit à un capital calculé sur vingt fois le revenu, l'offre de conversion

(1) M. Troplong, *du Prêt.* p. 396.

faite aux rentiers sur un pied inférieur, aurait eu la couleur d'une banqueroute ; au contraire, le capital de la rente étant passé sous silence, le traité échappait, au moins en apparence, à ce grand reproche. » Cambon avait dit de son côté : « En ne faisant pas mention du capital, la nation aura toujours dans sa main le taux du crédit public, *un débiteur en rente perpétuelle ayant toujours le droit de se libérer*, si une inscription de 50 livres ne se vendait sur la place que 800 livres, la nation pourrait offrir le remboursement de 50 livres d'inscription sur le Grand-Livre sur le pied du denier 18, ou moyennant 900 livres. Dès ce moment, le crédit public monterait au-dessus de ce cours, et la nation gagnerait, sans injustice, en se libérant, un dixième du capital, *puisque le créancier serait le maître de garder sa rente ou de recevoir son remboursement ;* au lieu que si l'on inscrivait le capital, cette opération serait impossible, ou aurait l'air d'une banqueroute partielle. »

Ainsi, lorsque dans la loi de 1793, on prit la résolution de ne pas inscrire le capital de la rente, ce n'était pas pour dénier à l'État le droit de remboursement, c'est que l'on y voyait un moyen de racheter la dette à bon marché et d'élever le crédit public. Est-ce que, du reste, dans l'article 81 de cette loi le principe du remboursement n'est pas posé en déclarant que toutes les créances au-dessus de 1,000 livres de capital et tous les autres contrats au-dessus de 50 livres de rente *seront remboursés* en assignats ? Est-ce que ce droit n'est pas tacitement reconnu par suite de l'autorisation donnée aux créanciers des rentiers de faire opposition sur le remboursement (art. 44, 185, 186, 187, 188, 192) ? Non, répondent les partisans de l'opinion contraire, il ne s'agit dans tous ces cas que d'un remboursement facultatif, ainsi que cela ressort du passage de Cambon, cité plus haut. Mais dans ce passage, Cambon commence par reconnaître *qu'un débiteur en rente perpétuelle a toujours le droit de se libérer* et s'il paralyse ensuite ce droit par la nécessité de l'acceptation du créancier, ce n'est que lorsque l'État offre un remboursement au-dessous du pair, et il n'étend pas cette nécessité au cas d'un remboursement normal ; car s'il l'eut fait, c'eut été nier complètement le principe du rachat qu'il venait d'établir. On nous dit que le législateur a l'air d'avoir mis une certaine affectation à se servir du mot perpétuel , mais c'est par opposition aux rentes viagères. Est-ce que ces rentes pour lesquelles, d'après les édits, la faculté de rachat avait été stipulée, n'étaient pas celles-là mêmes qu'on appelait perpétuelles ?

La qualification de perpétuelle donnée à une rente, n'a jamais entraîné, comme conséqueuce forcée la négation de la faculté de rachat. Mais, ajoute-t-on, la convention était si désireuse de rendre stables les rentes sur l'Etat qu'elle les assimile aux rentes foncières. D'abord, nous ferons remarquer qu'en 1793, les rentes foncières étaient rachetables , et ensuite que dans l'ancien droit, les rentes constituées étaient, dans les coutumes de Paris et d'Orléans, classées parmi les biens immobiliers, ce qui n'empêchait pas d'accorder au débit-rentier, la faculté de racheter ; il est donc difficile de tirer un argument contre cette faculté de l'immobilisation prononcée par la loi de 1793.

Enfin, nos adversaires examinant les divers textes qui ont reconnu ce droit à l'Etat, les refutent comme il suit : d'abord, disent-ils, quant à la loi du 9 vendémiaire an VI, il n'y a pas de termes assez sévères pour la qualifier , l'histoire l'a flétrie comme un manquement à l'observation des contrats, elle ne peut fonder un droit. Lorsqu'en 1824 M. de Villèle voulut faire reconnaître le droit de l'Etat au remboursement, il échoua, et si la loi du 1er Mai 1825, article 4, garantit les créanciers de tout remboursement pendant 10 ans, si celle du 10 Juin 1833. article 6, décide que le remboursement n'aura lieu qu'en vertu d'une loi, c'est justement que le législateur ne pense pas que ce droit existe et qu'il veut seulement réserver au pouvoir législatif la possibilité de discuter cette faculté pour l'avenir, tout en assurant que la question ne sera pas mise à l'ordre du jour avant dix ans.

Nous répondrons que si la loi de l'an VI a soulevé tous les reproches, que l'on rappelle, ce n'est pas parce qu'elle a reconnu

le droit de remboursement, mais parceque ce remboursement était
fait en valeurs fictives ; car, nous ne pensons pas que si, à
cette époque tourmentée, on était venu offrir aux rentiers un
remboursement réel au pair, en bonnes et valables espèces, un
seul d'entre eux eut songé à se plaindre. La loi 21 Floréal, an X
a, il est vrai, organisé l'amortissement ; mais, en établissant un
mode spécial d'extinction, a-t-elle voulu enlever à l'Etat la faculté
de se libérer par le remboursement. Il faudrait pour le décider un
texte formel, et comme on ne peut le trouver, on déduit cette
prohibition de ce que l'action de l'amortissement était restreinte aux
sommes excédant 50 millions et ce que ces 50 millions devaient
etre maintenus comme la dette normale de l'Etat. Nous repren-
drons avec M. Troplong (1) « qu'autre chose est le rachat graduel
« au cours de la place, autre chose est le rachat forcé ; que
« l'Etat a pu s'interdire le premier, sens renoncer par là au
« second d'une manière formelle ; que, de plus, quaud bien même
« l'Etat réglant l'ordre de ses finances suivant l'opportunité des
« circonstances et des ressources actuelles, aurait écarté l'idée
« de remboursement intégral ( que rien ne rendait alors ni faisable,
« ni probable ), cette mesure de haute administration ne devait
« pas être assimilée à l'abandon définitif d'une faculté impres-
« criptible, assurée par la loi de tous les temps au débiteur d'une
« rente constituée ; que la loi de Floréal an X n'a eu en vue que
« le présent, lorsqu'elle a déterminé l'action de l'amortissement ;
« qu'elle n'a pas entendu enchaîner l'avenir, ainsi que l'ont prouvé
« les modifications et les perfectionnements introduits dans la
« conduite de l'amortissement. »

Si, en 1824, le projet de conversion forcée présenté par M. de
Villèle fut repoussé, ce n'est pas que l'on niât le droit de l'Etat, mais
c'est que la mesure ne fut pas jugée opportune. En effet, une pareille opération financière ne peut être entreprise qu'après qu'on
a tenu bien compte de la situation du pays. Or, le souvenir des
mesures arbitraires du gouvernement révolutionnaire n'était pas

(1) M. Troplong. Du Prêt, p. 401.

assez loin des mémoires pour qu'on n'ait pas à craindre d'être mal compris en proposant une diminution d'intérêts, ou le remboursement. Mais la loi du 1er Mai 1825, qui fut substituée à celle proposée par le Ministre reconnut à l'Etat le droit de rembourser, elle garantit la rente 4 1/2 p. 100 du remboursement pendant dix ans; n'est-ce pas là l'application du droit commun ( art. 1911 )? on fait observer que ce fonds est un fonds nouveau et que la loi ne parle pas de l'ancien 5 p. 100; mais alors l'Etat aurait deux dettes. l'une remboursable, l'autre ne l'étant pas; et aux yeux de nos contradicteurs, la faculté du remboursement étant une clause en faveur du Trésor et un danger pour le rentier, comment le gouvernement aurait-il frappé de cette condition un fonds nouveau au moment où on le créait et cherchait à tourner les esprits vers sa conversion? pour reconnaître le droit de l'Etat, quel texte plus positif veut-on que l'article 6 de la loi du 11 Juin 1833 sur l'amortissement ? « Il ne sera disposé du montant de réserve « possédée par le caïsse d'amortissement que pour le rachat ou « le *rembonrsement* de la dette consolidée et en vertu d'une loi « spéciale, »

Enfin, on objecte qu'il y a là quelque chose d'immoral, lorsque la rente est à 102 fr. ou 103 fr. de voir l'Etat se libérer avec 100 francs, et profiter seul de la circonstance. Mais, alors que la rente est ainsi à un taux élevé, que toutes les valeurs ont suivi cette marche ascendante, que les placements hypothécaires à 5 p. 100 sont également introuvables, est-ce qu'il n'est pas permis au débiteur d'une rente à 5 p. 100 de se libérer sans s'inquiéter si son créancier trouvera un placement dans les mêmes conditions? Pourquoi serait-ce plus immoral pour l'Etat que pour les particuliers ?

Nous croyons donc bien établi le droit pour l'Etat de rembourser et par suite d'offrir une diminution dans les arrérages avec la faculté pour le crédi-rentier de demander le remboursement, s'il

(1) Troplong. *Prêt*, n° 498.

ne consent pas au nouveau contrat ; ce que l'on appelle une conversion.

En fait, le gouvernement n'a usé que trois fois de la faculté de convertir. Il y a eu deux conversions facultatives, l'une à la date du 1er mai 1825, le 5 p. 100 pouvant être converti en 3 p. 100 au taux de 75 fr.; ou en 4 1/2 p. 100 au pair ; l'autre en 1862 (loi du 22 février) ; en vertu de cette loi et dans le délai de vingt jours, les propriétaires de rentes 4 1/2 et 4 p. 100 avaient, en payant une soulte, la faculté de demander de nouveaux titres de rentes 3 p. 100 d'une somme égale d'arrérages à ceux qu'ils possédaient ; puis une conversion forcée, par décret du 14 mars 1852, décidant que tout porteur de rentes 5 p. 100 serait tenu d'opter entre un remboursement au pair ou une réduction d'intérêts de 5 à 4 1/2.

**169.** Sont-ce là les seuls modes d'extinction à la disposition du Trésor ?

Il est reconnu que les modes d'extinction des obligations énumérés par l'article 1234 du Code civil s'appliquent, en général, au droit administratif.

Dans le cas qui nous occupe, nous avons à signaler des règles particulières relativement à la compensation, à la confusion et à la prescription.

Et d'abord, quant au capital de la rente, il ne pourrait y avoir place ici qu'à la compensation facultative et non à la compensation légale ; mais même aucune compensation ne peut-être invoquée. Ainsi l'Etat, débiteur d'arrérages représentant un capital de 1,000 fr. et se trouvant créancier vis-à-vis de la même personne d'une somme supérieure ou au moins égale à 1,000 fr.; ne pourra pas invoquer la compensation ; car le pouvoir exécutif n'a pas la libre disposition des inscriptions et il ne lui est pas plus permis de faire disparaître une inscription sans le concours du pouvoir législatif que d'en ajouter. Quant à la créance des arrérages, elle est compensable et même cette compensation donne lieu à des règles spéciales. En thèse générale, aujourd'hui, comme à Rome, comme dans notre ancien droit, la compensation entre lé fisc et ses débiteurs, ne peut être invoquée que si la créance et la dette dépendent de la même caisse ou régie, et jamais, en tout cas, lorsque la créance de l'État représente une part d'impôt. Mais la loi du 14 avril 1819 (art. 6), a permis à tout propriétaire d'inscriptions sur le Grand-Livre du Trésor ou d'inscriptions départementales de demander la compensation, soit avec ses contributions diréctes, soit avec celles d'un tiers à ce consentant, et cela dans quelque lieu qu'elles doivent être acquittées. Il suffit pour cela d'en adresser la demande au trésorier-payeur général, qui se charge des opérations de comptabilité à faire. La compensation s'effectue par l'échange de la quittance des rentes contre la décharge équivalente du receveur-général (art. 14). Si la rente est plus forte, le trésorier général délivre des bons payables aux échéances des arrérages compensés ; dans le cas contraire, le rentier acquitte l'excédant. Ainsi, dans ce cas, la compensation est facultative pour le rentier, elle a lieu avec une dette de contributions, alors même que la dette et la créance ne relèvent pas de la même caisse ; enfin, bien que cette dette ne soit pas la dette personnelle de celui qui demande la compensation. La juridiction administrative est seule compétente pour régler les difficultés qui pourraient s'élever au sujet de cette compensation : c'est une conséquence de la règle, qne l'autorité administrative peut seule déclarer l'Etat débiteur.

L'État étant un héritier irrégulier, tenu seulement *intra vires successionis*, il n'y a pas de confusion possible ; la rente, qui se trouvera dans une succession dévolue à l'Etat, devra donc être vendue à la Bourse par l'administration des domaines, qui fera ressortir en recette la somme provenant de cette aliénation.

La prescription peut être invoquée par l'Etat, ceci résulte de l'article 2227 du Code civil ; ainsi donc, le créancier d'une rente sur l'Etat, qui sera resté trente années sans en réclamer les arrérages pourra être repoussé par la prescription (art, 2262) (1).

Les arrérages des rentes perpétuelles se prescrivent par cinq

(1) Merlin. Rep. *Prescription*, art. 3, § 2.

ans (art. 2277); même avant la rédaction du Code, ce principe avait été appliqué aux arrérages des rentes sur l'Etat par l'article 156 de la loi du 24 août 1793 (1),

C'est à l'autorité administrative qu'il appartient de reconnaître si la prescription est accomplie (2). Il a été décidé par cette autorité, « que les réclamations, non appuyées de toutes les pièces justificatives, présentées par les créanciers d'arrérages de rentes sur l'Etat, ne peuvent interrompre la prescription qu'autant que, dans le délai d'un an, du jour de la réclamation, le créancier se mettra en règle, et présentera toutes les pièces justificatives de la légitimité de sa demande (3).

Telles sont les principales règles que nous offrent, dans cette matière si diffuse, les lois, ordonnances et réglements qui se sont succédé depuis 1793 jusqu'à nos jours, en essayant d'y introduire des éléments d'ordre et de clarté, mais en laissant croire à l'existence de la regrettable disposition de l'insaisissabilité que nous serions heureux de voir supprimer formellement dans une refonte d'ensemble de cette législation spéciale.

---

**170**. Nous regrettons vivement que le cadre restreint de cette étude ne nous permette pas de nous étendre plus longuement sur cette matière compliquée de nombreux détails, Nous avons cru qu'il suffisait d'en mettre en lumière les traits principaux. Nous devons nous en tenir là sous peine de nous écarter du plan déjà vaste qui nous est tracé.

Nous n'ajouterons plus qu'un petit nombre de réflexions.

Le rôle des rentes sur l'Etat est très important dans notre économie financière. Le sort du rentier est lié d'une façon si in-

(1) Ordonnance du 31 mai 1862.
(2) Conseil d'Etat, 28 juillet 1824.
(3) Conseil d'Etat 8 et 13 avil 1809.

time aux destinées bonnes ou mauvaises du gouvernement que l'organisation de ces rentes s'élève jusqu'à la hauteur d'une institution politique.

Cotées à la Bourse comme les autres effets publics, elles sont comme eux l'objet d'achats et de ventes continuels, l'activité commerciale s'exerce sur elle, l'esprit de spéculation se déploie dans leurs transmissions et leurs acquisitions, mais plus encore que les autres effets publics, elles ressentent le contre-coup des évènements qui intéressent le Gouvernement, et c'est surtout leur valeur qui se trouve sujette à ces mille variations et oscillations que produisent les faits grands ou petits, lointains ou rapprochés, intérieurs ou externes qui paraissent devoir influer en quelque chose sur la conduite du pouvoir et sur la marche des affaires publiques. Voilà pourquoi l'on a pu dire avec raison que le cours de la rente est le meilleur thermomètre de la prospérité et de la tranquilité du pays.

L'institution des rentes sur l'Etat a eu ses détracteurs, mais son utilité est aujourd'hui bien établie, les services réels qu'elle a rendus ont dû imposer silence à ses adversaires et le jour n'est pas encore bien éloigné où elle a pu nous rendre un service immense où toutes les ressources de l'Etat, si grandes qu'elles puissent être, auraient été impuissantes.

L'utilité de cette institution nous est encore démontrée par l'encouragement et le placement facile qu'elle offre aux petites épargnes. « Les petits capitaux n'ont pas malheureusement la même facilité que les gros à se placer, car ils ne peuvent pas se faire entrepreneurs. Les fonds publics sont une espèce d'association, une société de capitaux qui prête à l'Etat au lieu de prêter à l'entrepreneur d'un ouvrage particulier. Ce dernier placement a ceci de bon qu'il n'exige pas de frais considérables, qu'il est solide, qu'il permet de rentrer sans peine dans son argent et donne la faculté d'atteindre des occasions favorables. » (1).

(1) M. Baudrillart. *Manuel d'économie politique*, page 457.

Si l'on ajoute à ces remarques la considération qu'aucun débiteur ne peut offrir, au même degré que l'Etat, en même temps, que la sécurité pour le capital, dont le remboursement est possible, l'exactitude pour le paiement des arrérages, si l'on songe que bien des personnes, assez riches pour se permettre ce calcul, recherchent dans le placement de leur fortune la solidité avant la productivité, si l'on réfléchit enfin qu'aucune des sûretés réelles ou personnelles dont les particuliers disposent : gages, hypothèques, cautions, ne peuvent être comparés à la garantie de l'Etat pour la stabilité, les chances de conservation et de durée ; on concevra mieux encore que les capitaux devront affluer toujours dans la direction de la rente.

On a reproché à la constitution de Rentes sur l'Etat d'offrir aux gouvernements une facilité dangereuse à laquelle bien peu ont pu résister. Rien n'est plus vrai et l'on sait les paroles de Colbert à Lamoignon, lorsque, dans le Conseil de Louis XIV, on eût résolu un emprunt : « Vous venez d'ouvrir une plaie que vos petits-fils ne verront pas fermer, vous en répondrez à la nation et à la postérité. » Quand il suffit d'une loi pour faire arriver dans le trésor des sommes énormes en ne chargeant la génération vivante que de quelques millions d'intérêts de plus, certes la tentation est bien puissante. Mais ne peut-on pas dire qu'à différents degrès, il en est de même de tous les moyens nouveaux de puissance créés par l'homme ? A coté de l'usage se place toujours le danger de l'abus. Mais ce danger n'est pas à craindre avec des administrateurs habiles qui le connaissent, et ont en outre de puissants moyens pour éteindre ou sinon diminuer la dette publique, l'amortissement, la réduction et la conversion des rentes sur l'Etat sagement ordonnées permettront toujours d'améliorer la situation du Trésor tout en conservant son crédit et en rassurant les rentiers les plus timorés.

Ajoutons en terminant que la constitution de rente sur l'Etat se recommande encore parce qu'elle offre à l'Etat des ressources sans lesquels il serait obligé de recourir à l'impôt qui pèserait beaucoup plus fort sur la nation, épuiserait ses forces vives et aboutirait à un résultat fatal qui serait l'anéantissement complet de la richesse du pays.

# POSITIONS

---

## DROIT ROMAIN

I. Les solutions opposées, données pas la loi 34. Dig. *Mandatı* d'Africain et les lois 11 et 15. Dig. *de rebus creditis* d'Ulpien s'expliquent par le progrès de la jurisprudence,

II. Le pupille qui emprunte une somme d'argent *sine tutorıs auctoritate* et même en l'absence de tout enrichissement est tenu d'une obligation naturelle.

III. Dans le *mutuum*, les intérêts ne courent ni à partir de la *mora*, ni à partir de la *litis contestatio.*

IV, Le *Nauticum fœnus* était un *mutuum* soumis à des règles spéciales.

V. L'action *præscriptis verbis* est de bonne foi dans tous les cas.

VI. A l'origine la *filiafamilias* même pubère ne pouvait s'obliger.

VII. Les pactes adjoints même *in continenti* à une *stipulatio* n'étaient pas sanctionnés par l'action du contrat.

VIII. La règle *dies interpellat pro homine* n'était pas romaine.

## DROIT CIVIL

I. Le contrat de constitution de rente à titre onéreux, est consensuiel et synallagmatique, même sous le Code civil.

II. La résolution forcée des articles 1912 — 1° et 2° et 1913 Code civil, n'atteint que les rentes constituées à titre onéreux et non les rentes constituées à titre gratuit.

III. Les mots *ponr prix de la rente* qui figurent dans l'article 530, ne signifient pas que la rente établie dans l'acte même de rente pour tenir lieu du prix préalablement stipulé d'un immeuble doive échapper à l'application de l'article 1911.

IV. La résolution forcée des articles 1912 et 1913 C. C. ne s'applique pas à la rente foncière.

V. L'article 872 du Code civil n'est pas applicable aux rentes viagères, malgré la généralité apparente du texte.

VI, Si le débiteur d'une rente viagère donne la mort au rentier, il y a lieu à la résolution du contrat de rente viagère, d'après le principe de l'article 1184 et cela sans répétition possible des arrérages payés comme sans préjudice des arrérages jusqu'au jour du crime.

VII. La déchéance encourue d'après l'article 1912 par le débiteur d'une rente qui reste pendant deux ans sans payer les arrérages, est judiciaire.

VIII. Le délai de deux ans dont parle l'article 1912 compté à partir du moment où le contrat a pris naissance.

IX. L'article 2151 s'applique au créancier d'une rente viagère comme à tous autres créanciers.

X. L'article 2279 ne consacre pas une prescription instantanée, mais une véritable présomption légale.

XI. La femme commune en biens dont l'immeuble propre a été indûment aliéné par le mari, au mépris de l'article 1428-3°, peut revendiquer immédiatement ce bien entre les mains du tiers acquéreur. Elle le peut également après la dissolution du mariage, soit qu'elle renonce à la communauté, soit même qu'elle l'accepte.

XII. L'acquéreur à pacte de réméré peut procéder utilement aux formalités de la purge. Mais l'exercice du réméré, avant le paiement ou la consignation des deniers, ferait tomber ses offres à fin de purge.

## DROIT ADMINISTRATIF

I. Les lois du 8 Nivôse an VI et 22 Floréal an VII, dans leurs dispositions relatives aux rentes sur l'Etat (art. 4, art. 7) n'ont eu pour but que de défendre les oppositions entre les mains du Trésor sur ces rentes ou sur leurs arrérages, mais ces rentes ne sont pas déclarées insaisissables.

II. Le Gouvernement a le droit d'imposer un remboursement de la rente au pair, et, par suite de s'appuyer sur ce droit pour faire accepter une conversion.

## DROIT COMMERCIAL

I. La femme mariée ne peut être commerçante sans l'autorisation de son mari, toutefois la justice peut intervenir lorsque le mari veut retirer arbitrairement l'autorisation qu'il avait donnée.

II. Lorsque des titres au porteur ont été perdus ou volés, le changeur auquel ils ont été vendus est-il responsable de n'avoir pas vérifié les déclarations du vendeur sur son individualité et son domicile, alors même que les circonstances de l'offre n'étaient pas de nature à éveiller les soupçons? Non.

## PROCEDURE CIVILE

I. Un jugement étant rendu en matière de faillite, la signification faite au greffe conformément à l'art. 422 *in fine* du Code de procédure civile suffit à faire courir le délai exceptionnel de quinzaine fixé pour l'appel par l'article 582 du Code de commerce.

II. L'action en réintégrande est une action possessoire soumise à toutes les conditions déterminées par l'art. 23 du Code de procédure civile, et notamment à la condition de l'annalité.

## DROIT CRIMINEL

I. La résistance à un ordre illégal ne constitue pas la rébellion prévue par l'article 109 du Code pénal.

II. L'homicide commis du consentement et sur la demande expresse de la victime constitue un homicide volontaire, prévu et puni par l'article 302 du Code pénal.

## DROIT DES GENS

I. La femme légalement divorcée peut se remarier en France.

II. Les tribunaux français doivent pour déterminer le taux de l'intérêt, se référer exclusivement à la loi du pays pour lequel le prêt a été fait; par conséquent, lors même que la convention aurait été faite en France, si elle doit être exécutée à l'étranger, c'est la loi étrangère qui doit régir le taux de l'intérêt.

Vu :

Ce 4 février 1877

*Le Doyen-Président de la Thèse,*

BLONDEL.

Permis d'imprimer :

Ce 5 février 1877

*Le Recteur,*

FLEURY.

Lille, imp. Massart, rue Nationale, 59.

# TABLE

## Droit Romain

### Du Mutuum



## Droit Français

### PREMIÈRE PARTIE

## POSITIONS